高质量发展建设共同富裕示范区研究丛书
中国社会科学院组织编写

高水平对外开放推动共同富裕的浙江实践

姚枝仲　等著

中国社会科学出版社

图书在版编目（CIP）数据

高水平对外开放推动共同富裕的浙江实践/姚枝仲等著.
--北京：中国社会科学出版社，2024.10
（高质量发展建设共同富裕示范区研究丛书）
ISBN 978-7-5227-2692-2

Ⅰ.①高…　Ⅱ.①姚…　Ⅲ.①共同富裕—研究—浙江
Ⅳ.①F127.55

中国国家版本馆 CIP 数据核字（2023）第 195041 号

出 版 人	赵剑英
责任编辑	侯聪睿
责任校对	周　昊
责任印制	王　超

出　　版	中国社会科学出版社
社　　址	北京鼓楼西大街甲 158 号
邮　　编	100720
网　　址	http://www.csspw.cn
发 行 部	010-84083685
门 市 部	010-84029450
经　　销	新华书店及其他书店

印　　刷	北京君升印刷有限公司
装　　订	廊坊市广阳区广增装订厂
版　　次	2024 年 10 月第 1 版
印　　次	2024 年 10 月第 1 次印刷

开　　本	710×1000　1/16
印　　张	16
字　　数	201 千字
定　　价	78.00 元

凡购买中国社会科学出版社图书，如有质量问题请与本社营销中心联系调换
电话：010-84083683
版权所有　侵权必究

总　　序

2021年，在迎来建党百年华诞的历史性时刻，党中央对推进共同富裕作出了分阶段推进的重要部署。其中意义非同小可的一条：浙江被明确为全国首个高质量发展建设共同富裕示范区，要在推进以人为核心的现代化、实现全体人民全面发展和社会全面进步的伟大变革中发挥先行和示范作用。于浙江而言，这既是党中央赋予的重大政治责任和光荣历史使命，也是前所未有的重大发展机遇。浙江发展注入了新的强劲动力！

理论是实践的先导，高质量发展建设共同富裕示范区离不开理论创新。基于理论先行的工作思路，2021年5月，中共浙江省委与中国社会科学院联合启动了"浙江省高质量发展建设共同富裕示范区研究"重大课题研究工作。

两年多来，课题组在深入调查、潜心研究的基础上，形成了由13部著作组成、约260万字篇幅的课题成果——"高质量发展建设共同富裕示范区研究丛书"。这套丛书不仅全景式展现了浙江深入学习习近平总书记关于共同富裕的重要论述精神，扎实落实《中共中央　国务院关于支持浙江高质量发展建设共同富裕示范区的意见》的工作实践，而且展现了浙江在全域共富、绿色共富、对外开放、金融发展、产业体系、数字经济、公共服务、养老保障等共同富裕不同方面的特点和基础，也展现了浙江围绕示范区建设边学边谋边干、经济社会高质量发展取得的一系列新突破。

由13部著作组成的这套丛书，各有各的侧重点。其中，李雪松等著的《浙江共同富裕研究：基础、监测与路径》，从共同富裕的科学内涵出发，分析了浙江高质量发展建设共同富裕示范区的基础条件，提出了共同富裕的指标体系和目标标准。魏后凯、年猛、王瑜等著的《迈向全域共富的浙江探索》，从城乡协调、区域协调和乡村振兴角度，阐述了浙江打造城乡区域协调发展引领区的经验做法。张永生、庄贵阳、郑艳等著的《浙江绿色共富：理念、路径与案例》，由"绿水青山就是金山银山"发展理念在浙江诞生的历程入手，系统阐述了浙江践行绿色发展道路、打造美丽浙江，实现生态经济和生态富民的生动实践。姚枝仲等著的《高水平对外开放推动共同富裕的浙江实践》，重点阐述了浙江在高水平开放推动自主创新、建设具有国际竞争力的现代产业体系、提升经济循环效率、实施开放的人才政策、促进城乡和区域协调发展、发展文化产业和丰富人民精神文化生活、实现生态文明和绿色发展等方面的成效。王震等著的《基本公共服务均等化与高质量发展的浙江实践》，从公共财政、公共教育、医疗卫生、养老服务、住房保障等若干角度阐述了浙江公共服务高质量发展和均等化，进而构建激励相容的公共服务治理模式的前行轨迹。张翼等著的《共同富裕与养老保障体系建设的浙江探索》，在系统分析浙江人口老龄化的现状与前景的同时，阐述了浙江养老保障体系建设的总体情况。张晓晶、李广子、张珩著的《金融发展和共同富裕：理论与实证》，剖析了金融发展和共同富裕的关系，阐述了浙江金融发展支持共同富裕的主要经验做法，梳理了金融发展支持共同富裕的政策发力点。张树华、陈承新等著的《党建引领建设共同富裕示范区的浙江探索》，重点阐述了浙江坚持和加强党的全面领导，凝聚全社会共同奋斗推进共同富裕示范区建设的突出特色。冯颜利等著的《精神生活共同富裕的浙江探索》，阐述了浙江在探索精神生活共同富裕、公共文化服务优质均衡发展等方面的突出成绩。黄群慧、邓曲恒等著的《以现代化产业体系建设推进共同富裕的浙江探索》,在分析现代化产业体系对共同富裕的促进作用基础上,阐述了浙江产业体系相对完备、实体经济发展强劲对于推进共同富裕的重要保障作用。都阳等著的《人口老龄化背景下高质量就业与共同富裕的浙江探索》,从分析人口老龄化背景下浙江就业发展的态势入手,梳理了浙江促进高质量就业面临的挑战和路径举措。夏杰长、刘奕等著的《数字经济和服务业高质量发展的浙江探索》,聚焦浙江数字经济和服务业高质量发展,系统探究了浙江数字经济和服务业高质量发展促进共同富裕的机理逻辑、现实探索和困难挑战等问题。汪德华、鲁建坤等著的《共同富裕与财税政策体系构建的浙江探索》,围绕财税体制和财税政策,阐述了浙江在资金直达基层、"钱随人走"制度改革、市县财政收入激励奖补机制、"一事一议"财政奖补体制等方面取得的重要进展。

应当说,"高质量发展建设共同富裕示范区研究丛书"的撰写,也是中国社会科学院建设中国特色新型智库、发挥智库作用的一次重要探索。中国社会科学院始终坚持学术研究与对策研究相结合,理论研究服务于党中央和国家的需要。作为为党中央和国家决策服务的思想库,只有回应时代的呼唤,认真研究解决重大理论和现实问题,才能真正把握住历史脉络,找到发展规律,真正履行使命,推动理论创新。

中国社会科学院和浙江省有着长期良好的合作传统和合作基础,这套丛书是中国社会科学院和浙江省合作研究的又一结晶。在此前的两次合作研究中,2007年"浙江经验与中国发展——科学发展观与和谐社会建设在浙江"(6卷本)和2014年"中国梦与浙江实践"系列丛书,产生了广泛而深远的社会影响。

中共浙江省委始终高度重视此项工作,省委主要领导多次作出批示,对课题研究提供了大力支持。中国社会科学院抽调了12个研究所(院)的研究骨干组成13个子课题组,多次深入浙江省实地调研。调研期间,合作双方克服新冠疫情带来的种种困难,其间的线上线下交流讨论、会议沟通不计其数。在此，我们要向付出辛勤劳动的各位课题组专家表示衷心感谢！

站在新的更高历史起点上，让我们继续奋力前行，不断谱写高质量发展建设共同富裕示范区浙江实践、共同富裕全国实践的新篇章。

"高质量发展建设共同富裕
示范区研究丛书"课题组
2024年1月3日

前　　言

高水平对外开放是我们破解发展问题的重要动力,过去我国经济发展成就是在开放条件下取得的,未来我国实现共同富裕也必须在更加开放的条件下进行。

一　坚定不移全面扩大开放是我国经济发展的重要法宝

党的十八大以来,习近平总书记统筹中华民族伟大复兴战略全局和世界百年未有之大变局,在深刻总结中华人民共和国成立以来特别是改革开放以来我国对外开放实践经验的基础上,不断推动我国对外开放向更高水平迈进,取得举世公认的伟大成就。

规模稳步增长。外贸是拉动经济增长的"三驾马车"之一。自2017年起我国已连续6年保持世界第一货物贸易国地位,货物与服务贸易总额也于2020年跃居世界第一。吸引外资和对外投资有助于推动资本、技术等资源要素的配置效率。自1992年起我国引资规模一直稳居发展中国家首位,自2017年以来连续位居世界第二;自2003年起,我国对外投资流量稳居世界前三。

结构不断优化。一方面,体现我国产业升级的高技术产品进出口表现突出;与东盟、"一带一路"共建国家进出口增速远超平均增速;我国民营企业在有进出口实绩的外贸企业中作用突出,跨境电商、市场采购等新业态也发展迅速。另一方面,我国高技术产业实际使用外资、源自部分发达国家的实际投资以及中西部地区吸引外资等的增速，均高于全国平均引资增速；我国对外投资在租赁和商务服务等行业取得长足发展，对发达国家和发展中国家的投资也日趋均衡，不同类型企业更是齐头并进，各有侧重。

合作深入推进。从发挥进博会、广交会、服贸会、消博会等重大展会作用，到推动《区域全面经济伙伴关系协定》（RCEP）生效实施，再到高质量共建"一带一路"等，我国实现了由融入全球化到推动全球化的历史性转变，日益成为世界经济增长的重要引擎。

二 共同富裕是中国特色社会主义的本质要求

共同富裕是马克思主义的基本目标，也是中国共产党人矢志不渝的追求。邓小平在改革开放初期就明确把共同富裕当作一个长远目标，并且提出了实现共同富裕的路径，即通过允许一部分人、一部分地区先富起来，先富带后富，极大地解放和发展社会生产力，人民生活水平不断提高，最终实现共同富裕；同时，还指出了大致的时间安排，即在基本实现小康之后，把实现共同富裕当作重要任务。

党的十八大以来，以习近平同志为核心的党中央坚持以经济建设为中心、以高质量发展为主题、以造福人民为根本目的，不断解放和发展社会生产力，实现了第一个百年奋斗目标，在中华大地上全面建成了小康社会，历史性地解决了绝对贫困问题。在这一过程中，习近平总书记就扎实推动共同富裕作出一系列重要论述、重大部署，开创性地回答了为什么要共同富裕、什么是共同富裕、怎样扎实推动共同富裕等一系列重大理论和实践问题，为扎实推动共同富裕提供了根本遵循和行动指南。在此基础上，党中央制定了实现共同富裕的宏伟蓝图，即到"十四五"末，全体人民共同富裕迈出坚实步伐，到2035年，全体人民共同富裕取得更为明显的实质性进展，到本世纪中叶，全体人民共同富裕基本实现。

全体人民共同富裕取得更为明显的实质性进展乃至基本实现的目标，需要更好统筹两种资源、两个市场，这就必然要以高水平的制度型开放作为重要条件,以全面深化改革和扩大深层次开放为实现共同富裕提供重要保障和支撑,形成共同富裕与高水平开放相互引领、相互促进的良性互动,这也是新时代加快高水平开放与实现共同富裕的内在逻辑。

三 高水平对外开放推动共同富裕的浙江实践

2021年6月,《中共中央 国务院关于支持浙江高质量发展建设共同富裕示范区的意见》(以下简称《意见》)正式发布,浙江被赋予先行探索高质量发展建设共同富裕示范区的重大使命。支持浙江先行探索高质量发展建设共同富裕示范区,打造新时代全面展示中国特色社会主义制度优越性的重要窗口,是习近平总书记亲自谋划、亲自定题、亲自部署、亲自推动的重大战略决策,是综合浙江发展的现实基础,是对浙江提出的殷切希望。

在被确立为共同富裕示范区以后,浙江结合国家需要与地方特色,坚持有所为有所不为,详细制定了实施方案,将国家战略转化为地方实践。在更高水平对外开放助推高质量发展建设共同富裕示范区方面,以"地瓜经济"提能升级"一号开放工程"为指引,从要素、平台、市场等角度,提出了要培育世界级先进制造业集群;建设辐射全国、链接全球的技术交易平台;打造全球人才蓄水池;推进国际油气交易中心、国际石化基地、国际油气储运基地建设;建设进口贸易促进创新示范区和重点进口平台以及市场采购、跨境电商、外贸综合服务平台等外贸新业态;打造高质量外资集聚地和高层次对外投资策源地等十余项切实可行的重点工作。

实现更高水平对外开放,助推高质量发展建设共同富裕示范区,没有成熟的经验、现成的模式可循。如何认识高水平开放和共同富裕的内在逻辑关系,如何重视和抓好浙江共同富裕示范区建设,总结经验,逐步推开,这是一个重大的理论和实践课题。来自中国社会科学院世界经济与政治研究所的学者对该系列问题进行了深入研究，形成了逻辑框架，研究成果集中体现在本书的内容之中。

在第一章中，我们提出，自2021年共同富裕示范区建设以来，浙江在科技创新高地、创新人才蓄水池、创新创业生态、全域创新体系以及国际科创合作五方面积极开展创新实践，以更高水平开放、更深层次改革，助力自主创新能力再上新台阶。浙江示范强调通过高水平开放强化需求的创新引领作用，吸引传统创新要素集聚，激发新型创新资源发展活力，营造适于创新的市场结构与制度环境，进而强化自主创新对共同富裕的支撑作用，并推动共同富裕目标的最终实现。浙江示范是对党中央有关创新理论、社会主义市场经济理论以及创新型政府理论的生动实践与丰富完善，具有纲领明确、实践有力、重点突出和工具多元的鲜明特征，为全国层面上的高水平开放、共同富裕与自主创新建设积累了宝贵经验。

在第二章中，我们提出，要加快建设具有国际竞争力的现代产业体系。浙江省是中国改革开放的先行者和生力军，在《浙江高质量发展建设共同富裕示范区实施方案（2021—2025年）》下发之前，就已经积累了先进的发展经验，形成了较为完善的产业布局，尤其是浙江省的民营经济和民营产业基础雄厚，掌握数字经济发展先发优势。浙江省围绕塑造本省产业竞争新优势的主要任务开展了一系列重要实践。依靠产业优势抢占发展制高点，推进全体人民共同富裕，推进生态文明建设，蕴含了深厚理论意涵。这一系列实践形成了宝贵的浙江经验，在高质量发展、竞争力提升、现代化先行中不断打造浙江制造竞争新优势，对未来在全国范围推广共同富裕、塑造产业竞争新优势具有广泛的借鉴意义。

在第三章中，我们提出，高水平开放有助于提升经济循环效率。在《意见》发布之前，浙江省已具备通过高水平开放提升经济循环效率的基础。《意见》出台之后，浙江省更是积极作为，致力于提升经济循环效率，并取得显著成效。本章根据指导意见对提升经济循环效率的要求，按照加强供给侧结构性改革、构建现代流通体系、推进浙江省自由贸易试验区各片区联动发展、畅通城乡区域经济循环、加强大湾区大花园大通道大都市区建设、融入长三角一体化发展、发展更高水平开放型经济七个方面阐述浙江省以高水平开放提升经济循环效率的基础和取得的成绩。浙江省通过高水平对外开放提升经济循环效率,为更好地推进共同富裕建设提供了实践参考。

在第四章中,我们提出,激发各类市场主体活力是我国在"十四五"时期全面深化改革、构建高水平社会主义市场经济体制的重要任务,而要激发各类市场主体的活力,就需要建设高标准市场体系、持续优化营商环境、实施统一的市场准入负面清单制度。浙江省民营经济发达,在《意见》出台前即已积累了丰富的激发各类市场主体活力的实践经验。在《意见》出台后通过《浙江省促进中小微企业发展条例》,加强服务保障和权益维护,优化中小微企业营商环境。实行统一的市场准入制度,保障中小微企业公平参与市场竞争。浙江省激发各类市场主体活力的成效显著,其经验值得推广复制。

在第五章中,我们提出,实施开放的人才政策是我国经济进入新常态后实现可持续增长的重要动能,也是应对当今世界政治经济复杂多变形势的关键,更符合浙江省不断夯实国内经济社会领先地位、开创浙江省国际影响力新局面的发展需求。浙江省在《意见》颁布后开展了一系列重要工作,将"扩大中等收入群体"的政策目标与"建设人才强国"的发展战略有力结合起来,通过积极、开放、有效的人才政策,加快建设高素质强大人才队伍,切实为高质量发展、建设共同富裕示范区提供基础性、战略性支撑,已经形成了丰富立体的政策设计。这些有益探索在服务党和国家大局方面具有重要意义,有力地推进了共同富裕的实现。未来,浙江省可在夯实基础研究、加强顶层设计、拓展国际合作方面进一步发力。

在第六章中,我们提出,建设共同富裕示范区以来,浙江省借力高水平对外开放,采取了强化陆海统筹、升级山海协作工程等措施,助推山区26县成为全省经济发展新增长点，使得城乡差距、区域差距进一步缩小，提供了可资借鉴的浙江示范。浙江示范强调通过高水平开放促进城乡一体发展、区域协调发展，推动共同富裕目标的实现，打破了认为贸易开放会扩大收入差距的传统观点，是对贸易开放与不平等理论政策的丰富与完善。浙江示范具有系统务实、因地制宜、精准聚焦、向外辐射的特点，为以高水平开放促进城乡区域平衡发展积累了宝贵经验。

在第七章中，我们提出，文化领域的高水平开放可以通过直接消费效应、生产促进效应、经贸促进效应、国际提升效应等渠道，丰富本土居民的精神文化生活。《意见》出台之前，浙江省在提升居民幸福、发展文化产业方面位居前列，在文化开放上尤其是文化产业的贸易与投资方面有较大发展空间。《意见》出台之后，浙江省采取加强共同富裕的思想教育、推动公共文化服务建设、提升文化产品供给的质量、加强对外宣传、参与大型国际展会、打造具有国际影响力的影视文化创新中心、建设"浙江数字文化国际合作区"、以数字文化产业集群壮大文化产品国际竞争力等多种措施，力图通过高水平开放丰富人民精神文化生活。

在第八章中，我们提出，浙江省在统筹高水平对外开放和生态文明建设方面具有较为出色的政策实践。在高质量建设共同富裕示范区进程中，浙江省始终坚持以高水平对外开放践行"绿水青山就是金山银山"的理念，以系统性的制度构设为统筹绿色与开放工作确立准则与规范，在环保制度、产业升级、绿色金融、生态开发和国际交流等领域的制度构设与管理实践方面积累宝贵经验。浙江省由理念、制度、产业、技术等维度出发，全面系统地统筹协调开放与环境之间的关系，不仅在以开放带动经济增长的同时保护绿水青山，更着力开发绿水青山的经济价值，将绿水青山转变为金山银山。

在第九章中，我们提出，提升治理效能是高质量发展建设共同富裕示范区的内在要求和有力保障。新形势下，治理效能的提升必须在对外开放的情境下实现。浙江省是最早提出"省域治理现代化"概念的省份，在高水平开放和高效能治理方面探索并积累了相当多的成功经验，使制度优势转化为治理效能，治理效能转化为发展胜势。透过浙江案例，本章对高水平开放、提升治理效能、推动共同富裕三者间的关系进行了讨论，分四阶段梳理了浙江省治理效能的发展演进过程，重点讨论了高质量发展建设共同富裕示范区以来浙江省提升治理效能推动共同富裕的五方面实践，分别是践行发展战略、转变政府职能、加快数字赋能、推进法治建设、完善社会保障。在此基础上，从强化战略引领、优化政策支持、深化制度优势等层面归纳高水平开放提升治理效能的理论路径与浙江经验。

本书总负责人为中国社会科学院国际合作局局长姚枝仲研究员，参与成员全部为中国社会科学院世界经济与政治研究所的中青年研究骨干。

当然，由于时间和专业水平有限，书中肯定会有若干纰漏，欢迎广大读者批评指正。

姚枝仲

2024 年 4 月 15 日

目　　录

第一章　高水平开放提升自主创新能力 …………………………… 1
　第一节　浙江省在共同富裕示范区建设前自主创新发展情况 …… 1
　第二节　浙江省高水平开放提升自主创新能力的系列实践 …… 9
　第三节　浙江省高水平开放提升自主创新能力的理论意涵 …… 15
　第四节　浙江省自主创新实践的鲜明特征及借鉴意义 ……… 20
　第五节　结语及对策建议 ……………………………………… 24

第二章　高水平开放塑造产业竞争新优势 ………………………… 26
　第一节　浙江省在共同富裕示范区建设前的产业
　　　　　发展情况 …………………………………………… 26
　第二节　塑造产业竞争新优势的主要任务和重要实践 ……… 32
　第三节　高水平开放塑造产业竞争新优势的
　　　　　理论意涵 …………………………………………… 38
　第四节　高水平开放塑造产业竞争新优势的浙江经验 ……… 44
　第五节　结语及对策建议 ……………………………………… 49

第三章　高水平开放提升经济循环效率 …………………………… 51
　第一节　共同富裕示范区建设前浙江省提升经济循环
　　　　　效率情况 …………………………………………… 51
　第二节　浙江省根据《意见》推出的系列实践及
　　　　　取得的成绩 ………………………………………… 62

第三节　高水平开放提升经济循环效率的理论意涵 …………… 76
第四节　对浙江省实践及成绩的总结、评价与后续
　　　　工作建议 ………………………………………………… 79

第四章　高水平开放激发各类市场主体活力 ……………………… 83
第一节　浙江省共同富裕示范区建设前激发各类市场
　　　　主体活力实践 …………………………………………… 83
第二节　浙江省高水平开放激发市场主体活力的
　　　　特色做法 ………………………………………………… 87
第三节　浙江省高水平开放激发各类市场主体活力的
　　　　理论意涵 ………………………………………………… 94
第四节　浙江省激发市场主体活力的显著成效
　　　　及借鉴意义 ……………………………………………… 101
第五节　结语与政策建议 ………………………………………… 104

第五章　高水平开放扩大中等收入群体 …………………………… 106
第一节　共同富裕示范区建设前的国际国内现状 …………… 107
第二节　根据指导意见浙江省推出的系列实践及成绩 ……… 111
第三节　高水平开放扩大中等收入群体的理论意涵 ………… 118
第四节　对浙江省实践及成绩的总结、评价与
　　　　后续工作建议 …………………………………………… 122

第六章　高水平开放缩小城乡区域发展差距 ……………………… 127
第一节　浙江省对外开放与城乡区域发展水平的现状 ……… 127
第二节　浙江省高水平开放缩小城乡区域发展
　　　　差距的示范 ……………………………………………… 134
第三节　浙江示范的理论意涵 …………………………………… 141
第四节　浙江示范的鲜明特点 …………………………………… 144

第七章　高水平开放丰富人民精神文化生活 … 150

第一节　共同富裕示范区建设前浙江省精神文化
建设的状况 … 150

第二节　共同富裕示范区建设后浙江省推出的建设
实践及成绩 … 157

第三节　高水平开放丰富人民精神文化生活的理论意涵 … 163

第四节　对浙江省实践及成绩的总结 … 170

第八章　高水平开放践行"绿水青山就是金山银山"理念 … 174

第一节　共同富裕示范区建设前浙江省生态环境
发展状况 … 174

第二节　高水平开放践行"绿水青山就是金山银山"
理念的制度构设 … 177

第三节　高水平开放践行"绿水青山就是金山银山"
理念的实践举措 … 184

第四节　高水平开放践行"绿水青山就是金山银山"
理念的理论意涵 … 192

第五节　高水平开放促进绿色高质量发展的浙江经验 … 197

第九章　高水平开放提升治理效能 … 201

第一节　共同富裕示范区建设前浙江省治理效能的
发展演进 … 203

第二节　浙江省提升治理效能推动共同富裕的实践 … 208

第三节　高水平开放提升治理效能的理论意涵 … 213

第四节　高水平开放促进治理效能提升的浙江经验 … 217

参考文献 … 220

后　记 … 236

第一章　高水平开放提升自主创新能力

浙江省作为我国对外开放的先行省份和经济与科技强省之一，在高水平开放、自主创新及与之相关的平台和制度体系建设方面成绩突出。2021年6月，《中共中央　国务院关于支持浙江高质量发展建设共同富裕示范区的意见》正式发布。在共同富裕示范区建设过程中，浙江省始终坚持在高水平开放中提升自主创新能力、在高质量发展中推动共同富裕，按照《浙江高质量发展建设共同富裕示范区实施方案（2021—2025年）》部署安排，从科技创新高地、创新人才蓄水池、创新创业生态、全域创新体系以及国际科创合作五方面，以更高水平开放、更深层次改革，助推高质量发展与自主创新能力提升，显著提升高新技术产业的主体地位，增强科技创新对经济社会的支撑和引领作用。浙江示范符合科学理论与社会实践，并对全国层面上的共同富裕与自主创新建设具有广泛的借鉴意义。

第一节　浙江省在共同富裕示范区建设前自主创新发展情况

浙江省科技创新工作始终走在全国前列。2006年，习近平同志在浙江省工作期间提出要用15年时间建成创新型省份和科技强省。经过15年的不懈奋斗，浙江省科技创新发展取得明显成效，自主创新能力大幅提升，科技综合实力明显增强，科技对经济社会发展的支撑和引领作用日益显现。2020年，浙江省科技创新综合实力稳居全国第一方阵，区域创新能力居全国第五、省区第三，科技创新成效连续两年获得国务院督查激励。本节将从研究与试验发展投入、中小微企业与民营经济研发热情较高、科技产出及成果、高新技术产业及技术市场、创新平台建设与人才培育五个方面，深入分析浙江省建设共同富裕示范区前的自主创新能力情况。

一 研究与试验发展投入情况

科技投入稳步增长，企业创新主体地位不断凸显。2000年，浙江省研究与试验发展经费（以下简称研发经费）支出仅为37亿元，占全国总额的4.1%。2020年，浙江省研发经费支出升至1860亿元，较2000年翻了超过五番，占全国总额的7.6%，研发支出规模排名全国第四，仅次于广东、江苏和北京。截至2020年，浙江省研发经费支出占其GDP的2.9%，较全国总体水平高出近0.5个百分点。从研发投入的执行部门和经费来源看，企业在浙江省的创新主体地位越发凸显。1990年，浙江省47%和25%的研发经费支出由研究机构和高等院校执行，工业企业执行经费占比仅为25%。1994—2000年工业企业执行经费占比快速提升至73%，随后进一步提升至2014年的85%。2015—2020年，工业企业执行经费占比回落，研究机构和高等院校占比保持稳定，而其他部门占比快速上升。这可能反映产学研用融合模式下多部门合作创新占比提升。从经费来源看，2000—2020年企业投入研发经费占比提高近两成、已达到90%。从人员投入看，浙江省研发人员年均增速高达16%，且2006年以来八成以上研发人员来自工业企业。

二 中小微企业、民营经济研发热情较高

民营经济是浙江经济的最大特色和最大优势。2021年，浙江省约2/3的GDP由民营经济创造，民营经济500强企业在数量上连续

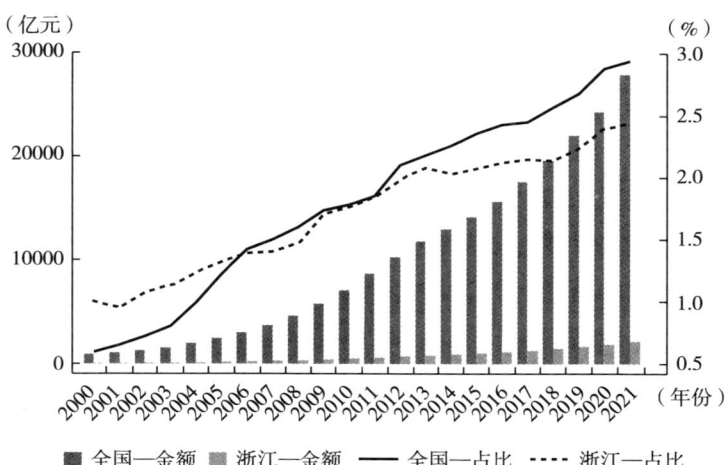

图 1-1　2000—2021 年全国和浙江省研究与试验发展经费支出

注：2000—2012 年国家统计局公布的浙江研发经费支出数据存在局部缺失，笔者采用《2022 年浙江统计年鉴》及 Wind 数据库中浙江 GDP 数据推算并补充。

资料来源：国家统计局、《2022 年浙江统计年鉴》、Wind 数据库及笔者整理。

23 年居全国第一。① 与全国相比，浙江省民营经济和中小微企业的研发创新热情也更为突出。2020 年，浙江省规模以上工业企业研发投入中，86%的研发活动企业、81%的企业办研发机构、49%的研发人员、41%的新产品开发经费支出、40%的企业办机构仪器设备以及39%的研发经费支出来自小微企业。与此相比，全国规模以上工业企业的研发投入格局仍以大中型企业为主，2020 年，仅 38%的研发人员、29%的研发经费来自小微企业，较浙江省同类指标低约 10 个百分点。从所有制类型看，浙江省民营经济的创新活力也较全国更高。2020 年，浙江省规模以上工业企业研发投入中，82%的研发活动企业、78%的企业办研发机构、64%的研发人员、54%的新产品开发经费支出、52%的企业办机构仪器设备以及 53%的研发经费支出来自

---

① 浙江省统计局：《浙江省第十四次党代会以来经济社会发展成就之民营经济篇》，2022 年 5 月 5 日，http://tjj.zj.gov.cn/art/2022/5/5/art_1229129214_4920185.html。

私营企业。其中,私营经济研发人员和研发经费占比较全国分别高出 20 个和 16 个百分点。

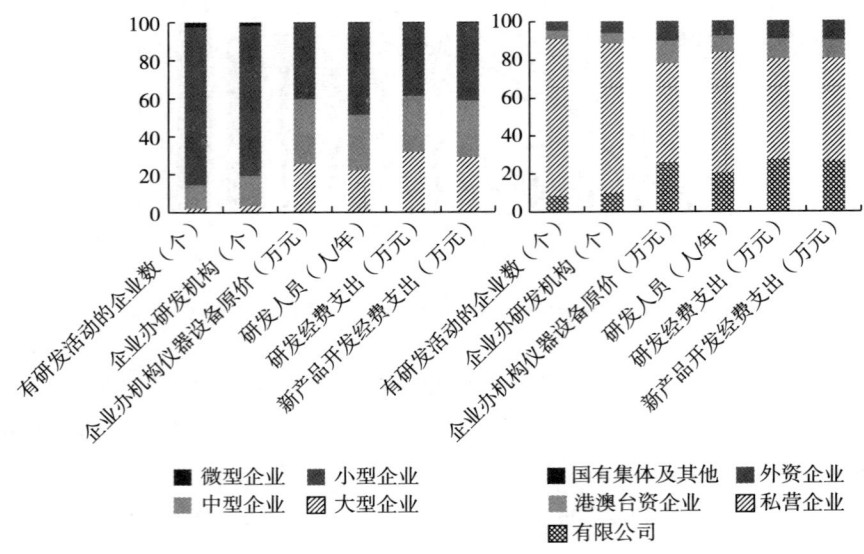

图 1-2　2020 年浙江省规模以上工业企业研发活动情况

注:有限公司包括有限责任公司、股份有限公司及股份合作企业。国有集体及其他包括国有企业、集体企业及未列明的其他企业。

资料来源:《2021 年浙江统计年鉴》及笔者整理。

三　科技产出及成果情况

专利申请和授权数量快速提升,实用新型专利与发明专利占比增加。专利数量是衡量创新产出的最重要指标之一。2000—2020 年,浙江省专利授权数年均增速在 20% 以上,占全国专利授权比重从 2000 年的 7.9% 上升至 2013 年的 16.5%,2013 年以后逐步回落至 10% 左右。① 浙江省专利数量占比显著高于研发支出占比,在一定程

---

① 2013 年后,浙江省专利授权数占全国比重下降,主要是因为实用新型和外观设计专利增速落后于全国总体水平,这反映出自党的十八大提出"创新驱动发展战略"以来国内地区间创新竞争越发激烈。

度上反映其民营经济主导和低成本创新的特点。浙江省专利结构不断优化，专利质量水平显著提升。2000—2010年，浙江省专利产出以外观设计为主，占比高于同期全国专利产出中外观设计比重。2009年以来，浙江省实用新型专利快速增长，占比从2009年的31.6%提高至2020年的59.2%。发明专利也呈现稳步提升态势，占比从2000年的2.5%提高至2020年的12.7%。从行业看，人工智能和电子商务是浙江省专利授权数量最多、增长最快的领域，包括数据处理、数据信息传输、数据识别、电子商务和管理系统等。

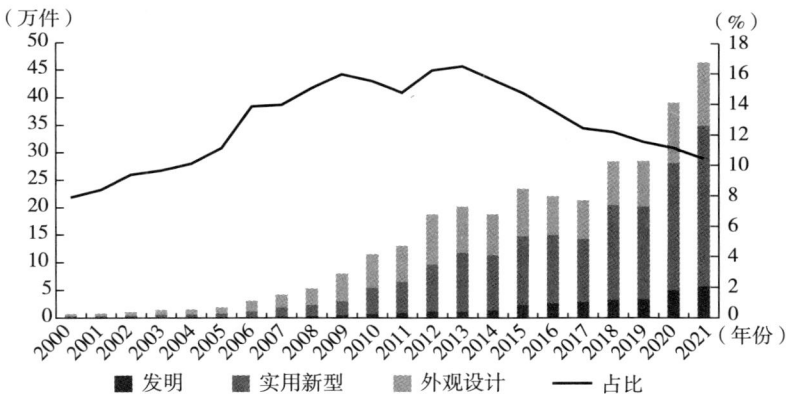

图1-3 2000—2021年浙江省专利授权总量及其构成

资料来源：国家统计局、Wind数据库及笔者整理。

论文、著作及国家奖励类科技成果不断取得新突破。2005—2019年，浙江省高等学校自然科学领域科技专著出版量、科技论文发表量年均增速分别为7.2%和3.6%，分别占2019年全国科技专著出版量和科技论文发表量的0.5%和2.8%。2020年，受新冠疫情影响，全国和浙江省高等学校科技著作出版数量均出现下降，但科技论文发表量保持增长势头。从领域看，工程技术、医学科学领域的科技专著和论文比重增加，而自然科学领域成果占比下降。2019年，工程技术领域科技专著和论文占比分别较2005年提高3个百分点和1

个百分点，医学科学领域则分别提高3个百分点和6个百分点。此外，2020年，浙江省还有38项科技成果获得国家科学技术奖，其中主持完成的获奖项目19项。总获奖数和主持获奖数均创历年新高。其中，浙江大学作为第一完成单位荣获2020年度国家科学技术奖励11项。[①]

四 高新技术产业及技术市场情况

高新技术产业发展加快，集聚效应和引领作用凸显。2020年，浙江省高新技术产业产值为4.3万亿元，较2015年近乎翻番；高新技术产业产值同比增长5.7%，较2015年提高1.6个百分点。类似地，高新技术产业销售产值、增加值、出口交货值、利税等经营指标的规模和增速均较2015年提高。同时，高新技术产业经营表现明显优于规模以上工业，部分指标2020年的相对优势较2015年进一步扩大。2020年，高新技术产业总产值、销售产值、增加值、出口交货值、新产品产值、新产品产值率、利税、利润同比增速分别较规模以上工业高出4.3、4.5、4.3、5、1.6、0.3、7、6个百分点，且除新产品产值率、研发费用、利润外，在其他经营指标上的相对优势均较2015年扩大。高新技术产业投资增速也高于总体固定资产投资增速，科技进步贡献率由2015年的57.3%升至2020年的65%。

表1-1　　　　2015—2020年浙江省高新技术产业发展情况

主要指标	单位	2020年		2015年	
		高新技术产业	规模以上工业	高新技术产业	规模以上工业
总产值	亿元	42784.07	—	24090.91	—
	同比变化（%）	5.7	1.4	4.1	0.76

---

① 浙江省科技厅：《2020年度浙江省创新指数再创新高　科技创新有力支撑高质量发展》，2021年12月6日，https：//www.safea.gov.cn/dfkj/zj/zxdt/202112/t20211206_17 8369.html；浙江大学：《浙大11项成果获2020年度国家科学技术奖励　获奖项目数再创历史新高》，2021年11月15日，https：//www.zju.edu.cn/2021/1115/c63758a2441985/page.htm。

续表

主要指标	单位	2020年 高新技术产业	2020年 规模以上工业	2015年 高新技术产业	2015年 规模以上工业
销售产值	亿元	41662.52	73335.64	23035.67	64543.61
	同比变化（%）	6.3	1.8	3.6	0.24
增加值	亿元	9960.53	16714.5	4909.9	13193.35
	同比变化（%）	9.7	5.4	6.9	4.4
出口交货值	亿元	8272.52	12127.99	4971.96	11707.48
	同比变化（%）	5.5	0.5	−3.13	−3.7
新产品产值	亿元	23705.23	29246.55	11929.06	21555.44
	同比变化（%）	6.7	5.1	12.73	13.78
新产品产值率	%	55.4	39	49.5	32.2
	同比变化（百分点）	4	3.7	4.1	3
研发费用	亿元	1700.86	2032.35	—	—
	同比变化（%）	14.4	18	—	—
利税	亿元	5420.44	8222.22	2531.80	6335.2
	同比变化（%）	15.8	8.8	7.36	6.0
利润	亿元	4147.41	5544.59	—	—
	同比变化（%）	20.7	14.7	—	—

注："—"表示数据缺失。

资料来源：浙江省科技厅及笔者整理。

技术交易市场不断完善，创新资源配置不断优化，科技成果转化水平显著提升。2020年，浙江省技术市场共签订合同2.6万项、成交额1403亿元，同比分别提高35.1%和58.0%，技术成交额占全省GDP的2.2%。2015—2020年，浙江省技术市场成交额全国占比从1%提高至5%，稳居我国技术交易第一梯队。从技术交易流向看，浙江省输出和吸纳技术合同成交额均增长较快，且吸纳技术数量和金额高于输出技术。其中，2020年，浙江大学输出技术成交额在全国高等院校中排名第2，浙江天猫技术有限公司在全国企业吸纳技术成交额中排名第17。从技术来源看，2015—2020年，浙江省规模以上工业企业用于购买境内技术的累计经费支出约为引进境外技术累计经费支出的 2.3 倍，但 2020 年境外技术支出显著上升。浙江省科技成果转化也呈现良好发展势头，2015—2020 年成果转化总指数①年均增长率达到 22.1%。

五 创新平台建设与人才培育情况

积极构建各类创新平台，为高质量发展提供战略支撑。一是打造省实验室体系。2017—2020 年，之江、良渚、西湖、湖畔 4 家省实验室先后落地，聚焦"互联网+"和生命健康科创高地建设，为浙江省经济社会转型发展提供数字与医药科技支撑。2021 年，国务院同意将之江实验室建设智能计算研究院，纳入国家实验室体系；支持西湖大学积极参与生命健康领域国家实验室建设，将其作为国家实验室的重要节点。二是创新科技体制机制，提高行政、人事及财务管理水平，充分释放新型研发机构创新效能。如浙江之江实验室是全国首家混合所有制事业单位性质的新型研发机构，在技术路线、人才引进、成果处置、经费使用等多方面享有自主权。此外，浙江省还积极引进境内外一流高校、科研机构、知名企业、高层次人才来浙依法设立新型研发机构，大力支持其发展。截至 2020 年，浙江省累计省级重点实验室 402 家，国家重点实验室 15 家，省级企业研究院 1534 家、省级高新技术企业研究开发中心 3731 家，省级产业创新服务综合体 138 家。

创新人才队伍不断壮大，结构不断优化。"十三五"时期，浙江省逐步形成以"鲲鹏行动"计划为引领的高素质人才引进培育体系，人才发展体制机制改革持续深化，人才流动壁垒大幅减少，人才环境更加优良，人才创新创业活力明显增强。2020 年，浙江省人才资源总量较 2015 年增长 31.2%，累计入选国家级人才工程人次增长 151.7%，每万名劳动力中研发人员增长 50.1%，高技能人才占技能

---

① 《2021 浙江科技成果转化指数》由浙江省科技信息研究院发布，包括创新研发、成果产出、成果交易和转化绩效四个分指数。

人才比例增长 31.4%，新引进各类外国人才增长 35%。① 基础研究人才队伍不断壮大。2020 年，浙江省入选国家杰出青年 14 人、国家优秀青年 33 人，入选人数再创历史新高；拥有两院院士 54 名，长江学者奖励人才 241 名；获省基金项目支持的 40 岁以下青年科技人员占比超过八成；入选国家引才计划建议名单外国专家数连续 7 年保持全国第一，新引进培育领军型创新创业团队 35 个、海外工程师 217 名。此外，浙江省还创建了全国首个"国际人力资源产业园"，推进"外国高端人才创新集聚区"规范化发展。

第二节　浙江省高水平开放提升自主创新能力的系列实践

2021 年 5 月，中央赋予浙江省高质量发展建设共同富裕示范区任务。同年 6 月，浙江省委十四届九次全会将科技创新工作放在共同富裕示范区建设各项重点任务的首位。2022 年，浙江省第十五次党代会提出省域现代化先行、共同富裕先行的战略目标。自共同富裕示范区建设以来，浙江省在科技创新高地、创新人才蓄水池、创新创业生态、全域创新体系以及国际科创合作五方面积极开展创新实践，以更高水平开放、更深层次改革，助推自主创新能力提升。

一　全面建设三大科技创新高地

围绕三大科创高地，打造世界一流科研力量。面向世界前沿和国家需求，同时结合自身实际，浙江省提出构建"315"国家战略科技力量体系，并针对每一个科创高地、每一个战略领域，细化主攻方向，排出重大项目，明确重大平台、重大团队以及支撑引领产业和

---

① 浙江省发展和改革委员会、中共浙江省委组织部：《浙江省人才发展"十四五"规划》，2021 年 6 月 15 日，https://www.zj.gov.cn/art/2021/7/7/art_1229203592_2310438.html。

领军企业。目前，浙江省初步形成以国家实验室基地和省实验室为龙头的核心战略科技力量，以高水平研究型大学、一流科研院所、重点新型研发机构、省技术创新中心和科技领军企业为重点的战略科技力量，以量大面广的高新技术企业、科技型中小企业为主力军的科技力量体系。特别地，2022年浙江省完成十大省实验室建设布局，逐步实现"互联网+"、生命健康、新材料、海洋、绿色能源、航空以及农业等重大科研领域全覆盖。2022年，浙江省创新能力综合排名跃居全国第4位，实现15年来首次争先进位。其中，三大科创高地建设成效显著，截至2020年，浙江省60%左右的国家和省科技奖、70%以上的科技企业和科技人才、80%以上的省级科研攻关项目、90%以上的重大创新平台均集聚于此。

实施关键核心技术攻关工程，推进"尖峰""尖兵""领雁""领航"计划。其中，"尖峰"聚焦量子信息、人工智能等前瞻性基础研究领域，"尖兵"聚焦区块链等牵涉产业链、供应链安全的关键核心技术，"领雁"聚焦新一代网络通信等领域的重大引领性项目，"领航"以融入国家战略布局、争取国家科技创新2030重大项目、重点研发项目等落地浙江为目标。四类项目均计划每年组织实施项目100项左右。此外，浙江省还构建迭代了全国首个关键核心技术攻关的数字化应用场景，建立健全"倒逼、引领、替代、转化"四张清单机制，扎实推进"揭榜挂帅""赛马制"等攻关新模式，积极探索科技创新新型举国体制浙江路径。2022年，浙江省研发投入占GDP比重进一步提高至3%，新增高新技术企业7000家、科技型中小企业1.2万家。截至2022年11月，浙江"科技攻关在线"应用支撑产出进口替代成果349个，推广重大攻关成果785个，涌现出"冰光纤"、仿生深海软体机器人等重大科创成果。[1]

---

[1] 浙江省科技厅：《浙江省科技厅"科技攻关在线"获评省数字化改革"最佳应用"》，2022年11月11日，https://www.safea.gov.cn/dfkj/zj/zxdt/202211/t20221111_183390.html。

二　奋力打造全球创新人才蓄水池

全面推进科创人才队伍建设。一是大力实施"鲲鹏行动"计划，统筹推进各类引才项目，积极引进海内外高层次人才和创新团队。二是着力提升人才培养质量，造就一批立足浙江主导产业、引领浙江省高质量发展的国际化、专业化、门类齐全的本土人才队伍。三是加大青年博士、博士后招引力度，推进大学生见习基地和创业园建设，全面建设人才成长梯队。四是大力实施"浙商青蓝接力工程"、新生代企业家"双传承"计划和"品质浙商提升工程"，推进浙商队伍转型升级。五是实施新时代工匠培育工程和"金蓝领"职业技能提升行动，构建高技能人才培育体系，加快培养大批浙江工匠。截至2022年，浙江研发人员总量已达77.58万人、每万名就业人员中研发人员有151.15人，两项指标均居全国第3位，累计引进全球顶尖人才73名，累计入选国家重点人才工程3600多人次，人才集聚度、活跃度、贡献度连年提升。

构建良好的人才发展环境。一是创新高水平人才制度。在职称评审、岗位结构比例设置等方面进一步向用人主体放权，提高科研经费中人员经费比例和用人单位分配自主权，合理分配职务科研成果转化收益，扩大赋予科研人员职务科技成果所有权或长期使用权试点。二是加快高能级人才平台建设。强化科创大走廊、高新区、各类实验室和科创中心对国内外优秀人才的吸引力和凝聚力，加强高校学科专业布点的宏观调控，集中力量培育各类优势特色学科建设，鼓励各类创新力量强强联合、优势互补，积极打造人才科创"飞地"。三是提供高品质人才服务，推进高效能人才治理。深化人才创新创业全周期"一件事"改革，积极建设多功能、高集成的人才创新创业服务综合体，深入推进"人才贷""人才投""人才保""人才险"等工作。积极为外籍人才落实教育、医保、社保等方面国民待遇，营造适合国际高端人才创新发展的"类海外"环境。全面推进人才工作数字化改革，提升人才治理体系的高效性、科学性与智能性。

三 建立健全创新创业生态

全面建设辐射全国、链接全球的技术交易平台，不断完善网上技术市场建设和科技成果转移转化生态。一是全面提升打造"浙江拍"品牌，支持三种市场化定价方式和线上拍，提升成果定价精准性和交易规范性。二是跨部门联合开发"安心屋"，建立全新的职务科技成果管理制度和监管体系，并在全国率先实现成果"内控管理—转化审批—公开交易"全流程电子化、区块链存证。截至2022年11月，浙江省近2.6万项职务科技成果已实行单列管理，454项完成转化。三是探索开展"用后转"新模式①，建立体系化双边权益保障机制，降低合作门槛及风险，形成产学研协同创新利益共同体。四是开发"供需荟"应用场景，帮助企业挖掘需求、供需对接、促成合作，持续优化需求为导向的产学研合作生态，建立成果转化的专业化分工体系。

持续优化"产学研用金、才政介美云"②十联动创新创业生态。发挥体制机制优势，统筹政府、产业、高校、科研、金融、中介、用户等力量，整合技术、资金、人才、政策、环境、服务等要素，形成创新链、产业链、资金链、人才链、服务链闭环模式，打造创新创业的各类主体和要素融通创新、协同创新的生态系统。坚持数字化改革引领，推进"科技大脑""城市大脑""产业大脑"建设。优化创新资源配置机制，引导土地、资金、人才等资源要素向科技

---

① "用后转"新模式，即科技成果向企业先免费试用、后付费转化的新模式，并引入知识产权维权、保险、信用等机构，开发上线配套性保险产品。

② "产"指以企业为主的产业化活动；"学"指以高校为主的教学活动；"研"指研究开发或科技创新活动；"用"指科技成果的转化运用；"金"指科技金融的深度融合；"才"指科技人才团队的引进培育；"政"指政府的公共创新服务体系；"介"指科技中介服务；"美"指美好的创新创业生态环境；"云"指以"互联网+"、大数据、云计算为代表的信息技术应用。

创新领域倾斜，推进重点领域项目、基地、人才、资金一体化高效配置。完善新型科研管理体制，实行重大科技项目"揭榜挂帅""赛马"机制，全面深化项目评审、人才评价、机构评估改革，建立健全全生命周期创新服务机制。加快完善金融支持创新体系，加大科技金融创新力度，推进创新链、产业链、资金链深度融合。加强知识产权保护体系建设，建立鼓励创新、宽容失败的容错机制，形成全民创新的社会氛围。

四 积极构建全域创新体系

四大科创走廊建设不断深化，省域创新协同联动机能增强。其中，杭州城西科创大走廊科创成效最为突出，2016—2020年产业增加值增速、高新技术产业增加值增速、发明专利申请量增速，是全省同类指标的1.2—3.5倍。2021年以来，浙江省进一步强化杭州城西科创大走廊顶层设计，加快项目引进和人才集聚，全面打造国际一流创新策源地。宁波甬江科创大走廊和温州环大罗山科创走廊建设加快，2020年以来先后发布建设规划，明确战略定位、空间布局与科技支撑。其中，宁波甬江科创大走廊聚焦各类先进材料，力图打造全球顶尖的新材料创新中心。温州环大罗山科创走廊主攻生命健康、智能装备两大主导产业，力图建设全球生命健康和智能装备高地。2022年，金华浙中科创走廊建设启动，聚焦"芯"光电核心产业集群，提升现代中医药及生物技术、现代农机及新能源汽车产业集群，力图建设浙江省中西部地区的产业创新枢纽和长三角跨区域联动创新先行区。

增强县域创新发展能力，强化省市县创新联动。自共同富裕示范区建设以来，浙江省坚持把省市县联动作为科技工作重要方法，系统构建支持县域创新发展工作格局，推进项目、平台、人才、资金等创新资源落地县域，加快县域创新体制机制改革，充分发挥科技创新在县域经济社会高质量发展中的支撑引领作用，进而形成各具特色的县域创新驱动发展路径。2021年,浙江省90个县(市、区)中85个创新指数较2020年提升,其中山区26县创新指数均值较2020年提升12.1%。[①]浙江省积极开展"科技创新鼎"评选,激发县(市、区)创新活力。2021年,杭州市等2个市、杭州市西湖区等9个县(市、区)平均研发投入强度达4.2%,被授予2021年度"科技创新鼎"。其中,杭州市西湖区的数字经济、绍兴市上虞区的新材料和现代医药产业、安吉县的生态旅居和绿色家居产业科创实力突出。

五 开拓国内外科创合作新局面

加快省际创新飞地建设,推动跨区域科创合作。2021年以来,浙江省深入贯彻习近平总书记关于推动长三角一体化高质量发展的重要讲话和指示精神,主动融入、积极参与长三角G60科创走廊建设。近年来,G60浙江段沿线城市联合沪苏皖科技部门承担国家重大科技攻关任务79项,实施长三角一体化攻关项目79项,科创要素在省际联合体内部高效配置。作为全国首个跨省域建立的科技产业园区,张江长三角科技城平湖园建设不断完善,省际开放合作、一体化发展效益涌现,目前已建立三大域外孵化器,2021年成功引进项目36个,总投资181.8亿元。此外,浙江省还开拓创新飞地建设,深入实施引进大院名校联合共建创新载体战略,打破行政区划界限,打造跨区域创新合作平台。衢州海创园、杭州柯城科创园等科创飞地,通过在北上广深等发达地区建设飞地,集聚各类创新主体和要素资源,并在条件成熟后反哺飞出地产业发展,通过与发达地区联合研发、协同制造和共建产业生态等方式,实现对欠发达地区产业的科技赋能和发展带动。

健全国际科技合作体系,加快融入全球创新网络。2022年,浙江省印发《浙江省国际科技合作载体体系建设方案》,加大国际科技

---

① 参见《2021年度浙江省及设区市科技进步统计监测报告》《2021年度浙江省县(市、区)科技进步统计监测报告》。

合作推进力度。力图构建从基础研究到应用研究、从示范引领到应用转化的全方位、多层次、跨领域的国际科技开放合作平台，形成由国际科技合作基地、海外创新孵化中心、国际联合实验室、企业海外研发机构、外资研发中心组成的内外联动、功能互补、错位发展的国际科技合作载体体系。2020年以来，浙江省在全国率先启动全球科技精准合作"云对接"系列活动，已举办德国、日本、新加坡等系列专场。2021年，浙江省累计与9个国家和地区签订双边产业创新合作项目，项目数量居长三角第一、全国前列。浙江省还创建了全国首个"国际人力资源产业园"，不断推进"外国高端人才创新集聚区"规范化发展。2020年，浙江省入选国家引才计划建议名单的外国专家人选连续七年保持全国第一，新引进培育领军型创新创业团队35个、海外工程师217名。

第三节 浙江省高水平开放提升自主创新能力的理论意涵

习近平总书记指出："过去40年中国经济发展是在开放条件下取得的，未来中国经济实现高质量发展也必须在更加开放条件下进行。"① 党的十八大以来，浙江省深入贯彻习近平总书记关于高水平开放的重要讲话和指示精神，持续以高水平开放作为提升自主创新能力的重要抓手，充分发挥高水平开放对自主创新的需求引领、资源配置及制度保障作用，以高水平开放提升自主创新的发展理论指导共同富裕示范区建设的科创实践。

一 高水平开放强化需求的创新引领作用

高水平开放有助于明确科技创新发展方向。党的二十大报告指

---

① 习近平：《开放共创繁荣 创新引领未来——在博鳌亚洲论坛2018年年会开幕式上的主旨演讲》，《人民日报》2018年4月11日第3版。

出,"坚持面向世界科技前沿、面向经济主战场、面向国家重大需求、面向人民生命健康,加快实现高水平科技自立自强"。高水平开放有助于揭示世界科技前沿、全球经济增长及人类社会发展的创新动能。习近平总书记多次强调,以人工智能、量子信息、移动通信、物联网、区块链为代表的新一代信息技术,以合成生物学、基因编辑、脑科学、再生医学等为代表的生命科学技术,融合机器人、数字化、新材料的先进制造技术,以清洁高效可持续为目标的能源技术,以及空间和海洋技术,是当前全球新一轮科技革命和产业变革的主要方向。① 这些技术关系国家前途命运和人类共同发展,任何政府和社区无法独立全面攻克,需要凝结全球智慧才有望取得重大突破,需要各类市场主体在开放、竞争中探索和发现。浙江省在共同富裕示范区建设过程中,始终坚持用高水平开放引领创新需求,面向世界前沿和国家需求,布局省实验室和实施攻关工程。

  高水平开放有助于提升科技创新的经济效益。科技创新往往需要较多研发投入,且越是前沿技术开发成本也越高,甚至超出国内需求的涵养能力,因而需要走全球化道路,借助全球市场涵养前沿创新。有学者指出,当企业同时服务国内和国外市场时,研发提高生产效率将能够帮助企业同时在两个市场获得丰厚利润,进一步鼓励企业进行科技创新和效率提升投资。② 部分高科技产品的发展实践也验证了开放对于创新的重要作用。比如,从20世纪50年代的常规电器开关系统到20世纪80年代的第一代数字开关系统,电器开关系统的研发成本大幅攀升,而生命周期急剧下降。据飞利浦公司计算,10亿美元的数字系统开发支出需要大约8%的全球市场份额才能弥

---

① 习近平:《在中国科学院第十九次院士大会、中国工程院第十四次院士大会上的讲话》,《人民日报》2018年5月29日第2版。
② Lileeva, Alla, and Daniel Trefler, "Improved Access to Foreign Markets Raises Plant-level productivity … for Some Plants", The Quarterly Journal of Economics, Vol. 125, No. 3, 2010, pp. 1051–1099.

补，而这远超出了欧洲单个市场的规模。① 高水平开放也提升了浙江省科技创新的经济收益。2021年，浙江省数字贸易进出口达4810亿元，跨境网络零售出口达2430亿元。②

二 高水平开放吸引高质量创新要素集聚

高水平开放吸引劳动、资本等传统创新资源集聚。创新能力竞争归根到底是人才竞争。同样，科技创新也离不开金融资本的支持。高水平开放有助于吸引全球高质量劳动和资本等创新要素在本国聚集，进而提升本国自主创新能力。根据世界经济论坛《全球人力资本报告2017》和欧洲工商管理学院《全球人才竞争力指数2021》，我国在人力资本指数上处于全球中等偏上水平，在能力、发展、技术诀窍等方面与发达经济体存在一定差距。高水平开放有利于国内外人才交流和技术诀窍沟通，有利于国际合作和先进技术扩散，有利于推动我国人才体系提质增效。类似地，我国金融市场以间接融资为主，直接融资发展相对较慢，对创新经济发展支持不足。而资本的流动性和逐利性表明，只有高水平开放和高质量发展才能吸引创新资本流入、为我所用。在共同富裕示范区建设过程中，浙江省不断推进人才引进体制和科技金融体制开放，积极发展"人才飞地"、供应链金融等创新模式，极大地提升了对人才、资本等创新资源的吸引力。

高水平开放激发大数据等新型创新资源发展活力。随着信息技术和数字经济的快速发展，大数据逐步成为影响全球竞争和科技创新的关键战略性资源。当前，美、欧、日、韩等主要经济体均通过政策、法案、设立机构等形式，持续深化推进自身大数据战略，我国

---

① [英] 乔治·S. 伊普：《全球战略》（第2版），程卫平译，中国人民大学出版社2005年版，第49页。

② 浙江省商务研究院：《浙江数字贸易发展蓝皮书（2022）》，2022年5月，http://www.zac.org.cn/info/1041.html。

也加强了对大数据产业、数字技术、数据要素市场以及数据安全等方面的部署。① 从技术水平看,我国是大数据相关论文发表第一大国,大数据相关专利申请世界第二大国,但我国在新一代信息技术等突破性创新技术上处于世界前沿地位的主要是应用发表,而在这些技术的跨国专利方面仍与美、欧、日、韩存在较大差距。高水平开放有助于发挥我国在应用创新上的长处,以现实应用场景和经济效益,吸引发明专利创新和底层技术创新企业投资国内市场,进而在开放合作中激发新型创新要素的发展活力,共同开发新技术和新业态。浙江省跨境电商产业的高质量发展正是高水平开放激活数字经济发展活力的生动案例。

三 高水平开放营造适于创新的制度环境

高水平开放有助于提升国际规则和国际标准参与制定能力。国际规则和国际标准愈加成为影响全球经贸发展及国际产业竞争的关键因素。特别地,技术与标准的有机结合还能实现"赢者通吃"的经济效果。当前,以国际标准化组织(ISO)、国际电工委员会(IEC)和国际电信联盟(ITU)为代表的国际标准组织已成为世界各国高度关注和参与的"技术联合国"。欧洲是国际规则制度的超级大国,在 ISO 和 IEC 技术委员会秘书处职位占比均超过一半。我国 2008 年正式成为 ISO 常任理事国,在 ISO 技术委员会的代表数量快速增加,在通信标准领域的话语权上升,但总体标准制定实力仍明显落后于欧、美、日等发达经济体。高水平开放有助于实现我国与国际规则、标准接轨,有助于我国吸引国际标准制定资源及开展规制标准方面国际合作,并在开放、竞争与合作中提升我国参与和制定国际规则、标准的能力,同时形成有利于宣传推荐我国主导的国际标准规则的舆论环境。

高水平开放营造竞争的市场结构,激发市场主体创新动力。诺贝

---

① 中国信息通信研究院:《大数据白皮书(2022 年)》,2023 年 1 月,http://www.caict.ac.cn/kxyj/qwfb/bps/202301/t20230104_413644.htm。

尔经济学家肯尼斯·约瑟夫·阿罗在《经济福利和创新资源配置》一文中指出，当创新者对其发明享有完全且永久专断性知识产权时，与竞争市场的企业相比，对工艺发明进行研发投资的动力较小，进而使得社会总体福利受损。[1] 这是因为创造性毁灭将导致垄断者损失旧技术利润，也是欧美竞争法反垄断的基本逻辑，即通过竞争优化企业生产、交易、管理等方面经营效率，进而激发市场主体的创新活力。高水平开放有助于引入国外竞争力量，淘汰国内落后产能和低效率企业，激发在竞争中存留的国内企业学习国外先进技术和管理经验，优化经营效率，加大研发和创新力度。加入世界贸易组织以来，我国企业生产、研发能力不断提升，进口竞争效应和出口学习效应是重要原因之一。浙江省的自主创新以企业为主体，民营经济发展尤具活力，这与当地开放、竞争、包容的市场环境密不可分。

高水平开放有助于推进国家驱动机制与市场驱动机制的深度融合。市场机制和价格机制在创新资源配置中具有突出优势，但当市场失灵及经济发展对市场机制形成路径依赖问题时，国家驱动机制有望在创造和塑造市场、引领技术—经济新范式上发挥积极作用。历史经验表明绝大多数的技术革命都需要政府的大力推动。美国在创新型经济发展过程中，既大力推行私营经济，也倡导创新型政府引领作用。如美国联邦政府的大力支助和国家实验室的技术研发共同促进了页岩气开发技术，政府采购、补贴贷款以及税收减免等扶持政策推动了美国新能源和绿色产业发展。[2] "十四五"规划和党的二十大报告也提出健全新型举国体制，强化国家战略科技力量，完善科技创新体制机制和国家科技治理体系。高水平开放有助于国内外先进创新模式的交流学习，有助于发挥经济效益的杠杆作用，进而推进国家驱动创新机制与市场驱动创新机制的优化配合。

---

[1] Arrow, Kenneth Joseph, *Economic Welfare and the Allocation of Resources for Invention*, Macmillan Education UK, 1972, pp. 219—236.
[2] ［英］玛丽安娜·马祖卡托：《创新型政府：构建公共与私人部门共生共赢关系》，李磊、束东新、程单剑译，中信出版社2019年版，第1—22页。

第四节　浙江省自主创新实践的鲜明特征及借鉴意义

自2021年被赋予高质量发展建设共同富裕示范区的重大使命以来，浙江省积极实践，努力作为，逐步探索出以高水平开放提升自主创新能力的现实路径和"浙江模式"。浙江省近两年的自主创新实践呈现出纲领明确、实践有力、重点突出、工具多元四方面鲜明特征，并对未来在全国范围推广共同富裕、提升自主创新水平具有广泛的借鉴意义。

一　纲领明确，利用先进理论指导创新实践

贯彻落实党的创新理论，响应国家重大决策部署。习近平同志在浙江省工作时，就指出"在当今信息时代，科学技术对生产力发展产生的就是'幂数效应'"，并明确把建设科技强省纳入"八八战略"，把科技进步与创新摆上更加突出的战略位置。2006年，浙江省委、省政府印发《浙江省科技强省建设与"十一五"科学技术发展规划纲要》和《关于加快提高自主创新能力、建设创新型省份和科技强省的若干意见》，并成为支撑浙江省创新发展的早期纲领性文件。党的十八大以来，以习近平同志为核心的党中央提出实施创新驱动发展战略，强调"科技创新是提高社会生产力和综合国力的战略支撑，必须摆在国家发展全局的核心位置"。党的二十大进一步围绕实现高水平科技自立自强，建设创新型国家，实施科教兴国战略、人才强国战略、创新驱动发展战略，打赢关键核心技术攻坚战等作出全面部署。在党中央关于科技创新的系列纲领性文件的指导下，浙江省深入实施科技创新和人才强省、创新强省首位战略，创新型省份建设不断取得新突破。

遵循经济和社会发展规律，充分发挥市场机制和国家机制优化创

新资源配置。党的二十大报告指出"完善产权保护、市场准入、公平竞争、社会信用等市场经济基础制度","充分发挥市场在资源配置中的决定性作用,更好发挥政府作用"。市场和政府的有效配合对于实现创新驱动发展战略同样重要。经典的经济理论表明,当市场完全、产权界定清晰时,市场在资源配置中占据优势地位,但当信息不对称、存在外部效应、产权界定不清晰等情况时,市场机制不能充分发挥作用,国家驱动机制有望在创造和塑造市场、引领技术—经济新范式上发挥积极作用。正是在社会主义市场经济理论和创新型政府理论的指导下,浙江省创造性提出"产学研用金、才政介美云"十联动的创新创业生态,全力打造各类主体和要素融通创新、协同创新的生态系统。以关键核心技术攻关清单机制,"揭榜挂帅""赛马"等制度,"科技创新鼎"评选机制等创新体制机制,有效激发各类市场主体参与和倡导科技创新的积极性。

二 实践有力,因地制宜打造全域创新体系

共建共享是共同富裕示范区建设的核心原则之一,具体落实到自主创新领域则意味着要推进城乡区域协调发展的全域创新。浙江省下辖11个地级市、37个市辖区、20个县级市、33个县,各地区在地理气候、资源禀赋、城市建设、人口结构以及科技水平等方面存在显著差异。因此,浙江省在推进共同富裕、实现协同发展的过程中,尤其注重因地制宜、因城施策地开展自主创新实践。根据《2021年度浙江省及设区市科技进步统计监测报告》《2021年度浙江省县(市、区)科技进步统计监测报告》,杭州市、嘉兴市、湖州市综合创新指数居于浙江省前三。此外,宁波市、绍兴市、衢州市也在科技投入、技术创新、科技产出、转型升级、创新环境等分项上呈现较好的创新基础。相反,山区海岛县创新基础较为薄弱,创新水平低于全省总体创新水平。因此,浙江省在自主创新实践过程中注重结合地方实际和地方特色,既鼓励和引导科技领先地区积极响应国家重大科创需求,又充分

发挥科技领先地区对科技薄弱地区的引领示范作用。

引领示范与合作帮扶并举。浙江省下属杭州、嘉兴、湖州、宁波等地区，在区位、人才、资本等方面具有良好的创新基础，是浙江省科技自立自强的中流砥柱。这些地方的科创实践对标世界前沿、尖端及国家所需、未来所向领域。以杭州市为例，杭州市是浙江省创新水平最高的区市，在强大科技"硬实力"和科创环境"软实力"支撑下，杭州组织实施省级以上重大科研项目780项，在人工智能、金融科技等领域取得重大创新突破。类似地，宁波、温州及金华也分别依托既有产业优势，打造新材料、生命健康、现代农业、新能源汽车等领域创新策源地。而浙江省山区26县资源禀赋、要素配套、区位条件以及功能定位受限，一直被视为浙江省的欠发达地区。在共同富裕示范区建设过程中，浙江省充分发挥山区26县在土地、用工以及生活成本方面优势，加大对山区县的政策支持和科技帮扶力度，同时利用山海协作、科创飞地等协同发展模式，鼓励引导山区26县以比较优势招引转移产业，以政策环境吸引返乡投资创业，并立足传统产业挖潜升级，培育"专精特新"企业。

三 重点突出，以数字化改革引领创新实践

数字领域创新表现最为突出。"互联网+"是浙江省三大科创高地之首，云计算与未来网络、智能计算与人工智能、微电子与光电子、大数据与信息安全等数字创新领域是十五大战略领域的核心内容。浙江省是最早获批创建国家数字经济创新发展试验区的省份之一，数字经济在地区经济中处于支柱地位，既是产业发展的核心，也是科创建设的重点。2021年数字经济占GDP的比重达48.6%，居全国各省（区）第一。2021年，浙江省数字经济高新技术企业和科技型中小企业数目是2017年的3.4倍；规上数字经济核心产业研发强度达到7.3%，是全社会研发投入强度的2.5倍。此外，浙江省数据要素市场化水平、数字基础设施水平、大数据应用发展情况以及

数字经济国际国内合作情况均居全国前列。一方面，科创大走廊、国家实验室、大科学装置等数字科技创新战略力量不断壮大并发挥成效；另一方面，数字开放创新平台、数字规则与治理体系等体制机制建设不断完善。

数字创新赋能其他领域创新发展。一方面，数字创新赋能传统产业创新发展，农业、制造业与服务数字化转型加快。根据《浙江省数字经济发展白皮书（2022年）》，浙江省产业数字化水平稳居全国第一，服务业网络零售额稳居全国第二，县域数字农业农村发展总体水平稳居全国第一。成功探索了"产业大脑+未来工厂"融合发展新路径，打造了"智造荟""关键核心技术攻关在线""对外贸易应用""金融综合服务应用"等一批重大应用；另一方面，数字治理能力和治理现代化水平走在全国前列。打造了"浙里办""浙政钉"一系列数字治理平台，全省依申请政务服务事项"一网通办"率达到85%，"掌上办事""掌上办公""掌上治理"建设取得突破性进展，同时以"健康码"为代表的数字治理范式面向全国推广。此外，浙江省还率先出台了《数字经济促进条例》《公共数据条例》《电子商务条例》等数字治理规则，率先设立杭州互联网法院，率先制定数字经济核心产业统计体系，加快形成数字经济治理体系、数字经济新型生产关系的"浙江模式"。

四 工具多元，内外政策并举激发创新活力

内部政策注重体制机制改革，激发创新活力。一是调动地方政府鼓励创新、培育创新的积极性。响应国家实施创新驱动发展的战略安排，浙江省将科技创新工作放在共同富裕示范区建设各项重点任务的首位。通过"科技创新鼎"评选、科技进步目标责任制考核，激发全省市县党政机关创新积极性，在政府内部形成崇尚创新、奖励创新、比学赶超的良好氛围。二是充分发挥财政政策、产业政策和创新政策的杠杆作用，分层次分领域激发各类市场主体创新活力。

浙江省深入实施关键核心技术攻关工程，面向不同领域推进"尖峰""尖兵""领雁""领航"四类计划，健全"倒逼、引领、替代、转化"四张清单机制，积极探索"揭榜挂帅""赛马制"等攻关新模式。三是优化科技创新体制机制，赋予高校、企业等研发机构更大创新资源配置自主权。如政府、高校、科研院所及企业共同创办混合所有制事业单位性质的新型研发机构，并在技术路线、人才引进、成果处置、经费使用等创新资源配置方面赋予研发主体更大的自主权。

外部政策注重开放合作、兼容并包，整合创新资源。一方面，加强省际科技创新合作，提升一体化发展效益。积极参与长三角科技创新共同体建设，推动科创要素在省际联合体内部高效配置。打破行政区划界限，打造跨区域创新合作平台，筹建跨省域科技产业园区，创新性建设人才与科创飞地，提升浙江省创新资源的调配能力与辐射范围。此外，还借助与发达地区联合研发、协同制造和共建产业生态等方式，实现对欠发达地区产业的科技赋能和发展带动；另一方面，加强国际科技创新合作，积极融入全球创新网络。积极构建从基础研究到应用研究、从示范引领到应用转化的全方位、多层次、跨领域的国际科技开放合作平台，形成内外联动、功能互补、错位发展的国际科技合作载体体系。同时，优化人才引进体制机制，创建"国际人力资源产业园"，加快数字化人才治理体系建设，积极为外籍人才落实国民待遇，营造适合国际高端人才创新发展的"类海外"环境，增强对全球创新人才的吸引力和凝聚力。

第五节　结语及对策建议

自共同富裕示范区建设以来，浙江省深入实施科技创新和人才强省首位战略，以更高水平开放与更深层次改革为抓手，加快构建"315"科技创新体系，全省自主创新能力再上新台阶。三大科创高地和创新策源地建设取得重大标志性成果，重大科研领域省实验室实现全覆盖。人才发展环境更加优化，人才引育机制、梯队建设不断完善，人才资源加快汇聚。"产学研用金、才政介美云"十联动创新创业生态持续优化，技术交易平台、科技成果转移转化生态辐射能力显著提升。科创走廊建设成果突出，省域创新协同、省市县创新联动机能显著增强，区域创新对共同富裕的支撑作用得到切实强化。国内外科创合作开创新局面，省际科创联合体、国际科技合作等建设取得积极进展。科技创新对浙江省经济社会的支撑和引领作用显著增强，高新技术产业的主体地位不断凸显，基本实现了向科技强省的历史性转变。浙江省的自主创新示范符合科学理论与社会实践，并对全国层面上的共同富裕与自主创新建设具有广泛的借鉴意义。

随着我国经济进入构建新发展格局、推动高水平开放与高质量发展的新阶段，内外部经济发展的新形势和新变化也对浙江省自主创新能力建设提出了新要求。一方面，全球产业链重构、大国博弈加剧背景下，我国产业链供应链断供、脱钩风险上升，关键技术"卡脖子"问题亟待解决，国家战略科技力量亟待夯实。而我国基础研究能力不强，浙江省基础研究投入占比与全国平均水平相比也不突出。在推动科技强省建设过程中，仍需深化教育体制与科技体制一体化改革，鼓励和引导地方、高校、企业等加大基础研究力度，构建重大科技基础研究多元合作机制，营造支持基础研究、尊重人才、崇尚科学的良好氛围；另一方面，随着我国经济逐步从商品和要素流动型开放向制度型开放转变，国内对规则、规制、管理、标准等制度型要素的需求上升，同时在科技规则、科技标准以及科技治理能力上的短板也将加速暴露。浙江省的共同富裕示范区与自主创新能力建设，也要为国家在科技制度与科技治理能力上的潜在需求先行示范、未雨绸缪。

第二章　高水平开放塑造产业竞争新优势

产业高质量发展是中国式现代化的必由之路,是实现共同富裕的基础条件。浙江省产业高质量发展把握坚实基础,踏实建设高水平产业基地,高质量构建现代产业体系,着力在高水平开放条件下塑造产业竞争新优势,形成了丰富的产业发展经验。塑造产业竞争新优势同高水平开放相辅相成,以产业优势为基础,深度融入高水平开放,同时以高水平开放为手段,进一步发扬产业优势,是浙江省发展的重要道路。

第一节　浙江省在共同富裕示范区建设前的产业发展情况

浙江省是中国改革开放的先行地,是民营经济大本营,是"八八战略"实践地,具备雄厚的经济基础,积累了先进的发展经验。进入新时代,浙江省发挥着高质量发展先行者、双循环和两个大局重要枢纽、数字经济先发省等重要职能,同时肩负起全面展示中国特色社会主义制度优越性的重要窗口的历史重任。干在实处、走在前列,诸多历史使命汇聚一身,浙江省具备勇立潮头,打造共同富裕示范区的良好基础。以《中共中央　国务院关于支持浙江高质量发展建设共同富裕示范区的意见》作为里程碑,本节介绍浙江省在此之前的产业发展基础，具体从民营经济和民营产业、产业布局和实体经济、数字经济三方面出发展开分析，展示浙江省产业竞争优势。

一 浙江省民营经济基础雄厚，历史悠久

把握浙江省民营经济优势，"八八战略"谋划更高质量顶层设计。从1980年温州市的章华妹申领到第一张个体工商户执照，到1982年义乌湖清门小百货市场诞生，最初20年间，浙江省近30个民营经济大县进入全国百强县行列，位列全国第一。随后到2003年，时任浙江省委书记习近平同志先后发表署名文章《坚持"两个毫不动摇"再创浙江多种所有制经济发展新优势》《鼓励引导民营企业推进体制和机制创新》，建议"要彻底破除一切影响民营经济发展的思想束缚，改变一切影响民营经济发展的做法和规定，消除一切影响民营经济发展的体制障碍和政策制约"[①]。经历20余年发展，浙江省民营经济在部分领域具备国内领先、全球占优的竞争力。2003年后，浙江省进入全新发展阶段，迎来宝贵发展机遇，在"八八战略"指引下，浙江省坚持"大力推动以公有制为主体的多种所有制经济共同发展，不断完善社会主义市场经济体制"，陆续发布《关于推动民营经济新飞跃的若干意见》、"非公32条"、《浙江省民营企业发展促进条例》等十余项政策规划，为民营经济发展针对性松绑，助力民营企业飞得更高、飞得更远、飞得更轻松。

民营经济谱写了浙江省改革开放的历史主旋律，是浙江省的最宝贵资源和最宝贵财富。民营经济是浙江经济的命脉，是彰显浙江省产业优势的金名片，也是建设共同富裕示范区的最大特色和内生优势。

浙江省坚持战略指引，民营经济发展取得辉煌成绩。在"八八战略"指引下，浙江省一任接着一任干，始终把民营经济发展作为

[①] 习近平：《鼓励引导民营企业推进体制和机制创新》，《经济日报》2003年7月1日。

全省经济工作的中心任务，踔厉奋发描绘民营经济更高发展质量的宏伟蓝图。2003年以来，浙江省加大力度出台各类政策举措，为民营企业发展保驾护航，同时不断深化治理体制机制改革，优化政府与市场的边界，真正做到简政放权、藏富于民。一个直观的成绩是，浙江省民营市场主体数量高达839万户，每7个浙江居民中就有1个创业者，民营经济以43.1%的金融贷款，为全省贡献了73.4%的税收收入、75.8%的进出口收入、83.2%的专利数和87.5%的就业人数，依靠庞大的民营经济，浙江省城乡居民收入连续20余年位居全国第一。[①]

经历10余年发展历程，浙江省民营经济取得辉煌成就，在肩负起共同富裕示范区的建设重担之前，已经成为中国大陆民营经济占GDP比重最高的省份，也是门类最齐全、最开放、最成熟的省份。2012—2021年，全省民营经济增加值从2.2万亿元提高到4.9万亿元，占全省GDP的比重高达67%，2020年浙江省民营经济增加值的三次产业占比为5∶47∶48，第二、第三产业成为主导。2021年，民间投资占全部固定资产投资的58.8%，民间累计对外投资企业（机构）644家，占全省比重95.7%，规上工业企业中民营企业营收、利润占比分别为71.7%、68.4%。农林牧渔业、建筑业、住宿和餐饮业、居民服务和其他服务业增加值中的民营经济的占比超90%，批发和零售业、房地产业、租赁和商务服务业增加值中的民营经济占比超80%，民营工业增加值占全部工业增加值的比重达73.7%。习近平同志指出，市场活力来自人，特别是来自企业家，来自企业家精神。[②]"中国民营企业500强"榜单中有107家浙江企业，上榜企业数量连续23年居全国首位，营收总额7.9万亿元，占"500强"总营收的比重超过20%。600多万家浙商企业在全国投资兴业，投资额超过6万亿元人民币，创造数千万就业，更有200多万

---

① 数据来源：浙江省市场监管局。
② 习近平：《谋求持久发展，共筑亚太梦想》，《人民日报》2014年11月10日第2版。

家浙商企业在境外创业，成为助推"一带一路"建设的重要力量。与此同时，依托民营经济基础，浙江省在助力脱贫攻坚和全面小康进程中发挥强有力作用。近年来，1700多名浙商赴四川省、吉林省等浙江省对口地区投资考察，签约项目120余个，总额1310亿余元。浙江省肩负起高质量发展建设共同富裕示范区的战略重任，侧面表明，民营经济不仅创造了效率，创造了社会财富，更为实现共同富裕目标奠定了坚实的经济基础。

同时，也应认识到，肩负共同富裕示范区建设历史重任，浙江省民营经济发展面临新挑战、迎来新机遇、开启新征程，传统自发、割裂的经营模式无法适应示范区建设的内在要求。在未来发展进程中，浙江省民营经济呼唤更高水平的科技创新、更高效率的激励体系、更具影响力的领军企业集群和更完备的制度环境。

二 浙江省产业布局完善，实体经济蓬勃发展

浙江省实体经济发展壮大，具备建设共同富裕示范区的良好产业基础。浙江省拥有相对完善的实体经济产业布局，2021年，全省三次产业增加值比重为3∶42.4∶54.6，全省拥有超过130个省级开发区，超过1300个省级小微企业园，已具备现代化产业布局。与此同时，浙江积极推动产业发展格局重构、工作体系重塑、竞争优势再造，加快形成一批创新要素高度集聚、网络协作紧密高效、产业生态体系完善、主导产业占据价值链中高端的先进制造业集群，"415X"先进产业集群建设、未来产业先导区建设、产业链提升工程取得显著进展，形成以杭州市数字安防集群、宁波市磁性材料集群、宁波市绿色石化集群、温州市乐清电气集群等为代表的优势产业集群。其中，杭州市数字安防产业集群整体规模超过6000亿元，已初步建成从算法到系统集成的全产业链体系。整体产业布局来看，浙江省规模以上工业中，高新技术、装备制造、战略性新兴产业增加值占比提升至62.6%、44.8%、33.3%。全球先进制造业基地定位

日益凸显。从产业区域布局来看，浙江省形成以杭州市、宁波市为中心的产业集聚格局，辐射带动全省，形成分工有序、良性互动的产业空间分布格局，深度融入长三角高质量一体化发展战略。

民营经济是浙江省实体经济发展的支柱。根据浙江省统计局数据，2021年，规模以上工业企业中，民营企业增加值14070亿元，同比增长率高达13.3%，增速高于规模以上工业0.4个百分点，增加值占规模以上工业的69.5%。同年，规模以上服务业企业中，民营企业9968家，占比超八成，营业收入前100名企业合计收入14033亿元，增速高于规模以上服务业3.0个百分点，对规模以上服务业收入增长贡献率达57.4%，拉动规模以上服务业增长13.1个百分点。市场进入方面，新设民营企业53.1万户，占新设企业数的94.2%；在册民营企业290.4万户，个体户549.2万户，合计占市场主体的96.7%。全年新增上市公司110家、单项冠军企业35家。2020年，浙江省民营三产增加值之比为5∶47∶48，民营第三产业增速为8.7%，远高于民营第二产业0.9%的增速。市场空间不断拓展，经济结构不断调整优化。分行业来看，2020年民营工业创造增加值16898亿元，占全省工业增加值的73.7%，民营工业产业是推动全省工业发展的主要力量。在2021年全省规模以上工业总产值前十大行业中，金属制品业、纺织业、电气机械和器材制造业、通用设备制造业、非金属矿物制品业、橡胶和塑料制品业民营企业总产值的比重高达80%以上。[①]

与此同时，随着2022年年初《区域全面经济伙伴关系协定》（RCEP）的全面生效，浙江省建设高水平自由贸易试验区迎来重大机遇，有效推动浙江省企业"走出去"优化产业结构、加速产业转型升级，形成全球竞争力，同时"引进来"优化要素配置效率、弥补高端制造业短板。

---

① 数据来源：浙江省统计局。

三 浙江省把握数字经济先发优势

数据作为一种全新生产要素，对经济高质量发展起到至关重要的作用。数字经济作为数据要素的直接结果，不仅对拓宽经济增长通道、激活经济增长潜能意义重大，还关乎更高水平的要素报酬分配，影响人民生活水平的提升。有一项直观的数据：数字化程度每提高10%，人均GDP增长0.5%—0.62%，这对促进共同富裕而言意义非凡。浙江省是较早把握数字经济先发优势的省份之一，民营企业发挥数字化转型主力角色，政府部门主动拥抱数字治理变革，全省深入实施数字经济"一号工程"，全力打造全球数字变革高地，为高质量发展建设共同富裕示范区注入"数字能量"，形成一系列具备全球竞争力的数字经济产业。

从宏观层面来看，浙江省数字经济成为带动全省经济增长的强大引擎。以浙江省数字经济核心产业为例，2021年产业增加值达到8300亿元，较上年增长13%，产业产值增速高于全省生产总值4.8个百分点。近五年，数字经济增加值占GDP平均比重约10%，且稳中有增，规模以上企业数量超过7000家。受到新冠疫情影响，全省经济增长遭遇不小挑战，但数字经济核心产业利润总额超过3000亿元，是2016年的1.8倍。与此同时，数字经济还为浙江省经济高质量发展注入充沛动能，带动居民收入不断提升，为建设共同富裕示范区打下坚实基础。发明专利和新产品产值能够测度某产业的创新驱动能力，2020年，由数字经济核心产业创造的发明专利达到6.4万件，2021年数字经济新产品产值达到8700多亿元，同比增长率高达37%，占全省规上工业比重23%。强大的创新驱动能力必然带来生产效率提升，最终提升员工收入水平。2020年，数字经济产业劳动生产值也高达43.2万元，远高出全社会劳动生产率150%。

从微观层面来看，数字经济为市场注入充沛活力。在消费端，以跨境电商为例，2021年，浙江省已经在全省实现电子商务综合试验区全覆盖，助力企业实现跨境电商出口 2430 亿元，出口活跃网店 14.9 万家。当年网络零售额 25230 亿元，占全省社零比重 86%。数字经济提升居民消费能力，扩宽共同富裕建设路径，居民网络消费 12276 亿元。数字经济有力提振消费，带动下游快递行业实现业务收入 1265 亿元。在生产端，众多企业使用信息化技术提升生产效率，创新商业模式。依托大数据、人工智能、云计算、数字孪生等新技术，新华三、海康威视、聚光科技、浙江大华、浙大中控等一批具备国际竞争力的龙头企业纷纷崛起，浙江企业在数字安防、智能计算、信息技术服务等领域形成国际竞争优势。

从社会层面来看，浙江省数字治理走在前列。浙江省是全国最早开始政务服务数字化改革的省份。20 余年改革进程中，政府端主动从内部发起改革，"最多跑一次""掌上办事""掌上办公"等代表性成果不断升级迭代，引领全社会数字化改革加速提质，全社会数字化治理水平稳步提升。据统计，目前浙江省政务服务事项"一网通办"率高达 85%。近年来，杭州市充分发挥大数据、人工智能、云计算等前沿技术优势，建设完善"城市大脑"，推动数字技术下沉至最微小的"基本单元"，不断向更高水平的数字社会迈进。

然而，也要看到，在建设共同富裕示范区的更高目标下，浙江省数字经济仍然面临诸多挑战，如数字产业高端人才稀缺、"卡脖子"领域核心技术和关键零部件研发攻关能力有待提升、区域间数字经济发展不够协调、数字技术对传统民营优势产业（服装、家具、五金等）赋能不足。除此之外，浙江省已进入数字化转型深水区，处于数字文明变革前夜，必然面临一系列全新问题，需要更深层次的探索，甚至是理论层面的突破。

第二节　塑造产业竞争新优势的主要任务和重要实践

《浙江高质量发展建设共同富裕示范区实施方案（2021—2025

年）》（以下简称《实施方案》）中明确提出要"加快建设具有国际竞争力的现代产业体系","巩固壮大实体经济根基,夯实共同富裕的产业基础"。《实施方案》印发后,浙江省围绕本省产业布局和发展,业已作出大量相关决策或实践,在浙江省高质量构建现代产业体系之路上迈出了坚实一步。在此基础上,面向共同富裕新要求、新任务、新使命,浙江需要加快产业转型升级进程,不断依靠高水平对外开放塑造产业竞争新优势,探索"腾笼换鸟、凤凰涅槃"新路径。

要实现高水平对外开放,关键是要做到高质量引进来和高水平"走出去",离不开塑造产业竞争新优势。只有产业基础打牢了,产业链水平得以提升,才能保证浙江省的产业在"走出去"后能占据国际竞争高地,才能保证对外资的吸引力。因此需要从以下方面共同着手提高浙江省的产业科创水平,突出浙江省产业优势,打造浙江省第一、二、三产业的有机融合,培育一批有国际竞争力的民营企业。

一 着力推进科技创新和产业联动提升,打造产业科创优势

浙江省围绕人才强省、创新强省首位战略,不断提升科研研发能力和产学研联动能力,高技术产业、战略性新兴产业方兴未艾。2022年5月,浙江省科技厅等七部门联合印发《加强科技创新助力经济稳进提质的若干政策措施》(以下简称《措施》),制定了鼓励浙江提升科技创新能力的四方面共20条措施,为浙江创新保驾护航。其中财税支持措施6条,减轻企业研发税费压力;金融支持措施3条,鼓励金融部门主动对接科创企业,提供金融支持;稳企业措施9条,强化企业关键核心技术攻关主体地位;扩投资措施2条,加大高新技术产业投资力度。《措施》一文为未来浙江科技创新促进产业发展的路径打牢了政策基础。2021—2022年,浙江省还先后印发了《浙江省高层次创新型人才职称"直通车"评审办法》《浙江省人民

政府办公厅关于加快构建科技创新基金体系的若干意见》等文件，多方位打造科技创新政策体系。其中《浙江省高层次创新型人才职称"直通车"评审办法》为吸纳和留住高层次、紧缺急需人才提供了便利，为他们在浙江省申报人才职称打通了路径。这些重要人才在数字经济、高端装备、航空航天、生物医药、前沿材料等重点产业领域及浙江省优势产业、战略性新兴产业和未来产业中发挥了关键性作用。《浙江省人民政府办公厅关于加快构建科技创新基金体系的若干意见》则由政府引领构建科技创新基金，围绕"互联网+"、生命健康、新材料和碳达峰碳中和等重点领域加大投资以支持基础研究和技术攻关。浙江省制定了浙江科技创新基金体系路线图，要求到2025年，建成完善浙江省特色的科技创新基金体系，形成万亿元以上的科技创新基金规模，年度全社会研发投入应达3200亿元以上，为浙江科技创新添砖加瓦。

二 着力扩大产业投资，凸显重大产业项目优势

浙江省在招商引资和激活内资方面做出了一系列重要创新，以"千项万亿"等支撑平台，打造了"415X"产业集群和网络通信、智能装备、生物医药、新材料等标志性产业链。《2023年浙江省政府工作报告》中提到，2022年，浙江省成功举办"产业链供应链韧性与稳定"国际论坛，产业规模稳步提升，规上工业增加值增长4.3%左右，数字经济核心产业制造业、高新技术产业、战略性新兴产业增加值分别增长10.5%、6%和10%。[1] 先进企业及产业集群争相涌现，国家先进制造业集群名单中新增了乐清电气、宁波磁性材料和绿色石化、杭州数字安防等浙江企业。浙江省高度重视产业项目投资，战略性新兴产业发展踏上快速轨道。而后，浙江省针对未来产业发展作出清晰部署，从多个方面完善浙江产业规划。

---

[1] 数据来源：《2023年浙江省政府工作报告》。

布局谋划未来产业，打造全球先进制造业基地。以培育"415X"先进制造业集群为引领，形成不同层次的先进产业集群。其中万亿级产业群以新一代信息技术、高端装备、现代消费与健康、绿色石化与新材料等领域为核心，千亿级集群以新能源汽车及零部件、智能光伏、智能电气等领域为代表，百亿级产业群则重在第三代半导体、基因工程、前沿新材料领域。

大力发展浙江省数字经济"一号发展工程"，围绕人工智能、网络通信、工业互联网、高端软件、集成电路、智能计算、区块链等战略性产业，加快数字经济核心产业集群进程，加强浙江数字经济在产业链中的影响力和控制力。

高质量谋划一批重大工程。扩大有效投资，实施"千项万亿"工程，保障重大产业发展需求；实施"315"科技创新体系建设工程，围绕战略领域高质量建设科创高地；以"百千万"工程促进服务业高质量发展，建设现代服务业强省。浙江省产业体系高质量发展之路正大有可为。

三 着力打造全球领先的先进产业集群，做优做强战略性新兴产业优势

统筹推进浙江省战略性新兴产业集群发展，因地制宜地鼓励地方发挥自身动态比较优势，围绕本地先进产业培育一批国内乃至世界级先进产业集群，尤其是先进制造业产业集群，打响"浙江制造"品牌，塑造产业竞争新优势。面向数字经济、生命健康、新能源、新材料等重点领域，以提高研发能力为重心，实现产学研深度耦合，扩增战略性新兴产业规模，建成国际一流的重要产业科创高地。

推动"互联网+"与实体经济进一步融合，良性互动。以杭州高新区为重点示范，打造数字经济示范区，吸引具有国际竞争力的互联网及信息技术企业落户及孵化。借力"互联网+"，不断为实体经

济赋能，在电子商务、金融科技、智慧医疗、数字文娱等多领域实现新突破。

不断提升生命健康及生物医药产业集群核心竞争力。扩建集群规模，优化集群结构，加快知识溢出进程，提升生命健康产业集群创新能力。重点聚焦生物制药、医疗器械、化学制药、中药产业等领域，力争在生物医药科技方面实现重大创新。优化健康产业区域布局，以杭州经济开发区为核心，形成杭州余杭区、滨江高新开发区、大江东产业集聚区为引领的，一批特色小镇、高新技术园区协同发展的生命健康产业特色基地。

将新型功能材料产业打造成为转型升级的领头羊。加速产业体系建设进程，形成小部分战略先导型新材料产业领衔，大规模小型重点新材料产业为主体，战略性功能材料产业为后盾的产业发展格局。鼓励新材料产业金融创新，政府牵头带领企业共同建立研发和科技成果转化基金，保护和扶持新材料中小企业。深化产业链上下游和金融机构资源的对接，形成产融结合的创新发展模式。加强人才梯队建设，大量聚集行业核心领军人才，吸引高质量人才进入和落户，开展多元化人才交流，联合培养各层次的专业人才。

四 着力培育一批专精特新优势民营企业，凸显民营经济优势

《实施方案》中指出，要培育更加活跃更有创造力的市场主体。支持民营企业在培育中等收入群体、促进共同富裕上发挥更大作用。民营经济的蓬勃发展，是浙江省经济发展的重要特征。在建设共同富裕的进程中，应当不断发挥浙江民营经济发展优势，鼓励民营企业放心大胆发展，打造民营经济发展生态最优省。

倾力支持民营企业发展，以最惠纾困发展政策帮助民营企业渡过难关。政府主动牵头、实施一系列稳企业稳发展政策，帮助民营企业尤其是中小微民营企业尽快从新冠疫情的冲击中恢复过来。为民

营企业降本减负，尽可能减轻民营企业发展负担。

不断优化营商环境，为民营企业尽可能提供便利。以国内国际一流营商环境区域为标靶，学习、消化、吸收其先进经验。建立政府到企业的专项反馈机制，积极听取企业发展需求。坚持惠企导向，在企业投资项目审批和招投标领域深化改革。依托投资项目审批监管平台3.0，不断缩短企业投资项目审批期限，为民营企业减负。

鼓励民营企业搭建创业创新平台，增强企业造血能力。以长三角企业家联盟为依托，使民营企业深度融入国家、省级战略。搭建金融机构同民营企业对接平台，提供民营企业融资需求解决路径。

建设服务型政府，创新政企沟通渠道。围绕民营企业重大项目建设提升政府专业服务能力，完善政企沟通规章制度和政策。始终坚持问需于企、问计于企、问政于企，为民营企业的发展做好服务、监管和反馈。

五　着力推动现代服务业同第一、二产业深度融合，打造服务业现代化优势

《实施方案》中提出，要创新完善现代服务业发展政策体系，加快服务业数字化、标准化、品牌化，建设一批现代服务业创新发展区，推动现代服务业同先进制造业、现代农业深度融合，创建一批试点区域和企业。

坚持区域导向，深度融入长三角一体化。结合浙江省都市区空间形态及产业集群发展格局，以杭州、宁波为现代服务业发展核心区域，发挥本地比较优势，构建杭州服务业经济圈、宁波服务业经济圈、温州服务业经济圈、金义服务业经济圈，形成"两核四圈"服务业空间发展格局。

确立服务业发展重点，培育新兴服务业。重点围绕国际贸易、现代物流业、软件和信息服务业、科技服务业、现代金融业，打造浙江省服务业增长极，重点发展数字服务贸易、跨境电子商务、数字

内容服务等贸易新业态新模式，不断提升贸易发展质量，在国内国际贸易中彰显浙江优势；加倍重视科技服务业发展前景，积极发展研究开发、科技中介、知识产权、创业孵化、科技咨询、科技金融等科技服务项目；立足服务实体经济，高标准发展现代金融业，将浙江打造为全国一流新型金融中心。

提升服务业发展能级，加快建设一批服务业高能级平台。加快服务业分层分类集聚进程，分批建设"数字赋能、特色鲜明、业态高端、能级突出"的现代服务业创新发展区，围绕国际贸易、现代物流、软件服务、科技服务等领域创建服务平台，培育浙江省服务业的国际竞争力。

浙江省通过以上的重要实践，业已筑牢雄厚的产业基础。同时形成了一批有国际竞争力的民营企业，甚至孵化为跨国公司。下一步浙江省需要进一步完善负面清单制度，为高水平引进来扫清障碍。同时继续发挥自身优势，鼓励浙江企业深植与国际合作的土壤，在异地异国开花结果，从而深度融入国内国际双循环，形成源源不绝的动力源泉。

第三节　高水平开放塑造产业竞争新优势的理论意涵

如今，在中华民族伟大复兴战略全局和世界百年未有之大变局下，科技革命与产业变革正在加速兴起，世界经济政治格局、社会生活与产业形态正在发生深刻变化，我国经济发展面临着内部、外部的双重挑战。党的二十大深刻指出，"坚持高水平对外开放，加快构建以国内大循环为主体、国内国际双循环相互促进的新发展格局"[1]，并将加快构建新发展格局、着力推动高质量发展单独成章。

---

[1] 习近平：《高举中国特色社会主义伟大旗帜　为全面建设社会主义现代化国家而团结奋斗》，《人民日报》2022年10月17日第2版。

鉴于此，加快高水平开放，塑造产业竞争新优势，既是以习近平同志为核心的党中央根据中国发展阶段、环境与条件变化作出的战略研判，也是创新发展、协调发展、绿色发展、开放发展与共享发展的有机结合，更是打造中国国际经济合作和竞争优势的必然选择，其重要性越发凸显。

一 高水平对外开放塑造产业竞争新优势是百年变局抢占发展制高点的战略路径

从国际形势审视，新一轮的科技革命和产业变革，深刻影响着全球分工格局和治理体系，引发国际力量对比变化和大国博弈加剧，百年未有之大变局正在加速演进。一方面，在金融危机与高债务负担下，欧美等发达国家面临难以克服的结构性困境，主要集中在严重的人口老龄化问题。国家的老年医疗金、公共养老金和长期照顾金等福利性支出逐年攀升，不仅会挤占国家财政资源而对普通民众的社会福利与生活质量产生挑战与冲击，还会引起大规模借债而加剧国家的财政困境和福利赤字；另一方面，在人工智能、大数据、区块链等信息技术快速崛起，世界各个国家的交流日益密切，同时，民粹主义为代表的极端政治力量迅速崛起。在百年未有之大变局下，我国面临的国际环境更加严峻复杂、国家安全面临更多深层次挑战、国家应急管理面临更多的不确定考验。诚如习近平总书记在亚洲文明对话大会开幕式上强调的，"当前，世界多极化、经济全球化、文化多样化、社会信息化深入发展，人类社会充满希望。同时，国际形势的不稳定性不确定性更加突出，人类面临的全球性挑战更加严峻，需要世界各国齐心协力、共同应对"[①]。在国际社会交流与合作日益密切的背景下，加快推进高水平对外开放，打造国际产业新优势，成为浙江省未来发展的重要导向。

从国内形势审视，21世纪以来，在东部率先发展、西部大开发、

---

① 《习近平谈治国理政》第三卷，外文出版社2020年版，第465页。

东北振兴与中部崛起的区域发展总体战略下，区域发展协调性不断增强，中东西部相对差距不断缩小。近些年，我国南北发展态势出现新情况，呈现经济增速"南快北慢"、经济份额"南升北降"的新特征，一些资源型城市、老工业基地出现劳动力、资本等生产要素严重的外流现象，出现"收缩型城市"问题。同时，2013年以来，从国内消费规模、生产要素相对优势、国际进出口、供给侧需求、资源配置模式等各方面来看，以往高投入、高能耗、高污染的传统生产方式难以为继。中国经济进入经济增长速度换挡期、结构调整阵痛期与前期刺激政策消化期"三期叠加"的新常态时期，亟须经济结构优化、经济增速提升与经济增长动力转换。"我国经济已由高速增长阶段转向高质量发展阶段"[①] 这一重要论述，再次体现出以习近平同志为核心的党中央基于国际视野与国家发展的全面把握所作出的战略研判，集中体现了我们党对于经济社会发展规律认识的深刻变化。此外，在完成全面建成小康社会的历史任务后，我国将开启全面建设社会主义现代化国家新征程，向实现中华民族伟大复兴的目标迈进，而我国社会主义初级阶段的基本国情依然没有改变，社会主要矛盾转化为人民日益增长的美好生活需要和不平衡不充分的发展之间的矛盾。

有鉴于此，作为支撑经济增长、推进经济体系现代化、保障国家安全的核心力量，塑造产业竞争新优势不仅是立足中国特色社会主义现代化建设全局的必然选择，也是加快构建以国内大循环为主体、国内国际双循环相互促进的新发展格局的必然之路，更是推动经济发展速度换挡、经济发展结构优化、经济发展动力迭代的战略路径。

[①] 习近平:《决胜全面建成小康社会 夺取新时代中国特色社会主义伟大胜利——在中国共产党第十九次全国代表大会上的报告》,《人民日报》2017年10月28日第1版。

二　高水平对外开放塑造产业竞争新优势是实现全体人民共同富裕的必然要求

全体人民共同富裕是社会主义的本质要求，是中国式现代化的重要特征，是中国共产党执政的根本理念。从一般意义来看，全体人民共同富裕至少包含"做大蛋糕"与"分好蛋糕"两个层面的内涵。一方面，共同富裕需要保障发展质量与效益，通过做大"经济蛋糕"来夯实全体人民共同富裕的物质基础。党的十八大以来，习近平总书记多次强调全体人民在发展过程中的重要意义，"人民对美好生活的向往，就是我们的奋斗目标"[1]，"让人民群众有更多获得感"[2]，"我们的目标就是让全体中国人都过上更好的日子"[3]，把以人民为中心的发展思想体现在经济社会发展的方方面面，将人民关心什么、期盼什么放在推进改革的首要位置，切实为提升全体人民幸福感、获得感与安全感而不懈奋斗。新发展阶段的全体人民共同富裕，不仅意味着我国放之全球视野中拥有较快的生产力发展效率，还意味着有较之发达资本主义国家更快的生产力进步。在这个过程中，唯有加快实现高水平对外开放塑造产业竞争新优势，不断优化经济结构、经济动力与经济效率，才能满足人民群众对美好生活日益提高、丰富和多样化的需要，才能不断彰显中国特色社会主义制度的优越性。

另一方面，共同富裕需要处理好效率与公平的关系，通过合理的制度安排来分好"经济蛋糕"。从世界发展的历史来看，以资本逻辑为中心、以少数阶级利益为核心、放任资本积累的西方资本主义现代化凸显物质财富的显著地位，将对"物"的利益追逐放置于对"人"的价值维护之上，不仅不可避免地造成穷者越穷、富者越富的贫富两极分化，还衍生出霸权主义盛行、生态环境破坏、地缘战争

---

[1]《习近平谈治国理政》第一卷，外文出版社2018年版，第3页。
[2]《习近平谈治国理政》第二卷，外文出版社2017年版，第102页。
[3]《习近平谈治国理政》第三卷，外文出版社2020年版，第133页。

频发等一系列危害世界可持续发展的重大问题。21世纪以来，在四大板块的区域总体布局下，我国针对老少边穷地区、资源枯竭地区、生态退化地区等特殊问题地区采取相对应的政策，不断缩小区域差距、收入差距与城乡差距，尽可能将改革发展成果普惠每个地区、每个人。总括而言，新时代全体人民共同富裕需要体现出"公正""公平"元素，又要避免走入平均主义的歧路，把收入差距和财富差距控制在一个合理范围，在高水平对外开放中，塑造产业竞争新优势，实现分好"财富蛋糕"、保障人人享有的局面。

从特殊意义来看，共同富裕是一项具有复杂性、长期性的系统工程，不是少数人、少数地区的富裕，而是涵盖全体人民的富裕，必须正确认识和把握实现进程中的战略目标和实践路径，脚踏实地、久久为功。其一，从时间维度来看，共同富裕是动态发展中分阶段实现，是少数人先富起来带动大家富裕。从改革开放以来，我国优先发展城市产业，然后逐步打破城乡二元体制机制壁垒，通过大力实施乡村振兴战略推进城市产业向乡村地区梯度转移，在产业高质量协作中推动城乡融合发展、共同富裕。其二，从实现路径来看，共同富裕是在人人参与、人人尽力的基础上实现人人享有的富裕。对此，习近平总书记强调："幸福生活都是奋斗出来的，共同富裕要靠勤劳智慧来创造……要防止社会阶层固化，畅通向上流动通道，给更多人创造致富机会，形成人人参与的发展环境，避免'内卷'、'躺平'。"[①] 其三，从覆盖范围来看，共同富裕是不分区域、不分行业、不分年龄，涵盖14亿多人口整体迈入现代化的人类文明新形态，这必将改写现代化的世界版图，对世界未来发展产生深远影响。党的十八大以来，中国特色社会主义进入新时代，习近平总书记强调："我们追求的发展是造福人民的发展，我们追求的富裕是全体人

---

① 习近平：《扎实推动共同富裕》，《求是》2021年第20期。

民共同富裕"①,"我们必须把促进全体人民共同富裕摆在更加重要的位置"②。对此,唯有以高水平对外开放塑造产业竞争新优势带动人口转移、消费升级、经济转型,形成规模经济效应与增长效应,才能为覆盖全体人民的共同富裕带来源源不断的发展动力。

三 高水平对外开放塑造产业竞争新优势是推进生态文明建设的内在要求

尊重自然规律、遵循生态环境的生态阈值与极限,推进社会经济与自然生态和谐发展,是人类永续发展的基础与前提。纵观西方资本主义国家发展的历史进程,在资本逻辑的无限趋利属性与增殖属性下,西方式现代化是被"资本逻辑"所主导的现代化,撕裂人与自然和谐共生的平衡关系,而"先污染、后治理"的传统发展路径只是西方资本主义维护阶级利益的手段方式,其根本原因在于资本积累与资本增殖的非正义性。在"生态偏废"的发展道路上,杀鸡取卵、竭泽而渔的透支式发展进一步加剧了"自然报复"的频次与程度,引发影响全球性的生态危机,比如水源枯竭、水土流失、温室效应、环境污染等。

改革开放以来,伴随着资源、环境、要素刚性不断加强,如何协调人与自然关系、统筹发展与保护关系显得尤为重要。对此,党的十八大以来,以习近平同志为核心的党中央站在全局高度与战略层面,将生态文明体制改革和实现绿色发展提到了治国理政的核心位置,将生态文明建设纳入"五位一体"总体布局之中,将绿色发展理念纳入新发展理念之中,推动绿水青山成功转化为金山银山,以加大生态系统保护力度、改革生态环境监管体系、倡导绿色发展方

---

① 中共中央文献研究室编:《习近平关于社会主义社会建设论述摘编》,中央文献出版社2017年版,第35页。
② 习近平:《在全国脱贫攻坚总结表彰大会上的讲话》,人民出版社2021年版,第21页。

式转型、解决突出环境问题等方式推进人与自然和谐共生发展。诚如习近平总书记所言："推动形成绿色发展方式和生活方式，是发展观的一场深刻变革。这就要坚持和贯彻新发展理念，正确处理经济发展和生态环境保护的关系，像保护眼睛一样保护生态环境，像对待生命一样对待生态环境，坚决摒弃损害甚至破坏生态环境的发展模式，坚决摒弃以牺牲生态环境换取一时一地经济增长的做法，让良好生态环境成为人民生活的增长点、成为经济社会持续健康发展的支撑点、成为展现我国良好形象的发力点，让中华大地天更蓝、山更绿、水更清、环境更优美。"[1]

党的二十大报告指出："尊重自然、顺应自然、保护自然，是全面建设社会主义现代化国家的内在要求。"[2] 总体而言，在高水平对外开放中，塑造产业竞争新优势要以构建现代化体系与实现产业强国为目标指引，利用信息化、网络化、智能化、数字化消除产业发展中的薄弱环节，实现产品由"数量追求"向"质量追求"转变、动力由"要素驱动"向"创新驱动"转变、路径由"高碳增长"向"绿色发展"转型。同时，塑造产业竞争新优势将绿色、循环、低碳理念导入产业全生命周期，通过要素供给升级与体制机制有效保障来推动产业发展过程中生产、流通、消费、投资等各方面需求，实现全过程降本增效、减少废气污染物与温室气体排放强度，推动产业绿色化转型。

第四节　高水平开放塑造产业竞争新优势的浙江经验

2021年6月《中共中央　国务院关于支持浙江高质量发展建设

---

[1] 《习近平谈治国理政》第二卷，外文出版社2017年版，第395页。
[2] 习近平：《高举中国特色社会主义伟大旗帜　为全面建设社会主义现代化国家而团结奋斗》，《人民日报》2022年10月17日第2版。

共同富裕示范区的意见》正式发布,开启了浙江省为全国共同富裕探路的新征程。总结浙江省高水平对外开放塑造产业竞争优势的经验,进一步实施更高水平的对外开放,以高水平开放来创造条件、塑造动力,打造国际合作和竞争新优势,对塑造产业竞争新优势、实现高质量发展和深度推进浙江省共同富裕示范区建设具有重要意义。

一 以高水平开放培育产业发展新引擎

浙江省在前一轮开放中抓住了全球要素分工演进带来的战略机遇,取得了巨大成就,新阶段中国实施高水平开放,必须深刻领会数字技术带来的新机遇,在高水平开放中,培育数字经济引领的产业发展新引擎。习近平同志在浙江省工作时,提出了建设"数字浙江"决策部署,把"数字浙江"作为"八八战略"的重要内容加快推进。2005年,浙江省提出"五大百亿"工程,其中包括"百亿信息化建设"工程,加快以政府、企业、城市为重点的各领域的信息化进程,加强信息资源开发利用,着力推动全社会广泛应用信息技术,突出强调"百亿信息化建设"工程对"数字浙江"建设的支撑载体作用,加速推进"数字浙江"建设。党的十八大以来,以习近平同志为核心的党中央,高度重视发展数字经济,将其上升为国家战略,并相继出台了《网络强国战略实施纲要》《数字经济发展战略纲要》,推动国家部署数字经济发展。党的二十大报告进一步指出:"加快发展数字经济,促进数字经济和实体经济深度融合。"[1] 数字化转型已经成为全球经济发展的大趋势,世界各主要国家均将数字化作为优先发展的方向,积极推动数字经济发展。在党中央关于数字经济的系列纲领性文件的指导下,浙江省围绕数字技术、数字化转型、数据要素等领域持续发力,"数字浙江"建设不断取得新突破。

在经典的经济学理论中,交易费用降低有助于释放生产力,提升

---

[1] 习近平:《高举中国特色社会主义伟大旗帜 为全面建设社会主义现代化国家而团结奋斗》,《人民日报》2022年10月17日第2版。

产业竞争力。数字经济通过完全信息匹配和优化信用体系建设，大幅降低搜寻成本、信息成本与交易成本，不断利用数字技术改造传统产业，积极引导企业采用数字化技术提高生产过程、管理环节的信息化水平，提升产业竞争力。浙江省大力发展高新技术产业，以信息产业尤其是信息产品制造业为核心，全面提升产业发展的层次和水平，努力把信息化带动工业化的作用充分发挥出来。浙江省强调功能平台的支撑作用，围绕建设数字浙江支撑平台的核心目标，加快数字化、网络化、智能化进程，辅以应用系统、数字城市建设、深度开发经济、社会等各类信息资源，逐步形成面向城乡、以中心城市为基本单位的信息资源集成、应用与共享系统。浙江省从企业示范、生态构建、行业应用等方面着手，构建"工业互联网平台+企业数字工厂"的浙江模式，推进企业制造过程、装备、产品智能化集成创新，通过数字化、网络化改造实现企业数据采集、数据互联互通，提高企业生产制造效率；创建行业工业互联网云平台，针对生产企业的关键痛点和共性需求，定制开发低成本、易应用的微型智能制造系统，为企业提供设备远程控制、故障远程诊断和维护、设备异常分析等服务，形成"配件、部件、产品的智能化研发→传统工业企业向科技型企业→高新技术企业→上市企业"的迭代转型路径，加快工业中小企业的结构调整进程。

二 以高水平开放加快创新赋能

在构建新发展格局中，高水平开放促发展促创新的作用更加显现。在浙江省工作期间，习近平同志强调，只有坚定不移地走自主创新之路，不断增强自主创新能力，才能突破资源环境的瓶颈制约，保持经济稳定较快增长，才能从根本上改变产业层次低和产品附加值低的状况。[1]习近平总书记在党的二十大报告中指出："必须坚持

---

[1] 苏靖、夏丹：《浙江工业　美丽蝶变——"八八战略"实施15周年系列综述·转型升级篇》，《浙江日报》2018年6月27日第1版。

科技是第一生产力、人才是第一资源、创新是第一动力，深入实施科教兴国战略、人才强国战略、创新驱动发展战略，开辟发展新领域新赛道，不断塑造发展新动能新优势。""加快实施创新驱动发展战略。加快实现高水平科技自立自强。"[1] 在新一轮科技革命和产业变革的重要关口，应当把握核心变量科技创新，发展科技生产力、培养人才资源、增强创新动力，才能不断催生更多产业发展新优势，不断夯实共同富裕的基础。

随着土地、人口等生产要素逐渐饱和，科技创新为产业发展提供可持续的内生动能。对于处于优势地位的产业，通过走"聚焦主业+高研发投入"的发展路径，在细分市场、细分领域深耕细作，向"专精特新"发展；对于位于后发方阵的产业，借助国家、政府提供的制度性支持，进一步完善科技治理，逐渐从追赶转向并跑，甚至向某些领域引领创新前沿的方向迈进。浙江省积极开展健康、绿色、数字、创新等新领域合作，围绕产业链布局创新链，建立有效对接的产业化机制，在创新链构建上，形成了"基础应用研究—技术攻关孵化—产业综合服务"的浙江模式。浙江省针对企业产品仍处于价值链低端，产品附加值低，同质化产品遭遇低价竞争的客观实际，着力提升工业设计赋值能力，培育服务型制造新业态新模式，加速传统产业迈向价值链中高端。浙江省以市场化运作方式进行产业孵化，创新服务综合体、科技领军人才创新驱动中心等配套设施提供服务，构建产业创新"生态圈"，打造产业技术研究的人才、技术和创新高地。

三 以高水平开放推动动能转换

高水平开放是实现产业竞争新优势的重要途径。高水平开放不是简单地扩大进口，而是注重通过开放的手段调整产业结构，让企业

---

[1] 习近平：《高举中国特色社会主义伟大旗帜　为全面建设社会主义现代化国家而团结奋斗》，《人民日报》2022年10月17日第2版。

更多地接触先进技术和理念，有更多的渠道引进先进技术设备和服务，推动自身发展和产业升级，提高供给体系的质量，加快新旧动能转换。习近平同志在浙江省工作期间，在全面把握国际国内经济发展形势基础上，针对浙江省发展环境、发展阶段和发展条件的深刻变化，创造性提出转变增长方式的理念。2005年11月，习近平同志在《转变经济增长方式的辩证法》一文中，进一步阐述道，"我们应有充分的思想准备，在制定有关政策、确定有关举措时把握好度，掌握好平衡点，既要防止经济出现大的波动，更要坚定不移地推进经济增长方式转变"①。党的十八大以来，面对极其复杂的经济形势，习近平总书记指出："产业结构优化升级是提高我国经济综合竞争力的关键举措。要加快改造提升传统产业，深入推进信息化与工业化深度融合，着力培育战略性新兴产业，大力发展服务业特别是现代服务业，积极培育新业态和新商业模式，构建现代产业发展新体系。"②党的二十大报告再次强调了"扎实推进产业结构优化升级"③。

　　调整和优化产业结构，转变经济增长方式，是浙江省经济形态发展的客观趋势和内在要求，是解决浙江省经济发展与人口、资源、环境之间矛盾的根本出路，是把经济发展转入科学发展轨道的关键所在。浙江省充分认识到对外开放和新旧动能转换间的内在联系，充分把握产业集群发展的客观规律和要求，全力推动块状经济集群化转型，构建龙头企业培育、空间平台优化、重大项目带动、创新平台推动、政策要素支撑的产业集群化发展体系。浙江省以高水平开放促进产业链整合，形成"链主带动—企业集群—协同转型"的浙江省路径，根据制造企业特色和企业再造升级需求，促进链内企业协同合作，进行产业链空间整合，带动一批企业实施集群化战略

---

① 习近平：《之江新语》，浙江人民出版社2007年版，第159页。
② 《抓住机遇立足优势积极作为　系统谋划"十三五"经济社会发展》，《人民日报》2015年5月29日第1版。
③ 习近平：《高举中国特色社会主义伟大旗帜　为全面建设社会主义现代化国家而团结奋斗》，《人民日报》2022年10月17日第2版。

进行转型升级。浙江省首创产业跨域迁徙整合模式，企业产能、能耗、排污等指标经相关部门审核后可直接跨区域1∶1平移，推动跨区域企业实施兼并重组，实现异地提升发展。

第五节　结语及对策建议

党的二十大以来，以习近平同志为核心的党中央统筹国内国际两个大局，推进对外开放理论和实践创新，不断提高开放水平，推动开放型经济新体制逐步健全，形成全面开放新格局。习近平总书记在经济社会领域专家座谈会、科学家座谈会、基层代表座谈会等多个场合就构建新发展格局发表一系列重要论述，强调高水平开放是高质量发展的必然要求，要全面提高开放水平，建设更高水平开放型经济新体制，形成国际合作和竞争新优势。这为"十五五"乃至今后一个时期我国对外开放指明了方向，也为浙江省适应新发展阶段要求、融入新发展格局、在扩大开放中加快形成国际合作与竞争新优势提供了根本遵循。

产业是发展之基、富民之源，是高质量发展建设共同富裕示范区的物质基础。自共同富裕示范区建设以来，浙江省塑造产业发展新优势的科学实践，浙江省立足新发展阶段、贯彻新发展理念、构建新发展格局，把发展经济的着力点放在实体经济上，扎实推动制造业高端化、智能化、绿色化发展，大力实施数字经济"一号发展工程"，推进现代服务业与先进制造业、现代农业深度融合，对全国层面推进共同富裕与产业高质量发展存在积极的借鉴意义。

作为共同富裕示范区，浙江省要持续提升开放水平，激发活力、创新力，塑造产业发展新优势，推动共同富裕迈出新步伐，以下几点建议可供参考。

第一，以数字技术为代表的技术和生产方式创新使得劳动力数量和成本优势在全球产业链布局中的重要性相对降低，浙江省重点产业链总体上多处于价值链中低端,依靠低成本、大规模制造形成的传统比较优势受到挑战。需要加快升级的步伐,加快重点产业降本增效力度,推动一批有意愿的中小企业完成数字化智能化改造,为自主创新的技术和产品提供推广应用和迭代升级的机会。

第二,内生化的全球产业链表现出发展趋势提升产业链外迁的压力,加之外部环境冲击及内部成本上升的影响,浙江省已经出现部分传统产业外迁的趋势。在浙江省继续攀升价值链的过程中,如果出现转移速度过快的问题,产业链安全风险也将随之上升。需要继续扩大对外开放,持续优化新型营商环境,加快研究原产地区域累积规则以及服务贸易和投资双向开放等问题,增强区域产业合作,加强区域产业链供应链,保障企业经营活动更顺畅、产业链更稳固。

第三,新冠疫情所造成的全球产业链、供应链等"链条"的脆弱性问题,浙江省产业链"大而不强、全而不精"的问题仍然存在,一些关键技术、零部件等软硬设施存在诸多"弱点"和"断点"。需要加快创新链、产业链深度融合,营造开放协同高效的创新生态;深化科研院所改革和高校科研体制改革,推动建立权责清晰、优势互补、利益共享、风险共担的产学研紧密合作机制;完善有利于激发科技人才创新的激励考核评价机制。

第三章　高水平开放提升经济循环效率

高水平开放有助于提升经济循环效率。在《中共中央　国务院关于支持浙江高质量发展建设共同富裕示范区的意见》（以下简称《意见》）发布之前，浙江省已具备通过高水平开放提升经济循环效率的基础。《意见》出台之后，浙江省更是积极作为，致力于提升经济循环效率，并取得显著成效。

第一节　共同富裕示范区建设前浙江省提升经济循环效率情况

《意见》对于浙江省提升经济循环效率的要求如下。

落实构建新发展格局要求，贯通生产、分配、流通、消费各环节，在率先实现共同富裕进程中畅通经济良性循环。深化供给侧结构性改革，扩大优质产品和服务消费供给，加快线上线下消费双向深度融合。支持适销对路的优质外贸产品拓宽内销渠道。加快构建现代流通体系，推动海港、陆港、空港、信息港"四港"联动。统筹推进浙江自由贸易试验区各片区联动发展，开展首创性和差别化改革探索。畅通城乡区域经济循环，破除制约城乡区域要素平等交换、双向流动的体制机制障碍，促进城乡一体化、区域协调发展。支持浙江省发挥好各地区比较优势，加强大湾区大花园大通道大都市区建设。更加主动对接上海、江苏、安徽，更好融入长三角一体化发展。加快建设"一带一路"重要枢纽，大力发展数字贸易、服务贸易，发展更高水平开放型经济。

本章将按照如上要求，分七个方面阐述《意见》出台之前浙江省的情况。

一 加强供给侧结构性改革

2015年11月10日，习近平总书记在中央财经领导小组的会议中首次提出"供给侧改革"，指出"在适度扩大总需求的同时，着力加强供给侧结构性改革，着力提高供给体系质量和效率，增强经济持续增长动力"[①]。我国经济的结构性问题已经逐步凸显。处理好结构性问题，若单纯从需求方面来考虑已显然不足。在新形势下，既要保障好需求侧的稳定扩大，也要加强供给侧结构性改革，针对市场经济某些不完善的地方进行改革，激发出新的经济增长动能。

2016年，为深化供给侧结构性改革、扩大优质产品和服务消费供给、促进经济社会持续稳定发展，浙江省出台了一系列政策与措施来落实党中央的决策部署。其基本指示精神如下。[②]

第一，从思想层面上来讲，要全面贯彻落实党中央的会议决策精神，全面贯彻创新、协调、绿色、开放、共享新发展理念，深刻理解去产能、去库存、去杠杆、降成本、补短板等各项工作的基本内容，释放经济活力，提高经济效率，促进全省生产力水平的整体提升，为进一步打造共同富裕示范区做好准备。

第二，从工作的基本原则来讲，要着重把握好重点问题，以问题为导向，在问题中创新，并通过创新来落实好改革中的方方面面。在工作时，加强整体思维，加强总体设计，将改革进行一个全面的考虑。促进企业创新，发展新兴产业；加大科技投入，发展科技创

---

① 《全面贯彻党的十八届五中全会精神 落实发展理念推进经济结构性改革》，《人民日报》2015年11月11日第1版。
② 浙江省政府网：《浙江省人民政府关于加快供给侧结构性改革的意见》，2016年4月1日，https://www.zj.gov.cn/art/2016/4/1/art_1229019364_55117.html。

新；政府应出台相应政策，顺应市场机制，充分发挥市场在资源配置中的决定性作用，让市场看不见的手与政府有形的手相互配合，释放经济活力。

第三，从目标层面来讲，要让去产能、去库存、去杠杆、降成本、补短板等工作方针尽快取得明显成效，供给侧结构性改革取得实质性的进展。要形成统一的行动规范，顺应市场规律，采取优胜劣汰的态度。对于一些低能效、低附加值的产业、企业，应让其逐步退出市场，让社会资源流向高能效、高附加值的产业、企业。帮助企业降低成本，提高产业效率，实现经济的良好健康发展。

以浙江省湖州市为例，湖州市政府在2018年发布深化农业供给侧改革的工作报告。报告指出，湖州市在深化供给侧改革的过程中取得了显著的成效，尤其在调整农业产业结构、建立健全农业产业链、提高农产品质量水平、围绕农业农村开辟新产业等方面取得空前的成绩。浙江省湖州市打造特色农业、特色农产品，补齐农业农村短板、生态环境短板，降低相关企业物流、人工成本，根据各个地区的风土、气候、传统文化进行有针对性的培养，打造优势品牌，提升产品竞争力，增加产品附加值，让农业产品标准化、生态化、绿色化，引导农业产业健康良好发展。

二　构建现代流通体系

产业的流通体系在一定程度上影响整体经济的发展。若物流运输与经济的发展不匹配，则会对经济发展产生严重的阻碍。2018年财政部和商务部联合下发通知，决定在全国范围内开展现代产业流通体系的打造升级，加快产业间的衔接，推进资源共享，提高产业效率。

建立健全现代流通体系主要的目标是加快库存以及资金的周转，使供应链的整体运作水平大幅度提升。推动海港、陆港、空港、信息港"四港"联动，有利于推进浙江自由贸易试验区各片区的联合发展，促进城乡一体化、区域协调发展，发挥好各地区比较优势，加快建设"一带一路"重要枢纽，发展数字贸易、服务贸易以及高水平开放型经济。围绕构建流通体系实施针对性的政策，重点围绕农产品、餐饮、冷链物流等领域，加快流通体系的建设，更好惠及民生，提高人民的幸福指数。与此同时，党中央拨助专项资金用于支持地方供应链建设，实施重点领域重点突破，对于市场的薄弱环节以及市场中突然出现的问题及时予以纠正。

浙江省倚靠长江经济带、长江三角洲，地理位置优越而重要，打造一条特色的供应物流体系尤为关键。2019年，浙江省开展"浙江海港、陆港、空港、信息港联盟"项目，[①] 其目的在于推进全省交通运输体系的全面优化升级。浙江省交通运输结构将有一次大的改变，企业间的衔接、交流的便利、资源的共享、信息的传输、货物的运输都将会有质的提升。对于浙江省的企业来说，建立健全现代流通体系有助于企业做大做强，提高企业的核心竞争力，进一步提高市场占有率。

浙江省的各个地市根据自身情况制定符合自己现实状况的政策与措施，使物流成本大大降低、物流效率显著提升，极大地提高了商品流通的便利性。湖州市着力打造本市农产品的特色流通体系，原来一些物美价廉的农产品通过现代流通体系，得以走出深山，和全国的消费者见面。当地的农户获得收入，全国的消费者得到了品尝优质农产品的机会。对于本市的特色品牌，例如安吉白茶、湖州湖蟹等重点地标式品牌，政府实现精准帮扶，开辟特色流通道路，让企业的产品及时送往全国各地，提高相关产业的竞争力，从而实现企业与消费者的双赢。温州市委结合本市的海港、陆港、空港、信息港发展的现状和未来的物流规划，经过对海港、陆港、空港、信息港发展问题的分析，提出温州市构建现代流通体系的基本要求以及加快构建现代物流体系的目标任务，提出海港、陆港、空港、信

---

① 宁波市人民政府口岸办公室网：《浙江海港陆港空港信息港联盟正式运作》，2019年9月4日，http://kab.ningbo.gov.cn/art/2019/9/4/art_1229104354_47230362.html。

息港的发展措施，力争成为全省打造现代流通体系的典范。

三 推进浙江自由贸易试验区各片区联动发展

2013年，党中央、国务院为适应新时代、新形势下的经济发展，力求制度创新，加快转变政府职能，加强信息化建设，加深国际化程度，促进国内国际双循环，构建现代自由贸易经济新体系，决定在全国范围内建设自由贸易试验区。自由贸易试验区可以简单理解为关税减免或者豁免区域，但超越了关税减免。自由贸易试验区必须要由政府、市场、企业三者共同参与、共同建设，且要与我国经济、社会发展状况相适应，让两者相辅相成，达到一加一大于二的效果。自2013—2020年间，我国已累计设立21个自由贸易试验区，在上海、广州、天津、福建、辽宁、浙江、河南、湖北、重庆、四川、陕西、海南、山东、江苏、广西、河北、云南、黑龙江、北京、湖南、安徽等省区市开辟了自由贸易试验区。

浙江省于2017年3月份开始建设自由贸易试验区，其中包括舟山离岛片区、舟山岛北部片区、舟山岛南部片区。经过三年多的发展，2020年8月30日，国务院批复同意并公布《中国（浙江）自由贸易试验区扩展区域方案》，浙江自贸试验区在全国率先扩区。自由贸易试验区已成为浙江省对外开放的重要窗口，其目标定位与建设共同富裕示范区高度契合。浙江省自由贸易试验区从最初的舟山扩展至宁波、杭州、金华，形成"一区四片"的发展布局。积极创建并推动省内联动创新区的全覆盖，加强与自贸试验区的联动发展，构建"自贸试验区+联动创新区+辐射带动区"的全面开放新格局。

表3-1　　　　　　　中国（浙江）自由贸易试验区

总片区	建设时间	子片区
中国（浙江）自由贸易试验区	2017年3月	舟山离岛片区
		舟山岛北部片区
		舟山岛南部片区

续表

总片区	建设时间	子片区
中国（浙江）自由贸易试验区	2020年9月	宁波片区
		杭州片区
		金义片区

2021年，金华市委在自贸试验区金义片区进行调研时，与自贸试验区的企业共同探讨产业面临的新形势和新问题，研究自贸试验区之间联动的新方式、新方法，并指出：一是建立区域间的联动机制，加强自贸试验区企业间的合作交流，做好广告宣传工作，走协同发展之路。二是利用自贸试验区的优势，将产业继续做大做强。吸引更多投资，规划好未来的发展路线、发展方向，持续推进集聚区基础设施建设，不断提高集聚区城市能级，增强影响力和吸引力。三是鼓励数字技术应用，借助自贸试验区的优势，走国际化道路；尝试新业态新模式，走多元化之路，开展首创性和差别化改革探索。

四 畅通城乡区域经济循环

做到共同富裕，首先要缩小城乡贫富差距。打造城乡一体化是缩小收入差距的关键一步。浙江省富裕程度较高、均衡性较好，在探索解决发展不平衡不充分问题方面取得了明显成效。

浙江全省城镇居民人均可支配收入在2013年只有37080元，到2021年时城镇居民人均可支配收入已达到68487元，增幅为84.7%。2020年，浙江省人均生产总值超过10万元，城、乡居民收入居全国各省区第1位。浙江城乡居民收入倍差为1.96，远低于全国的2.56，是全国唯一一个所有设区市居民收入都超过全国平均水平的省份。

以浙江省嘉兴市为例，嘉兴市在2021年的全市人均收入达到6.9万元，其中可支配收入达到4.3万元。农民的收入连续18年位于全国第一，城乡的收入比为1.6:1，位居全省第一。嘉兴市取得

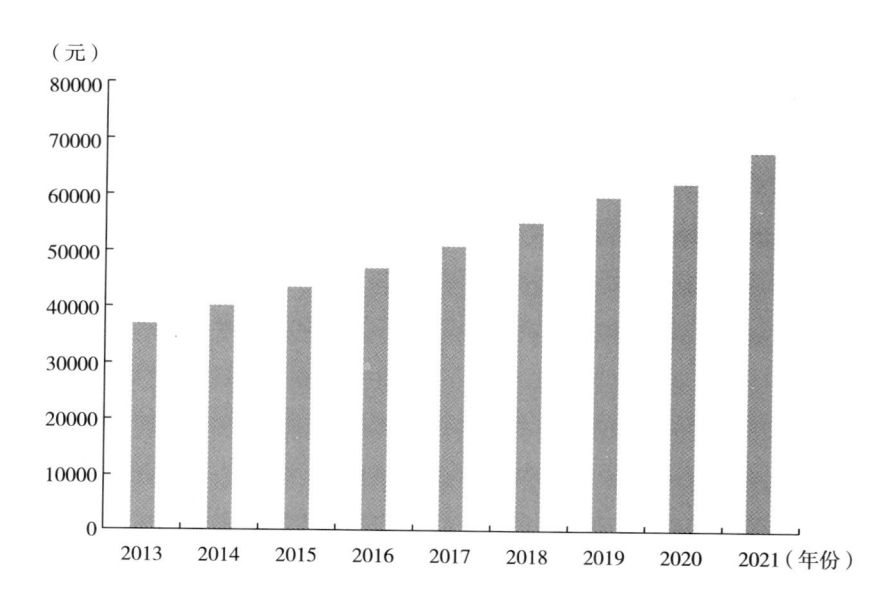

图 3-1　浙江省城镇居民人均可支配收入变化

这样傲人的成绩，离不开以下四个关键点。

第一，配套的基础设施起了重要支撑作用。实现城乡一体化，配套的基础设施必不可少。加大交通、电力、电信等生活必需的基础设施投入，使居民的生产生活得到充足的保障。自 2012 年以来，嘉兴市累计投入了 240 亿元资金用于交通运输、环境优化。具体如表 3-2 所示。

表 3-2　　　　　　　　嘉兴市城乡建设项目成果

项目	新建（提升）农村公路	开展大中修工程	安防工程	绿化	农村公路总里程
成果	1315 千米	1237 千米	399 千米	1116 千米	超过 7500 千米

第二，打造城乡一体化产业。采用新思维发展农村产业，打造模范产业，新建乡村产业孵化园，推动农村产业更好更快发展。2021年，投入财政资金 28 亿元，吸引社会投资 52 亿元，支持农村产业更

新迭代，开创农业农村经济开发区，打造全新产业链。

表 3-3 嘉兴市城乡一体化产业建设成果

项目	引进高质量项目	引进亿元项目	农业创业创新孵化园	建成特色农业强镇	农业全产业链
成果	139 个	42 个	8 个	7 个	6 条

第三，开展美丽乡村建设。自 2018 年开展乡村振兴战略以来，嘉兴市各级政府共投入 440 亿元财政资金用于乡村振兴建设。着力开展全方位的绿化行动，植树造林、垃圾分类、垃圾清理、污水处理，力争打造美丽乡村。

表 3-4 嘉兴市美丽乡村建设成果

项目	建成美丽乡村精品县	省级美丽乡村示范县	示范镇	建成美丽经济交通走廊	美丽河湖
成果	29 条	3 个	36 个	2246 千米	270 条

第四，转变经济结构、出台新的经济政策，是适应经济发展的不二法门。保证城乡区域循环、促进城乡一体化关键在于统筹好城乡之间的关系。嘉兴市坚持城乡融合、统一规划、优势互补，形成主体功能明显、高质量发展的新格局，加快城乡一体化、构建区域协调发展新机制，加大公共服务力度，率先探索并实现了城乡区域协调发展的新路径，不断为全国的发展提供浙江方案。

五 加强大湾区大花园大通道大都市区建设

2017 年 12 月，浙江省政府召开专题会议，研究关于大湾区大花园大通道大都市区建设行动计划工作。大湾区大花园大通道大都市区建设行动计划是浙江省"富民强省十大行动计划"之一。统筹推进大湾区大花园大通道大都市区建设，是引领浙江省高质量发展的重大战略，是着眼于未来、现代化和国际化的重大举措。

大湾区大花园大通道大都市区建设紧紧围绕以更高水平打造全省高质量发展的引领目标，聚焦高质量、竞争力、现代化、国际化，着力构建全方位、宽领域、多层次的发展格局，深化战略、政策、机制协同，融合区域发展战略，深入实施一体化发展，力争成为引领浙江发展的新模式、新动能。

2020年4月16日，浙江省"四大建设"联席会议在杭州召开，会议总结2019年大湾区大花园大通道大都市区建设工作，并部署2020年重点工作任务。会议指出以下四点。

第一，大湾区是浙江省新的增长极。要聚焦产业，建设杭州钱塘新区、宁波前湾新区等高能级平台，推进科技、未来产业建设，加快打造"数字湾区"，加快构建大湾区高速高铁双回路。积极推进城乡一体化，打造一批特色滨海和花园城市，打造绿色科技和谐优美的现代化大湾区。

第二，大花园是浙江省的金名片。"绿水青山就是金山银山"，认真学习践行习近平生态文明思想，坚持"两山"理念，深入开展绿色环保行动，打造浙江省特色景区，传承发展文化瑰宝。深入推进衢州、丽水大花园核心区建设，打造一个山清水秀、诗情画意的浙江省大花园。

第三，大通道是浙江省的大动脉。道路交通是经济发展的关键，快捷的交通拉近了城市间的距离。在大通道的建设中，对内要推进基础设施提升项目建设，全面实现陆域"县县通公路"；对外要重点抓好高铁建设、省际道路建设、港口机场建设，促进长三角地区高速互联互通，打造"一带一路"重要枢纽。

第四，大都市区是浙江省的新高地。依靠建设大都市区带动城乡一体化发展，以杭州、宁波为核心，做优做强中心城市，逐步推进美丽乡村建设，启动实施"千年古城"振兴计划。推动城市治理，着力构建现代产业体系,全面实施人才新政,促进人才向都市圈集聚,打造城乡一体化发展的新格局。

六 融入长三角一体化发展

2020年8月20日,习近平总书记在合肥组织召开了扎实推动长江三角洲一体化工作座谈会并发表重要讲话。习近平总书记指出,要深刻认识长三角区域在国家经济社会发展中的地位和作用,结合长三角一体化发展面临的新形势新要求,坚持目标导向、问题导向相统一,紧扣一体化和高质量两个关键词抓好重点工作,真抓实干、埋头苦干,促进长三角一体化发展不断取得成效。①

长三角一体化示范区横跨上海青浦区、江苏省苏州市吴江区和浙江嘉兴市嘉善县,总体规模达2413平方千米,区域占比高达20%,其中面积大于50亩的湖泊达76个。2019年11月1日,长江三角洲生态建设环保一体化改革创新示范区正式揭幕。这项横贯沪苏浙二省一市,由上海市青浦区、江苏省苏州市吴江区、浙江省嘉兴嘉善县,三地政府联合构建的示范区紧紧围绕一体化机制发展目标,攥指成拳、力争改革,实现了良好的开局。

浙江省围绕长三角一体化,提出了32项一体化机制创新研究成果;围绕生态环境保护、互联互通、创新产业发展和社会公共服务四个方面,全力推动了60个重点建设项目。示范区高质量建设动力明显提升,新型的产业共治、机构法定、政府市场运作的跨地区治理新格局正在建立。自长三角一体化发展示范区成立以来,创新产业加速集聚,先后有28项产业创新类项目重点入驻,吸收了3万多名科研人员,涵盖卫生健康、环境保护、教育、科技、体育、养老、交通、金融八大领域。示范区在管理方法上,注重合作共享、共担共赢,形成了目标思想一致、资金平台共用、管理实施合一、协调

---

① 《紧扣一体化和高质量抓好重点工作 推动长三角一体化发展不断取得成效》,《人民日报》2020年8月23日第1版。

保护有力的园区整体管理的新机制。长三角一体化有利于促进周围地区的发展和建设，统筹、协调、实施重点国家项目，对于浙江省的共同富裕建设具有重要意义。

七　发展更高水平开放型经济

"一带一路"是促进共同发展、实现共同繁荣的合作共赢之路，是增进理解信任、加强全方位交流的和平友谊之路。"一带一路"贯穿亚欧非大陆，东边是活跃的东亚经济圈，西边是发达的欧洲经济圈，中间腹地的众多国家经济发展潜力巨大。

浙江省地处"一带一路"东端交汇地带，自"一带一路"倡议提出以来，浙江省认真学习"一带一路"的重要指示精神，用实际行动贯彻落实党中央的"一带一路"重大部署。2019年9月，时任浙江省省长袁家军率领浙江省政府代表团对沙特阿拉伯王国进行友好访问。双方在能源、贸易、电商、高端制造、教育、物流、文化旅游等领域的合作达成共识：在互惠互利的基础上发挥产业优势，加强沟通合作，鼓励更多两国企业参与，加大投资合作，落实好重点项目，共建共享"一带一路"的合作成果。

在加快建设"一带一路"枢纽的同时，浙江省在数字贸易、服务贸易等方面也取得了长足的发展。在打造"数字丝绸之路"领域，在全国范围内进行了引领示范。杭州继续推动自由贸易示范区建设，制造业、数字贸易规模大为提升，电商行业、平台经济发达。2020年12月，浙江自由贸易试验区建设信息发布会在杭州市举行。大会介绍，浙江省在全国范围内首先出台了数字经济建设指引文本，围绕打造数字贸易集中区、数据金融发展区和大数据采集应用区确定了完整的数字贸易、信息平台、环境、监管机制四方面共十九项措施。

第二节　浙江省根据《意见》推出的系列实践及取得的成绩

一　加强供给侧结构性改革

自中央提出建设浙江省共同富裕示范区以来，浙江省就结合当下的经济形势，坚持高质量发展，继续坚持深化供给侧结构性改革，扩大优质产品和服务消费供给，加快线上线下消费双向深度融合。

首先，浙江省基于当下省内经济发展状况和共同富裕示范区建设的要求，继续深化供给侧结构性改革、推动高质量发展、提升供给质量和效率。浙江省继续加快培育和发展围绕数字经济和高端制造业为主的新产业、新业态和新模式，推动产业链、供应链、价值链协同发展，优化省内企业的产品质量，提升其品牌价值，致力于打造国内国际一流的制造业、服务业。同时，作为外贸大省、开放大省，同时也是我国"一带一路"倡议的重要节点，浙江省继续鼓励外贸企业加大技术投入和研发力度，推动产品升级和创新，提高消费品质量和品牌形象，为拓宽内销渠道打下坚实基础。仅2022年1—8月，浙江省全省高新技术产业增加值同比增长6.3%，高于规上工业1.2个百分点，对规上工业增长贡献率达80.8%。同时，高新技术企业研发投入2132.9亿元，同比增长8.5%，研发费用占营业收入比重达5.88%，比全省规上企业高3.13个百分点，在全省规上企业利税下降的情况下，高新技术企业利税同比增长8.3%，利税占营业收入比重达12.56%，比全省规上企业高4.03个百分点。[①] 由此可见，浙江省供给侧结构性改革成效显著，高新技术产业已成为全省经济发展的主动能，应继续大力发展新一代信息技术、生物技术、新材料等高技术产业和战略性新兴产业，培育人工智能、无人驾驶、元宇宙、

---

① 浙江省科技信息研究院：《2022年浙江省高新技术产业发展报告》，《今日科技》2023年总第519期。

量子信息等未来产业，大力推进数字产业化和产业数字化，提升传统产业数字化智能化水平，以扩大优质产品和服务的消费供给。

其次，浙江省继续坚持加快线上线下消费的双向深度融合，结合数字化技术提升经济循环效率。线上线下消费的融合是消费升级的重要趋势之一，浙江省作为数字经济较为发达的省份，近些年线上线下消费融合趋势愈加明显。尤其是新冠疫情三年，浙江省陆续出台一系列促进消费复苏的行动方案以推进线上线下消费复苏，且结合数字人民币重点推进数字消费、直播消费等各种新消费场景的发展。另外，浙江省积极推动消费地标的打造，鼓励高品质步行街升级改造和夜间经济发展，已创建两批省级示范智慧商圈。浙江省通过数字化技术和物流配送等手段，推动线上线下融合发展，让消费者可以在线上购买到优质的产品，并快速便捷地获得配送服务。同时，在线下实体店面也推出更多有特色、高品质的商品和服务，吸引更多消费者到店消费，推动经济进一步复苏和发展。

最后，浙江省还将采取一系列措施支持适销对路的优质外贸产品拓宽内销渠道，为促进经济循环提供更好的途径。基于打造国内大循环为主体、国内国际双循环相互促进的新发展格局的战略需求，浙江省建设性地支持内外贸一体化，并提出一系列培养方案和意见。截至2023年3月，已公示培育四批内外贸一体化"领跑者"企业和改革试点产业基地，[①] 并大力推进内外贸产品同线、同标、同质一体化发展，并通过政策扶持和财税优惠等措施，减轻企业的负担和压力，鼓励其积极拓展内销市场。

总的来说，基于两个循环相互促进的高质量发展新格局，浙江省将继续深化供给侧结构性改革，扩大优质产品和服务消费供给，加快线上线下消费双向深度融合，支持适销对路的优质外贸产品拓宽内销

---

① 浙江省商务厅：《关于浙江省第四批内外贸一体化"领跑者"企业、改革试点产业基地培育名单公示》，2023年2月14日，https://zcom.zj.gov.cn/art/2023/2/14/art_1384587_58938930.html。

渠道。这些措施将促进外贸企业和内需市场的互利共赢，优化经济循环效率，推动浙江省经济高质量发展，助推共同富裕示范区建设。

二 构建现代流通体系

在流通体系方面，浙江省进一步加快构建现代流通体系，推动海港、陆港、空港、信息港"四港"联动，以提高经济循环效率。浙江省作为全国流通业的重要区域，一直在积极推动现代流通体系的构建，以适应市场需求的不断变化。为了进一步加快现代流通体系的建设，浙江省政府提出了"四港联动"战略，即海港、陆港、空港、信息港的资源整合和优化利用，形成一个协同配合的现代流通网络。

基于共同富裕示范区建设要求，推动国内大循环为主体，国内国际双循环相互促进的新发展格局，浙江省基于本省的发展基础，提出以海港为龙头、陆港为基础、空港为特色、信息港为纽带，着力优化联运通道和枢纽布局，推动技术装备升级和标准衔接，深化数字赋能和信息共享，强化多式联运经营模式和市场主体培育，加速构建内畅外联、一体融合、高效智能、绿色低碳的现代物流体系，更好服务构建新发展格局。[①]浙江省随后陆续出台了一系列措施将该方案细化落地。

首先，在基建方面，浙江省正在进一步畅通海铁、海河、江海、公铁、空陆五大多式联运通道。在海铁联运通道方面，重点建成金甬铁路双层高柜集装箱海铁联运示范通道，并推进北仑铁路支线扩能改造、梅山港区铁路支线、头门港铁路支线二期等建设。在海河联运通道方面，重点完成京杭运河浙江段三级航道整治工程，畅通浙北高等级航道网集装箱运输通道，推动以三层集装箱船为代表的现代水运转型，实施杭甬运河"四改三"工程和宁波段三期（或二

---

① 浙江省人民政府：《深化"四港联动"发展推进运输结构优化实施方案》，2022年9月8日，https://www.zj.gov.cn/art/2022/9/8/art_1229019365_2423504.html。

通道）工程，畅通杭甬运河宁波方向。在江海联运通道方面，加快乐清湾工程、鼠浪湖码头、笤帚门进港航道等项目建设，提升海进江、江出海能力，推进小洋山北侧江海联运集装箱码头建设。在公铁联运方面，重点推进浙西公铁联运物流园区等入企入园铁路专用线建设，推进集疏港铁路向堆场、码头前沿延伸，实现港站一体化。在空陆联运通道方面，重点打造快递、医药等快货物流空陆联运基地，推进杭州、宁波、温州三大机场进高铁工程，推动高铁快货物流发展。这些举措将进一步畅通各类交通方式间的衔接，打通区域内外的物流通道，提高效率降低成本，促进浙江省经济的快速发展。

其次，在联运关键节点方面，浙江省重点推进打造"四港联动"样板，推动义乌、台州等多式联运枢纽建设，布局多个物流园和联运中心，打造一批多式联运枢纽节点。特别是在台州湾区公铁水多式联运工程建设方面，浙江省提出了一系列举措，助力该项目快速发展，推进交通运输体系和产业链的优化升级。此外，在 2022 年 10 月，浙江省还进一步出台首批交通强国试点县（市、区），其中包括"四港联动"方向的长兴县、嵊州市、临海市入选，为该方向的多式联运通道建设注入新的动力。

再次，在技术方面，浙江省正在进一步提升联运技术装备水平、加强多式联运规则衔接、推进节点服务功能一体化。同时，浙江省深化物流运输数字化，发挥浙江省大数据技术优势，夯实"四港联动"智慧物流云平台大数据底座，为多式联运通道建设提供智能支撑和数据保障，提高运输效率和服务质量。

在市场方面，浙江省积极培养多式联运经营主体，加速壮大"四港"运营商联合会，培育骨干物流服务企业。同时，大力推动货物运输"公转铁""公转水"，加快形成以铁路、水路为基础，公路、航空为补充的多式联运运输体系，以更好地满足市场需求，提高运输效率和降低成本。

最后，在政策方面，浙江省正在进一步强化实施保障、加强组织领导和政策支持以优化市场环境。同时,加强监测评估,强化督促落实,确保多式联运通道建设方案的各项目标有效落地。这些政策措施将为浙江省建设多式联运通道提供有力保障和支持,推动多式联运通道建设迈上新台阶。

这些举措将进一步提升浙江省的物流水平和竞争力,推动多式联运通道建设迈上新阶段,提升区域经济循环的效果显著。仅2022年1—9月集装箱海铁联运、江海联运、海河联运分别完成113.5万、52.88万、103.8万标箱,同比增长27.9%、21.9%、22%,其中集装箱海铁联运量近四年平均增长31.6%,稳居全国第二位。[①] 根据这些方案规划,浙江省现代流通体系将迈上新台阶,基本实现长三角重点城市1天到达、国内重点城市2天到达、全球重要经济体3天到达的物流圈。[②] 同时,基于海港、陆港、空港、信息港,打造形成以大宗商品铁路运输和水路运输为主体的发展格局,更好地融入长三角一体化发展,为内循环发展新格局和浙江共同富裕示范区建设提供更高水平和更高标准的服务。

三 推进浙江自由贸易试验区各片区联动发展

浙江自由贸易试验区是我国唯一由陆域和海洋锚地组成的自由贸易园区,涵盖的舟山片区也是我国首个以海洋经济为主题的国家级新区。浙江自由贸易试验区积极创新,陆续设立了杭州、宁波、温州、嘉兴、金华、台州6个浙江省自贸试验区联动创新区,并于2021年6月又设立了湖州、绍兴、衢州、丽水4个联动创新区,总面积从最初的119.95平方千米拓展至1178.6平方千米。现已覆盖了19家国家级经济技术开发区、22家省级经济开发区、9家综合保税区、4家高新技术园区和1家临空经济示范区,形成了"浙江自贸

---

① 资料来源:浙江省交通运输厅。
② 浙江省人民政府:《浙江省现代物流业发展"十四五"规划》,https://www.zj.gov.cn/art/2021/4/16/art_1229505857_2269390.html。

试验区+联动创新区+辐射带动区"的全面开放新格局。①

具体来说，基于浙江自贸试验区以油气为核心的大宗商品全球资源配置基地、新型国际贸易中心、国际航运和物流枢纽、数字经济发展示范区、先进制造业集聚区的五大定位，浙江自贸试验区积极创新，正重点打造油气、数字、枢纽"三个自贸区"，为浙江省高质量发展建设共同富裕示范区注入强大动力。制度创新是自贸试验区建设的核心，要在共同富裕大场景中推动一批重大改革、重大政策集成创新。2021—2022年，自贸试验区积极创新，建设成果显著，在新冠疫情冲击、经济下行的外部环境下，自贸试验区的开放型经济表现出良好的增长态势。这些举措将为浙江省经济转型升级提供有力支撑，促进浙江省向开放型经济高质量发展迈进。

外贸方面，2021年自贸试验区内进出口额超7700亿元，占全省18.6%，同比增长39.3%，占全省同期增量的28.7%，且该年浙江全省外贸首次突破4万亿元，首超上海，位列全国第三；2022年，自贸试验区进一步贡献了全省20.6%的外贸额，其进出口总额达9669.6亿元，同比增长22.4%。外资方面，2021年，全年实际使用外资25.3亿美元，占全省13.8%的外资额，同比增长73.1%；2022年，全年实际使用外资34.84亿美元，占全省18.1%的外资额，同比增长37.6%。② 同时，在浙江自贸试验区积极推动下，全球首届数字贸易博览会于2022年12月在杭州成功举办。这是全国唯一以数字贸易为主题的国家级、全球性的专业博览会，投资总额约1100亿元。这些数据显示，浙江自贸试验区在外贸和外资方面已经取得了显著成效，并且在数字贸易领域也取得一定成效。

制度创新方面，2021年，浙江自贸试验区新增制度创新成果174

---

① 数据来源：中国（浙江）自由贸易试验区，http：//ftz.zj.gov.cn/publicInfo/intro。
② 浙江省人民政府：《中国（浙江）自由贸易试验区建设新闻发布会（第八场）》，2022年2月16日，https：//www.zj.gov.cn/art/2022/2/16/art_1229630150_1502.html；浙江省人民政府：《中国（浙江）自由贸易试验区建设新闻发布会（第十一场）》，2023年2月22日，https：//www.zj.gov.cn/art/2023/2/22/art_1229630150_6393.html。

项，其中全国首创36项，2022年进一步以投资贸易自由化便利化为核心完善制度体系，修订了《中国（浙江）自由贸易试验区条例》，获批第五航权、数字人民币、本外币合一账户、跨境贸易投资高水平开放等国家级改革试点，全年新增制度创新成果143项，全国首创36项。

此外，浙江自贸试验区在数字化改革方面积极创新，运用5G、大数据、人工智能、区块链等数字技术赋能，搭建场景化、集成性、智慧型的数字监管和数字服务平台。在发展数字贸易、数字产业、数字金融、数字物流、数字治理中开展压力测试，实现更高水平的贸易、投资、运输、人员、资金自由化、便利化和跨境数据安全有序流动。浙江自贸试验区已经建成了浙江数据国际交易平台、杭州国际数字交易平台、数据安全实验室、数据知识产权公共存证等服务平台，为数字经济的发展提供了强有力的支撑。这些措施将进一步促进浙江省数字经济向高质量发展转型，推动浙江省经济实现更高水平的数字化、网络化、智能化发展。

现在自贸试验区正围绕全产业链条集群式发展，不断强化全球资源配置能力，成为面向全球汇聚人流、物流、资金流、技术流、信息流的高地，形成高质量发展的先进制造业集群。总的来说，浙江自贸试验区正积极改革创新，坚持各区联动发展，通过贸易与服务助力浙江省共同富裕示范区的建设与发展，促进浙江省迈向更高层次的发展，带动经济循环效率的提升，推动共同富裕示范区建设。

四　畅通城乡区域经济循环

随着我国城镇化进程的加速，城乡之间的差距也越来越明显。为了解决区域内城乡发展不均衡的问题，全面推进城乡、区域协调发展，浙江省采取了一系列措施，推动城乡一体化和区域协调发展。其中重要的一步就是畅通城乡区域经济循环，破除制约城乡区域要素平等交换、双向流动的体制机制障碍。这些措施将促进各地区资源共享、优势互补、互利合作，实现城乡区域经济有机融合，推动浙江省在共同富裕示范区建设方面取得更大的成效。

首先，畅通城乡区域经济循环需要建立完善的基础设施。浙江省积极推进基础设施建设，推进高铁、高速公路等交通城乡一体化规划，重点支持经济落后地区和闽浙边革命老区的交通发展，支持跨区域基础设施建设。这为城乡之间的交流、合作提供了更好的条件，促进了城乡经济的互动和循环，进一步促进区域均衡发展、人民共同富裕。仅2022年年底，浙江省交通集团在建交通项目就多达16个，项目投资总额达2084亿元。[①]

其次，畅通城乡区域经济循环还需要自由的要素流动机制。破除制约城乡区域要素平等交换、双向流动的体制机制障碍需要调整相关政策。浙江省政府出台了一系列鼓励农民进城等政策，为城乡人口流动提供了更多的便利和支持，有序推进农业转移人口市民化，在全省范围内推行居住证跨区互认转换改革。同时，政府还加大对农村经济的支持力度，鼓励农民发展现代农业、农村旅游等产业，支持农业高质量发展，加强种粮农民收益保障，深化"千村示范、万村整治"工程，支持科技强农、机械强农，持续推进特色小镇高质量发展，推动县城综合承载能力提升，提高农民收入水平，缩小城乡经济差距，促进城乡经济的协调发展。仅2023年，省财政就预算安排280.92亿元，用于支持县城承载能力提升和深化"千村示范、万村整治"工程，并在2023年力争全省政府性支农支小融资担保余额达到1650亿元，新完成土地综合整治项目100个。[②]

最后，巩固城乡区域经济循环发展的成果，需要加强和完善社会保障体系。浙江省政府正在努力推动社会保障体系建设，促进城乡产业协调和社会发展同步，对接城乡劳动就业和社会保障体系，保

[①] 浙江省人民政府国有资产监督管理委员会：《省交通集团召开2022年上半年经济运行分析会暨稳进提质攻坚行动推进会》，2022年7月18日，http：//gzw.zj.gov.cn/art/2022/7/18/art_1229463457_25475.html。

[②] 浙江省人民政府：《省委一号文件新闻发布会》，2023年3月15日，https：//www.zj.gov.cn/art/2023/3/15/art_1229630150_6408.html。

障城乡居民的基本权益，确保城乡居民不受地域的影响，改善城乡居民的生活条件，实现城乡区域经济循环。目前，浙江省在全国率先实现"浙里惠民保"省域全覆盖，构建"5597"指标体系，累计赔付41.5亿元、惠及75万人。① 此外，浙江已有多地成功实现居民医保缴费、待遇、补助城乡一体和社保城乡一体，进一步推进城乡一体化发展建设。

总之，浙江省在畅通城乡区域经济循环，破除制约城乡区域要素平等交换、双向流动的体制机制障碍，促进城乡一体化、区域协调发展已有一些尝试和成果。浙江省政府将继续加大投入，加强政策支持，推动城乡经济的互动和循环，实现城乡一体化、区域协调发展的目标。

五 加强大湾区大花园大通道大都市区建设

浙江省积极落实党中央对建设共同富裕示范区的政策要求，在发展方案落实上坚持因地制宜探索有效路径，结合各地物质基础和生产要素禀赋的差异，充分发挥各县市的比较优势，提高各县市经济循环效率，扎实促进共同富裕的顺利推进。目前，随着浙江省在经济发展方面取得越来越大的突破，浙江省GDP已稳居全国第四名，人均GDP也稳居全国第五名，浙江省已形成了依托民营经济、产业集群、专业市场为特色的发展态势，并在新阶段牢牢把握区位优势和技术优势，大力发展数字经济、开放经济，并统筹推进大湾区大花园大通道大都市区建设，扎实推进高质量发展。②

大湾区，包括环杭州湾经济区、甬台温临港产业带和义甬舟开放大通道，大湾区建设即继续打造浙江的省内经济增长极，积极建设全国现代化建设先行区、建成全球数字经济创新高地、打造区域高

---

① 浙江省人民政府：《"浙里惠民保"实现省域全覆盖》，2022年9月26日，https://www.zj.gov.cn/art/2022/9/26/art_1554467_59834053.html。
② 周世锋：《深入推进"四大"建设 优化浙江区域经济格局》，《浙江经济》2019年第24期。

质量发展新引擎，最终达到建设绿色智慧和谐美丽的世界级现代化大湾区的目标。为此，浙江省大湾区积极发展数字经济、高精尖制造业和现代服务业，形成一批具有核心竞争力的产业集群，助推浙江省共同富裕和高质量发展，于 2022 年年底实现浙江省大湾区经济总量突破 6 万亿元，其中，数字经济对经济增长的贡献率突破 50%。①

大花园建设，范围为全省，核心区为衢州、丽水两市，致力于践行党中央的"两山"理念，到 2035 年，全面建成绿色美丽和谐幸福的现代化大花园。目前浙江省已规划建设十大名山公园、十大海岛公园、打造诗意栖居"养心"的诗画浙江省大花园。宁海作为大花园建设的示范县，大力推进旅游产业发展、优化基础设施建设、提升绿色产业比重、探索绿色发展机制创新等。仅 2022 年，宁海县绿色产业年度投资计划就达到 35 亿元，各个项目投资完成率及建设进度均超预期，尤其是浙东唐诗之路建设三年行动计划进展顺利。②

大通道建设，是指以义甬舟开放大通道为主轴的开放通道、以沪嘉甬铁路为代表的湾区通道、以杭衢铁路为代表的美丽通道的建设，并重点推进四大现代综合交通枢纽和"四港"建设等重点项目，致力于优化省内省际交通运输环境，力争到 2035 年，90% 以上县（市）通高铁、有机场，在全国率先建成现代化的交通强省。③ 浙江省加快浙江省与长三角地区、国内其他地区和世界主要城市的沟通与联系，这能极大地促进浙江省的高质量发展进程、推动浙江省积极融于长三角一体化战略、带动省内落后地区、扎实推进共同富裕示范区建设。

---

① 浙江省人民政府：《质量第一效益优先大湾区大花园大通道建设亮出路线图》，2018 年 5 月 29 日，https：//www.zj.gov.cn/art/2018/5/29/art_1621051_29574879.html。
② 浙江省人民政府：《宁海高水平推进全域大花园建设》，2022 年 6 月 12 日，https：//www.zj.gov.cn/art/2022/6/12/art_1554470_59711668.html。
③ 浙江省交通运输厅：《我省推进大湾区大花园大通道建设，五年内形成"一小时交通圈"》，2018 年 5 月 30 日，http：//jtyst.zj.gov.cn/art/2018/5/30/art_1676377_41156111.html。

大都市区建设，是指重点打造杭州、宁波、温州、金义四大都市圈，其中杭州和宁波是重中之重，力争成为长三角世界级城市群的金南翼。① 浙江省进一步细化，赋予不同的城市特有的功能，重点打造杭州都市圈的数字经济、宁波都市圈的港口开放经济、强化温州都市圈的民营经济地位及金义都市圈的世界小商品之都地位和影视文化之都地位。

四大建设并不是相互独立的项目，而是互相融合、共同开展的统一规划，加强四大建设的稳步推进，进一步优化浙江省域经济社会发展状态、提升环境水平、缩小地域发展差距、引导区域内经济循环效率的提升、促进共同富裕示范区建设。

六 融入长三角一体化发展

自习近平总书记在2018年11月首届中国国际进口博览会上宣布，支持长江三角洲区域一体化发展并将其上升为国家战略起，长三角地区就步入区域一体化发展的新阶段，而浙江省作为长三角的重要一环，正在积极推进长三角一体化高质量发展。②

交通互联作为区域一体化发展的重要标志，也是区域经济循环的客观条件，长三角地区的交通设施正在快速建设中。在《长江三角洲地区交通运输更高质量一体化发展规划》的指导下，通苏嘉甬铁路顺利完成设计并获得批准，已于2022年年底开工。这一铁路作为国家八纵八横高铁网沿海通道的重要组成部分，补齐了长三角地区南北纵向交通运输短板，将实现长三角南北向运输的快速化，浙江省正在积极推动该项目建设。同时，安徽巢马城际铁路的顺利建设也将极大地推进长三角地区东西向大动脉建设。目前，长三角铁路网总长超过1.3万千米，其中高铁营业里程已超过6500千米。一系

---

① 浙江省人民政府：《2019年政府工作报告》，2019年8月19日，https://www.zj.gov.cn/art/2019/8/19/art_1678454_37135586.html。
② 《习近平出席首届中国国际进口博览会开幕式并发表主旨演讲》，《人民日报》2018年11月6日第1版。

列交通设施建设将极大地促进长三角地区经济社会协同发展和共同富裕示范区建设目标的实现。

在基础设施通联的基础上，机制体制的一体化建设就显得尤为重要，长三角正积极推动区域资源要素有序自由流动，进一步提升区域发展整体水平和经济循环效率。而破除区域行政壁垒是推动要素自由流动的重要一环，作为长三角地区的数字化改革先锋，浙江省坚持数字化改革，积极推进政务服务跨省通办，目前浙江省已上线"跨省通办"两年多，跨省通办项目不断增加和完善，并向全国其他省份进行推广。长三角地区也整合建立长三角"一网通办"平台用于长三角地区跨行政区界的政务办理，截至2022年年底，跨区域可办理事项数量已经超过178项，这极大地提高了长三角地区内的要素流动与资源配置。①

此外，在产业协同发展方面，信息化产业是重中之重，也是提升经济循环的重要保障。长三角三省一市在信息化发展方面同样统筹协调，由三省一市有关部门与三大电信运营商及铁塔公司共同推进新基建、共建新一代泛在融合数字设施体系的同时，壮大培育长三角地区优势新兴数字产业，致力于打造具有全球竞争力的数字科技产业集群，并努力利用数字产业优势发力传统制造业，培育世界级产业数字化转型新高地，再在此基础上推广长三角区域一体化数字治理、打造数字民生。

最后，基于浙江省特有的数字产业优势，浙江省相关部门还牵头负责推进国家（杭州）新型互联网交换中心试点、长三角制造业数字化能力中心建设以及长三角区域一体化高精度测绘基准服务体系建设。②

总而言之，长三角在交通、政务、产业一体化协同发展方面是我

---

① 浙江省人民政府：《"一体化"全面发力 长三角加快打造强劲增长极》，2022年11月14日，https://www.zj.gov.cn/art/2022/11/14/art_1229278447_59931515.html。

② 浙江省经济与信息化厅：《长三角区域一体化发展信息化专题组三年行动计划（2021—2023年）》，2021年12月21日，https://jxt.zj.gov.cn/art/2021/12/21/art_1229123405_2382656.html。

国的优秀发展样板，长三角也是我国"双循环"战略的重要基点，浙江省也在发展共同富裕示范区的路上积极融入长三角一体化，推动长三角地区的高质量发展和共同富裕示范区建设。

七 发展更高水平开放型经济

在建设共同富裕示范区的理念下，基于"一带一路"建设的倡议，浙江省积极落实国家的战略部署，并充分利用浙江省本省的区位优势、信息技术优势、商品生产成本优势等，积极开拓创新、攻坚克难，在"一带一路"建设上已取得一定成效。浙江省围绕着"一带一路"已重点形成自贸试验区协同发展、跨境电商发展、eWTP（世界电子贸易平台）、宁波"一带一路"建设综合试验区及义甬舟开放大通道五大试验示范样板，并结合"义新欧"中欧班列、宁波舟山港、四港联动三大港航物流重点项目建设和运营，进出口商品运输将更加便利。目前，宁波舟山港已跻身国际航运中心十强，"一带一路"航线达120条，全年航班超4700班次，[①] 仅2021年舟山港集装箱吞吐量就突破了3000万标准箱。此外，"义新欧"中欧班列已途经51个国家的160多个城市，已成为浙江省乃至长三角地区对外的主要国际铁路物流通道，该班列2021年全年已开行1904列，[②] 并结合"中欧班列+海铁+海运"的多式联运模式联运超过120万标准箱。[③] 浙江省全省进出口额在2021年新冠疫情影响情况下仍保持稳增长态势，进出口额首次突破4万亿元，位列全国第三。[④] 同

[①] 中国新闻网：《「高质量发展调研行」探访宁波舟山港"世界一流强港"如何发力？》，2023年5月25日，http://www.chinanews.com.cn/cj/2023/05-25/10013882.shtml。

[②] 金华市人民政府：《2021年"义新欧"中欧班列累计开行1904列》，2022年1月20日，http://swb.jinhua.gov.cn/art/2022/1/20/art_1229168148_58852858.html。

[③] 宁波市商务局：《突破120万标箱宁波海铁联运业务刷新历史纪录》，2022年10月24日，http://swj.ningbo.gov.cn/art/2022/10/24/art_1229031551_58929504.html。

[④] 中华人民共和国杭州海关：《进出口规模首次跻身全国前三！浙江进出口总值跨上4万亿元新台阶》，2022年1月21日，http://guangzhou.customs.gov.cn/hangzhou_customs/575609/zlbd/575611/575613/4135111/index.html。

时，义甬舟开放大通道"百项千亿"项目工程也于 2021 年启动实施，103 个重大支撑性项目全年完成投资超过千亿元。① 这些措施将进一步促进中国与"一带一路"共建国家的经贸交流与合作，扩大浙江省对外开放水平，提高参与全球竞争的能力和水平，推动共同富裕示范区建设目标的实现。

此外，浙江省在"一带一路"倡议和自贸试验区建设的基础上积极推动数字贸易与服务贸易发展。随着自贸区建设和"一带一路"枢纽建设的不断深入和新技术的应用，跨境服务贸易呈现出大量新业态、新场景、新模式，服务贸易发展迅速，服务贸易整体发展已快于货物贸易，并已成为全球经济增长的新引擎，其中，服务贸易的各种业态中，数字贸易是最受关注的。浙江省已陆续出台《浙江省数字贸易先行示范区建设方案》《关于大力发展数字贸易的若干意见》等一系列文件以推进浙江省数字贸易的良性发展。数字贸易先行示范区已于 2022 年将建设范围由杭州市拓展至宁波、金华等地，并计划于 2025 年将示范区建设覆盖全省、全面形成数字贸易新发展格局、优化数字贸易业态监管机制和营商环境、最大限度地便利化自由化数字贸易且初步建成全球数字贸易中心。这些措施将进一步提高浙江省数字经济发展水平，增强数字贸易对外开放能力，优化经济循环效率水平。

具体而言，截至目前，浙江省数字贸易、服务贸易建设已取得一定成果。2021 年，中国已成为全球最大的跨境电子商务零售出口经济体，全年跨境电商累计进出口额已接近 2 万亿元，占全国总额的 16%，浙江省海外仓数量更是占全国总量的 1/3 以上，② 而 eWTP 的稳步建设更是进一步助推跨境电商的发展，基于阿里巴巴的技术优势和世界各国的大力支持，eWTP 已经在多国多地建设数字自贸区，

---

① 浙江省发展和改革委员会：《浙江省义甬舟开放大通道建设"十四五"规划》，2021 年 7 月 15 日，https://www.zj.gov.cn/art/2021/7/15/art_1229203592_2311436.html。

② 浙江省电子商务促进会：《中国跨境出口电商发展报告（2022）》，2022 年 3 月 10 日，https://mp.weixin.qq.com/s/7mrDQz4mlvIKIxQH7bPGkw。

优化境外区域分销和物流系统，浙江省正在积极构筑联通全球的数字贸易中心。

总之，浙江省政府正在不断推进"一带一路"枢纽建设，助推新时代下的中国对外开放之路，不断拓展数字贸易产业链和生态圈，推动数字经济与实体经济深度融合，优化经济循环效率水平，提高浙江省在数字经济领域的竞争力和影响力，助力共同富裕示范区建设目标的实现。

第三节　高水平开放提升经济循环效率的理论意涵

高水平的对外开放有助于促进经济循环效率。经济循环是经济学研究的重要主题之一，从魁奈的《经济表》到古典政治经济学"生产、分配、交换、消费"的分析，再到新古典经济学的循环流量图，经济学界对经济循环的认识和研究在不断深化。[①] 经济循环这一概念意在强调整体经济是一个动态、迭代包含、周而复始的循环过程，体现在经济活动中的生产、分配、流通、消费四个环节上。

经济循环的动态性体现在时间维度和空间维度两方面。在时间维度上，消费者通过供给劳动获得收入进行储蓄，从而实现跨时期消费分配获得效用最大化；生产者通过计划投资进行有效率的生产安排，从而实现产品生命周期上的利润最大化。在国家层面上，一个国家的经常账户情况也反映一个国家的资金借贷情况。一个国家的经常账户顺差表明该国将资金借给外国，从时间维度上考虑，这是国家层面上进行跨时期消费和投资的最优化行为。从新古典增长理论来看，经济增长过程本质就是在时间维度上的人口增长、资本积累和技术进步。在空间维度上，经济活动表现为全球各国经济主体

---

① 谢富胜、匡晓璐：《以问题为导向构建新发展格局》，《中国社会科学》2022年第6期。

行为的分散性。不同国家之间存在经济联系，一个国家内部不同区域存在经济联系，一个国家区域内不同经济主体之间也存在经济联系。自 20 世纪 80 年代起，随着全球信息技术的进步和贸易壁垒的降低，使得跨国企业生产布局的决策范围从国内转向全球，形成一种全球跨国分工与生产的形式，称为全球价值链产业链，也即全球生产网络的现象。这表明全球经济活动在时间和空间维度上的制约被削弱，各国经济联系越来越密切，以至出现国际经济联动的现象。

经济循环的迭代性是指运行效率低的循环会被运行效率高的循环取代，也就是经济活动关系的重构。关于经济循环迭代性的解释方面，熊彼特的创造性破坏理论曾指出每次大规模的创新都淘汰旧的技术和生产体系，并建立起新的生产体系。事实上，国际政治关系也会造成经济循环的重构。比如美国拜登政府提出的印太经济协议框架，其目的就是构建"排华供应链"从而重构中美经贸关系。经济循环的包含性是指空间上的大循环内部存在小循环，小循环的内部也存在更小的循环。全球经济循环包含全球区域经济之间的循环，全球区域经济之间包含国家经济之间的循环，一个国家内部也存在不同区域经济之间的循环。从中国参与全球生产分工的过程来看，中国凭借劳动力成本优势通过劳动密集型产业和加工贸易参与国际循环，通过国际循环赚取外汇发展国内基础工业进一步形成国内大循环，从而融入世界经济之中实现自身经济的发展。

经济循环的周而复始性是指经济活动中生产、分配、流通、消费四个环节无限循环的特点。马克思主义认为，人类通过生产利用和改造自然，在这个经济过程中创造社会财富，是社会再生产的首要环节。生产的产品在社会主体之间进行分配和再分配，这推动着社会经济的正常运行和发展。流通以货币为媒介，以商品和服务的交易为核心，实现商品所有权的转移与服务的完成，实现其价值和使用价值。消费通过流通与分配决定生产。生产的目的是最终消费，消费的要求、总量和结构决定着生产的要求、总量和结构。生产、分配、流通、消费四个经济环节在时间和空间范围不断周而复始、循环往复形成了经济增长。

对外开放可以通过国际分工、规模经济与产品种类扩大、优化资源配置、技术扩散、扩大总需求、改善制度环境等方面促进经济循环效率。

第一，国际分工。分工促进生产率的发展，是亚当·斯密以来古典经济学秉持的观点，大卫·李嘉图的比较优势理论、赫克歇尔与俄林的资源禀赋理论，均表明国际贸易可以通过国际分工，解放生产效率，促进社会福利的提升。近年来兴起的全球价值链分工，使得参与国际分工对全球经济循环的促进作用更加凸显。

第二，规模经济与产品种类扩大。以保罗·克鲁格曼为代表的新贸易理论，阐释了产业内贸易对经济发展的促进作用，强调规模经济与产品种类扩大的影响。通过国际贸易，各国可以充分发挥规模经济，享受各国不同种类的产品，进而促进经济发展与提高福利。

第三，优化资源配置。异质性企业理论聚焦于对微观企业出口行为的研究，认为国际贸易能够促进资源配置效率的提高，淘汰低生产率企业，提升企业整体生产率水平，重构经济循环关系，提高经济循环效率。

第四，技术扩散。宏观经济学的基本理论认为，经济的长期增长取决于技术进步，贸易对技术进步，尤其是发展中国家技术进步的促进作用，主要体现在贸易带来的技术扩散。发展中国家通过与发达国家的分工与贸易，学习发达国家的先进技术和管理手段，这有助于技术落后的国家学习引进先进技术发展本国国内循环从而参与国际循环，享受经济全球化的红利。

第五，扩大总需求。也有学者从需求侧出发阐述贸易的影响机制。根据凯恩斯的宏观理论，总需求可以分为消费、投资、净出口，实现贸易顺差是促进经济增长的重要拉动力。此外，发展中国家在经济发展早期，国内市场尚未培育完全，可以通过积极参与国际循环，利用国外需求，较快实现工业化与现代化。

在具体文献方面，Atkin 和 Donaldson（2021）从发展中国家制度缺陷所带来的市场扭曲出发，研究国际贸易通过改善国内扭曲来促进经济发展。该研究将贸易对经济发展的影响机制分解为以下四点。一是机械效应，即单纯由技术进步带来贸易成本降低而导致的经济发展；二是要素贸易条件效应，为进口要素的相对价格变化而导致的经济增长；三是扭曲水平不变时贸易对资源配置的影响，即假设所有行业的扭曲水平不变，资源在高扭曲行业和低扭曲行业之间的再配置对福利的影响；四是改善扭曲水平本身而带来福利的提高。[①]苏庆义和王奉龙（2021）通过三类指标测算研究国内大循环的大国雁阵模式发展情况。结果表明，中国在国际金融危机之后形成了大国雁阵模式，大国雁阵模式的演进并非是线性的，劳动密集型产业在 2007 年附近向中西部地区转移，加工贸易转移大概发生在 2010 年。中国的大国雁阵模式具有省份的异质性特征并且发展模式速度较慢。[②] 黄群慧和倪红福（2021）对中国的双循环情况进行实证测算。从指标结果来看，中国国内经济循环的依赖程度在 90% 上下，从国际比较来看，依赖于国内循环的 GDP 占比中国排在第 5 位，这表明国内经济循环的主体地位基本确立。[③]

第四节　对浙江省实践及成绩的总结、评价与后续工作建议

浙江省高水平的对外开放实践通过提升生产、分配、流通、消费

[①] Atkin D., Donaldson D., "The Role of Trade in Economic Development", *National Bureau of Economic Research*, 2021.

[②] 苏庆义、王奉龙：《中国新发展格局的支撑：大国雁阵模式》，《中国经济学人（英文版）》2021 年第 16 期。

[③] 黄群慧、倪红福：《中国经济国内国际双循环的测度分析——兼论新发展格局的本质特征》，《管理世界》2021 年第 12 期。

四个环节的经济循环效率加快推进共同富裕进程。从共同富裕的内涵来看，党中央要求浙江省建设的是高质量发展的共同富裕示范区，这意味着共同富裕要建立在高质量发展的基础上，是与经济社会现代化发展相适应的共同富裕，是发展型经济社会向共富型经济社会跃升的过程。[①] 浙江省共同富裕示范区建设工作在前期搭建的"四梁八柱"基础上，紧紧围绕机制创新、改革探索和成果展示，加快打造一批标志性成果、探索形成一批共富机制性制度性创新模式、谋划实施一批重大改革方案，对示范区建设的认识更加深刻、思路更加清晰、体系更加完善、机制更加健全、方法更加有效、抓手更加有力，朝着既定目标稳步迈进。[②]

高质量的生产供给体系是实现共同富裕的基石。浙江省以高质量发展为主题，以供给侧结构性改革为主线，以数字化改革引领撬动质量变革、效率变革、动力变革，加快推动制造业数字化绿色化服务化转型，加快推动制造业由传统要素驱动向创新驱动跃升，聚焦发展质效、创新动能、产业结构、质量品牌、绿色发展五个维度加快推进先进制造业集群，围绕数字经济和高端制造业为主的新产业、新业态和新模式，推动产业链、供应链、价值链协同发展，基本形成高质量生产供给体系的基本发展框架和路径。

兼顾效率和公平的分配是实现共同富裕的应有之义。浙江省在共同富裕示范区建设实践探索中，形成了一批可复制推广的共富典型，推出了一批社会认可的共富理念，在坚持"保障最底层、提低扩中层、激励较高层"的共富发展导向的基础上，把握缩小收入差距这个共同富裕的关键难点，充分发挥新型城镇化、乡村全面振兴的战

[①] 黄祖辉、傅琳琳：《浙江高质量发展建设共同富裕示范区的实践探索与模式解析》，《改革》2022年第5期；郁建兴、任杰：《共同富裕的理论内涵与政策议程》，《政治学研究》2021年第3期。

[②] 郎金焕、祝立雄：《2022年浙江高质量发展建设共同富裕示范区主要举措与重要进展》，《浙江经济》2022年第12期。

略作用，①通过产业就业促进收入增加，通过收入分配调节缩小收入差距，通过资源资产市场化实现低收入群体对财富的共享。2020年，浙江省人均生产总值超过10万元，浙江省城乡居民收入倍差为1.96，远低于全国的2.56。浙江省在效率分配的基础上尽可能保证公平分配，促进了共同富裕。

降低要素流动成本和畅通产业流通体系是实现共同富裕的基本要求，这体现在降低生产要素在区域之间和产业之间流动的物理成本和制度成本两方面。在降低要素流动物理成本方面，浙江省坚持基础设施联通建设和数字化改革。在《长江三角洲地区交通运输更高质量一体化发展规划》的指导下，长三角地区的交通设施正在快速建设和完善。在降低制度成本方面，浙江省通过数字化改革积极推进政务服务跨省通办，目前浙江省已上线"跨省通办"两年多，跨省通办项目不断增加和完善，并向全国其他省份进行推广，极大地提高了长三角地区内的要素流动与资源配置效率。

提高广大群众消费水平和质量是实现共同富裕的必然追求。浙江省通过健全农村流通网络、实施数字生活新消费行动、实施繁荣商圈提能升级行动、实施优化消费环境规范市场秩序提高消费水平和质量。浙江省大力改造提升农产品批发市场，支持市场冷链系统、检验检测系统、安全可追溯系统和产销信息发布系统建设；加大食品安全监管体系建设的投入力度，完善流通领域市场信息系统和监管服务平台，加强对流通企业食品质量安全责任的监督；积极开展消费服务领域人工智能应用试点，加快研发可穿戴设备、移动智能终端、智能家居、医疗电子等智能化产品，带动5G智能终端、智能服务新消费；加快商贸流通领域法规体系建设，打破地区封锁、条块分割和行业垄断等行为，保障商品自由流通，维护公平竞争秩序。在提升产品质量和多样化程度、优化服务环境等方面提高了居民对

---

① 黄祖辉、傅琳琳：《浙江高质量发展建设共同富裕示范区的实践探索与模式解析》，《改革》2022年第5期。

美好生活的满足程度。

　　浙江省通过高水平对外开放提升经济循环效率，率先求解共同富裕普遍性难题，共同富裕的目标是缩小地区差距、城乡差距、收入差距，重点和难点在于农村。浙江省加大统筹区域发展力度、提升协调发展水平，通过加强县域经济发展缩小地区差距和城乡差距，通过强村富民乡村集成改革推进宜居宜业和美丽乡村建设，提高乡村基础设施建设、公共服务便利度、人居环境舒适度，构建橄榄型的收入分配结构增加群众收入，增进民生福祉，在实现中国式现代化的进程中形成了共同富裕的浙江经验和模板。

　　在未来的工作中，浙江省应重视调查研究在推进共同富裕过程中的作用。针对生产、分配、流通、消费四个环节制定相应的调查研究方案，要坚持实事求是的基本原则，综合运用座谈访谈、随机走访、问卷调查、专家调查、抽样调查、统计分析等方式，充分运用互联网和大数据等现代信息技术开展调查研究，特别是对具有普遍性和制度性的问题、涉及改革发展稳定的深层次关键性问题，要逐一形成问题清单、责任清单，形成相应的解决措施、责任单位、责任人和完成时限[①]，形成发现问题、解决问题、督查监督的正反馈机制。

[①] 中华人民共和国中央人民政府网：《中共中央办公厅印发〈关于在全党大兴调查研究的工作方案〉》，2023年3月19日，https://www.gov.cn/zhengce/2023-03/19/content_5747463.htm。

第四章　高水平开放激发各类市场主体活力

市场主体是经济社会发展的重要载体,"激发各类市场主体活力"是我国在"十四五"时期全面深化改革、构建高水平社会主义市场经济体制的重要任务,也是以习近平同志为核心的党中央立足坚持和完善社会主义基本经济制度,着眼全面建设社会主义现代化国家作出的重大战略部署。[①] 2021年6月印发的《中共中央　国务院关于支持浙江高质量发展建设共同富裕示范区的意见》(以下简称《意见》)中指出,浙江省要激发各类市场主体活力,"推动有效市场和有为政府更好结合,培育更加活跃更有创造力的市场主体,壮大共同富裕根基"。2021年7月发布的《浙江高质量发展建设共同富裕示范区实施方案(2021—2025年)》进一步明确提出,培育更加活跃更有创造力的市场主体,就要激发各类市场主体的活力,就需要营造稳定、公平、透明、可预期的良好营商环境。

第一节　浙江省共同富裕示范区建设前激发各类市场主体活力实践

浙江省注重市场主体培育。据浙江统计局统计,2021年浙江省在册市场主体868.5万户,比上年增长8.1%,净增市场主体65.2

---

① 郝鹏:《激发各类市场主体活力》,《国有资产管理》2021年第1期。

万户。其中，新设民营企业53.1万户，增长11.4%，占新设企业数的94.2%；在册民营企业290.4万户，增长11.5%，个体户549.2万户，增长6.6%，合计占市场主体的96.7%。① 2020年，新设外商投资企业2821家，占比7.3%，实际使用外资金额157.8亿美元，占比10.6%，在全国排第五位。②

民营企业在浙江经济的发展中起着举足轻重的作用。据浙江统计局统计，2021年规模以上工业中，民营企业比上年增长13.3%，增加值14070亿元，增加值占规模以上工业的69.5%，2021年民营工业企业利润同比增长24.0%，增速比规模以上工业高3.0个百分点，对工业利润增长的贡献率高达76.2%，比上年提高4.3个百分点。2021年，规模以上服务业企业中，民营企业营业收入比上年增长27.2%，高于规模以上服务业增速4.4个百分点，对规模以上服务业增长的贡献率为63.1%，拉动规模以上服务业增长14.4个百分点，其中规模以上服务业企业中，营业收入前100名企业营业收入合计14033亿元，比上年增长25.8%，增速高于规模以上服务业3个百分点，对规模以上服务业收入增长贡献率达57.4%，拉动规模以上服务业增长13.1个百分点。③

浙江省民营经济的发展也促进了国有经济的发展。特别是党的十八届三中全会指明国有企业与民营企业混合所有制改革方向以来，浙江民营经济与国有经济携手并进，资产同步增长，2011—2020年期间，浙江省国有企业固定资产投资占全省固定资产投资的比例保持在30%以上，民营企业（以非国有经济为主）则保持在60%以上。④ 总体而言，在《意见》出台前，浙江省激发各类市场主体活力

---

① 赵静：《浙江省第十四次党代会以来经济社会发展成就之民营经济篇》，《统计科学与实践》2022年第5期。
② 本文中的统计数字，由浙江省经信厅提供，下文不一一注释。
③ 赵静：《浙江省第十四次党代会以来经济社会发展成就之民营经济篇》，《统计科学与实践》2022年第5期。
④ 王志凯、何冲、王雪帆：《新时代浙江民营经济的创新路径与高质量发展》，《浙江大学学报》（人文社会科学版）2022年第8期。

的特色做法主要具有以下特点。

第一，构建富有浙江省特色的地方法规体系。2006年浙江省制定出台了全国首部中小企业发展条例——《浙江省促进中小企业发展条例》，这部条例为2017年修订出台的《中小企业促进法》提供了浙江经验和浙江方案。2020年，浙江省出台了全国省级层面促进民营企业法治的首部创制性法规《浙江省民营企业发展促进条例》，并出台配套政策20多个，构建公平竞争法治环境。同时，《浙江省数字经济促进条例》于2020年年底出台，是全国第一部以促进数字经济发展为主题的地方性法规，为再创浙江数字经济发展新优势提供法治保障。

第二，及时出台法规配套政策体系。一是及时出台地方法规配套政策。围绕《浙江省民营企业发展促进条例》重点条款，2020年和2021年共协调推动省级部门制定20项配套政策措施。例如制定出台了《浙江省银行业金融机构民营企业贷款"两个一致"实施意见（试行）》和《规范银行业金融机构对民营企业贷款保证担保的实施意见》等文件，督促金融机构对民营企业在贷款、发债、利率定价等五方面"一视同仁"，规范银行业金融机构对民营企业贷款自然人保证担保行为，减轻融资负担，提高民营企业融资可获得性，属于全国首创。二是出台综合性政策文件。贯彻中办、国办《关于促进中小企业健康发展的指导意见》，2020年年底以省委办公厅、省政府办公厅名义印发《关于促进中小企业健康发展的实施意见》，这是浙江省促进中小企业发展的新一轮综合性政策文件。三是出台专项性文件。例如，围绕专精特新培育，浙江省政府自2016年起先后出台《关于推进中小微企业"专精特新"发展的实施意见》《关于推进中小微企业"专精特新"发展的实施意见》《大力培育促进"专精特新"中小企业高质量发展的若干意见》《关于开展"雏鹰行动"培育隐形冠军企业的实施意见》等一批政策文件，对企业发展中创新、金融、财政、品牌、电商、资源要素等给予持续引导和支持。围绕小微企业园建设提升，2018年起先后出台《关于加快小微企业园高质量发展的实施意见》《关于进一步加强小微企业园建设和管理的指导意见》，推动小微企业园建设发展。

第三，扎实推动制造业优先发展。制造业是实体经济的基础、浙江省经济的命脉、富民强省的根基，在高质量发展建设共同富裕示范区中具有不可替代的作用要把扎实推动制造业高质量发展摆在推动民营企业发展的优先位置。具体而言，一是"一集群一方案"培育"415X"产业集群。围绕打造全球先进制造业基地的战略目标，以"415X"产业集群为关键立柱，按照总体谋划、分步培育、逐个推进的思路，明确重点培育集成电路、数字安防与网络通信、智能光伏、节能与新能源汽车及零部件、机器人与数控机床、生物医药与中医药、精细化工、特种材料8个特色优势产业集群，出台新一代信息技术、集成电路、生物医药等"一集群一方案"，开展集群竞赛、综合评价、督查考评。二是坚定实施"腾笼换鸟、凤凰涅槃"攻坚行动。统筹推进淘汰落后、创新强工、招大引强、质量提升。严格落实高耗低效企业整治提升，全年腾出用地5万亩、用能120万吨标准煤。深化"亩均论英雄"改革。扎实推进工业领域和七大高耗能行业碳达峰专项行动，加快工业碳效码推广，开展节能降碳技术改造，建设绿色制造体系，实现规上工业单位增加值能耗下降3.4%。三是培育优质企业，不断壮大富有竞争力的企业群体。浙江省加快构建以创新型中小企业、省级隐形冠军企业（"专精特新"中小企业）、"专精特新小巨人"企业、制造业单项冠军企业、产业链领航企业（雄鹰培育企业）为主体的梯度培育体系，将创新型中小企业、"专精特新"企业培育成为推动制造业高质量发展的基本盘。例如率先开展"小升规"，浙江省自2013年开始在全国率先开展"小升规"工作，壮大规上工业企业规模。浙江省规上工业数量已由2012年年底的34496家，增长到2021年年底的54299家，占全国的比重由2012年年底的10.61%稳步上升到2021年年底的13.2%，居全国第三位，成为浙江省经济稳增长、调结构、促转型的一支生力军，为"专精特新"企业培育夯实了基础力量。

浙江省激发各类市场主体的特色做法以及取得的成效为其在《意见》出台后高质量发展建设共同富裕示范区奠定了良好的基础。与此同时，也要看到民企发展一直走的是集群规模化之路，但规模经济效益是有边界的，当企业发展到一定规模，再进行规模扩张就会出现规模不经济，而要解决规模不经济的问题主要有两种方法："一是技术创新，即通过技术创新降低成本、提高产品附加值，从而在同样的资源投入和能耗情况下，规模不经济重新归于规模经济；二是建立自主品牌，获取市场定价权甚至是垄断定价权，提升产业和产品价值链"[①]。因此，要进一步激活市场主体活力，使民企通过技术创新与自主品牌的建设实现持续增长。

第二节 浙江省高水平开放激发市场主体活力的特色做法

《意见》出台后，浙江省经过一年多的先行先试实践探索，坚持在高质量发展中推动共同富裕，按照《浙江高质量发展建设共同富裕示范区实施方案（2021—2025年）》要求稳步推进。2022年1月浙江省召开民营经济发展大会，出台《关于推动新时代民营经济新飞跃的若干意见》，全力推动民营企业加快发展。2022年，浙江省修订《浙江省中小企业发展促进条例》，着力作出引领发挥中小企业在高质量发展建设共同富裕示范区中重要作用的制度设计。为了优化中小微企业发展环境，保障中小微企业公平参与市场竞争，维护中小微企业合法权益，支持中小微企业创业创新，促进中小微企业健康发展，发挥中小微企业在高质量发展建设共同富裕示范区中的重

---

① 王志凯、何冲、王雪帆：《新时代浙江民营经济的创新路径与高质量发展》，《浙江大学学报》（人文社会科学版）2022年第8期。

要作用，2023年1月16日，浙江省第十四届人民代表大会第一次会议上全票通过《浙江省促进中小微企业发展条例》（以下简称《中小微企业发展条例》），于3月1日起施行。这是国内首部省级层面的中小微企业保障法规。《中小微企业发展条例》共10章65条，以促进中小微企业高质量发展为目标，为中小微企业提供了全生命周期法治保障，推动降低生产经营成本，助力中小微企业创新发展。

根据《中小微企业发展条例》第二条规定，中小微企业是指在浙江省行政区域内依法设立符合国家中小微企业划分标准的企业，包括中型企业、小型企业和微型企业。据统计，截至2022年年底，浙江省中小微企业数量已接近300万家，其中微型企业在浙江省企业分布中占比接近85％。在当前形势下，基于微型企业抗风险能力较弱的现实，浙江省此次立法体现了促进微型企业发展的鲜明导向，旨在为中小微企业高质量发展营造稳定、公平、透明、可预期的发展环境。《中小微企业发展条例》第三条明确规定县级以上人民政府应当加强对中小微企业发展促进工作的领导，将促进中小微企业发展纳入国民经济和社会发展规划，建立健全协调机制，统筹政策制定，督促检查政策落实，协调解决重大问题，并将支持中小微企业发展相关指标纳入高质量发展绩效评价体系。司法机关依法为保护中小微企业合法权益、促进中小微企业发展提供司法保障。从而，通过立法为中小微企业发展保驾护航，激发民营经济发展活力。

第一，加强服务保障和权益维护，优化中小微企业营商环境。《中小微企业发展条例》在第七章和第八章分别规定了服务保障和权益维护措施以优化小微企业营商环境。其中，第四十五条规定，县级以上人民政府及其有关部门应当完善政府公共服务、市场化服务、社会化公益服务相结合的中小微企业服务体系，为中小微企业提供规范化、专业化、多层次服务。第四十六条规定，经济和信息化主管部门可以通过发放服务券等方式，对购买市场化服务的中小微企业给予支持。服务券可以用于提供创业辅导、人才引进、技能培训、数字化应用、质量认证、市场开拓等服务。此外，《中小微企业发展条例》还规定为中小微企业提供人才支撑，鼓励大型企业联合高等院校、职业院校、中小微企业、行业协会共同组建产教融合集团或者联盟。支持中小微企业与高等院校、职业院校、科研机构等联合设立产业学院，培养工程师，探索采取订单方式培养产业技术技能人才。鼓励中小微企业依托职业院校、乡镇成人学校、社区学校、企业职工培训中心以及社会民办培训机构开展职业技能培训。支持中小微企业参与制定职称评审标准，与企业相关的职称评审委员会、专家库应当吸纳一定比例的中小微企业专家。根据高质量发展建设共同富裕示范区的需要，浙江省有关部门在实施高层次人才特殊支持计划等省级重点人才工程时，对山区、海岛县（市、区）引进高层次人才或者团队适当给予倾斜。

在权益保护方面，明确规定中小微企业财产权、经营权和其他合法权益受法律保护。任何单位和个人不得侵犯中小微企业及其经营者的合法权益。县级以上人民政府及有关部门实施监督检查，应当综合考虑中小微企业的信用等级、违法风险程度等因素，合理确定随机抽查的比例和频次，不得妨碍企业正常生产经营活动。行政机关、司法机关应当依法慎重使用查封、扣押、冻结等强制措施；确需查封、扣押、冻结的，应当最大限度降低对中小微企业正常生产经营活动的影响，不得超标或者超范围查封、扣押、冻结财产，并在条件允许情况下为企业预留必要的流动资金和往来账户。

第二，实行统一的市场准入制度，保障中小微企业公平参与市场竞争。《中小微企业发展条例》第二十五条明确规定，县级以上人民政府及其有关部门应当按照国家规定实行统一的市场准入和市场监管制度，保障中小微企业公平参与市场竞争。市场准入按照国家有关规定实行负面清单制度。未列入负面清单的行业、领域等，中小微企业均可以依法平等进入。《中小微企业发展条例》明确规定中小微企业均可以依法平等进入未列入负面清单的行业、领域、业务等，通过地方立法为中小微企业公平参与市场竞争提供保障。此外，《中小微企业发展条例》第二十六条、第二十七条对于确保中小微企业公平参加政府采购作出明确规定，包括政府采购应当合理确定采购项目的采购需求，不得以企业注册资本、资产总额、营业收入、从业人员、利润、纳税额等规模条件和财务指标作为供应商的资格要求或者评审因素，不得在企业股权结构、经营年限等方面对中小微企业实行差别待遇或者歧视待遇，不得以其他不合理条件限制或者排斥中小微企业。中小微企业参加政府采购活动的，除按照国家规定出具中小微企业声明函外，任何单位和个人不得要求其提供属于中小微企业的其他身份证明文件。县级以上人民政府有关部门编制部门预算时，应当制定本部门面向中小微企业预留采购份额的具体方案。向中小微企业预留的采购份额应当符合国家和省有关规定，并在年度政府采购预算中列示。政府采购的采购人和采购代理机构应当落实预留采购份额、价格评审优惠、优先采购等措施，支持中小微企业发展。第二十八条则规定县级以上人民政府及其有关部门应当通过组织开展线上线下推介洽谈会、供需对接会、展览展销会等方式，扶持、引导中小微企业与大型企业开展产业链供应链上下游协作配套，促进中小微企业的产品和服务进入大型企业的产业链供应链或者采购系统。

第三，布局建设小微企业园，积极扶持小微企业发展。《中小微企业发展条例》在总结浙江省实践经验的基础上，在第十一条规定，县级以上人民政府应当根据当地产业发展定位和资源禀赋，布局建设不同功能定位的小微企业园，统筹新增和存量建设用地使用，优先支持通过工业用地整治改造、城镇低效用地再开发等方式，保障小微企业园建设用地。同时，明确小微企业园建设应当坚持准公共属性，强化企业集聚、产业集群、要素集约、服务集成、治理集中等功能，按照生产、生活、生态融合理念，建设成为基础设施配套齐全、公共服务便捷优化、社会服务高效集成的现代产业社区。支持有条件的小微企业园实施数字化、智能化建设。第十三条要求县级以上人民政府应当支持小型微型企业创业基地、众创空间、孵化基地等创业创新载体建设，在场所用地、基础设施建设、公共管理服务等方面按照规定提供税收优惠和收费减免等优惠条件，降低小型微型企业初创成本，提高入驻企业孵化成功率。开发区（园区）应当建设创业创新载体，为小型微型企业提供公益性或者低成本的生产经营场所和服务。

第四，建立健全梯度培育体系，培育专业化、精细化、特色化、创新型（以下简称"专精特新"）企业。党的二十大报告明确指出"支持专精特新企业发展"。依照2022年6月工业和信息化部印发的《优质中小企业梯度培育管理暂行办法》第二条规定，优质中小企业是指在产品、技术、管理、模式等方面创新能力强、专注细分市场、成长性好的中小企业，由创新型中小企业、"专精特新"中小企业和"专精特新小巨人"企业三个层次组成。其中，创新型中小企业具有较高专业化水平、较强创新能力和发展潜力，是优质中小企业的基础力量；"专精特新"中小企业实现专业化、精细化、特色化发展，创新能力强、质量效益好，是优质中小企业的中坚力量；"专精特新小巨人"企业位于产业基础核心领域、产业链关键环节，创新能力突出、掌握核心技术、细分市场占有率高、质量效益好，是优质中小企业的核心力量。

"专精特新小巨人"企业，是创新能力强、质量效益优的排头兵。这支队伍，是浙江省经济破难而行的一支可靠力量，也是构建现代产业体系的重要一环。[①] 浙江省在"专精特新"企业培育工作方面起步早、力度大，成效也比较明显。2016年开始，浙江省即借鉴

[①] 戴睿云、陆乐、蒋欣如、黄珍珍：《代表委员从浙江视角解读政府工作报告热词——扬优势补短板，为全国大局多作贡献》，《浙江日报》2023年3月7日第3版。

德国经验，开展隐形冠军培育，制定认定标准，并几经迭代升级，每年开展"隐形冠军"认定培育，截至目前，累计评价认定隐形冠军企业282家，其中已有181家入选为"专精特新小巨人"企业，并以隐形冠军培育企业为基础，培育省级"专精特新"中小企业2310家。隐形冠军与国家"专精特新小巨人"相比，虽然叫法不同，但两者的评价条件和标准高度一致。浙江省列入国家"专精特新小巨人"企业数量之所以居全国第一，是从隐形冠军及其培育企业中组织申报，择优推荐，比较精准。

《中小微企业发展条例》第十六条明确规定，县级以上人民政府应当建立健全中小微企业梯度培育体系，制定分层分类的扶持政策，坚持普惠服务与精准服务相结合，推动中小微企业高质量发展。县级以上人民政府应当制定和完善引导中小微企业专业化、精细化、特色化、创新型发展的政策措施，支持中小微企业融入、服务国家和省发展战略，推动企业聚焦主业加快转型升级，提升创新能力和发展水平。浙江省经济和信息化主管部门应当会同有关部门制定中小微企业"专精特新"发展产业领域目录，聚焦发展高新技术产业，重点培育发展高技术制造业、高技术服务业的中小微企业。经济和信息化、科学技术等部门应当加强"专精特新"企业、高新技术企业和科技型、创新型中小微企业培育，促进企业创新发展。

《中小微企业发展条例》进一步加大了对中小微企业走"专精特新"发展道路的支持，规定省"专精特新"产业领域目录应当重点培育高技术制造业、高技术服务业的中小微企业，区域性股权市场设立专精特新板，并明确中小微企业发展基金主要用于引导和带动社会资金支持初创期中小微企业、"专精特新"中小微企业。

第五，利用数字技术为企业发展减负降本。浙江省积极贯彻落实党中央、国务院对减负降本工作的决策部署，聚焦企业"政策看不全、流程看不到、结果无感知"的痛点、难点，统筹运用数字化技术、数字化思维、数字化认知,突出减负降本核心业务流程再造、高效协同,探索使用"V字模型",突破标准关、改革关、集成关,在全国首创"一指减负"数字化改革场景应用,实现"减负政策一指查询""条件匹配一指评估""满足条件一指办理""上下联动一体推进""减负效果一指评价"五部曲,形成减负工作闭环。改革后,企业可通过浙里办、企业码登录,知道自己"减什么、减多少、怎么减"。[①] 政府部门通过浙政钉,清楚了解"减了谁、在哪减、减得怎么样",企业体验感获得感不断提升。目前,这项数字化应用已实现"一地创新、全省共享",累计访问量1333万家次,企业五星好评率99.62%,制造业等实体经济行业企业受益最为明显。

此外,浙江省大力推进数字化改革,建设数字经济系统。以"产业大脑+未来工厂"为核心,产业大脑为未来工厂提供各种预测预警和战略管理能力,让工厂更智慧;未来工厂为产业大脑反向输出SaaS化组件,让大脑更强大。到目前为止,已打造覆盖第一、第二、第三产业的细分行业产业大脑96个、未来工厂41家、未来农场10家、未来实验室10家、智能工厂(数字化车间)512家。通过未来工厂建设,企业平均生产效率提升54%、成本降低19%、产品不良率降低36%、能源利用率提升17%。通过细分行业产业大脑建设,平均为工业企业用户降低成本12.9%,提高效益21.5%。

浙江省民营企业和中小企业互为主体、高度重叠,民企条例重在促进和保障公平竞争的法治环境,中小微企业条例重在推动改善和优化助小扶微的政策环境,两部条例有序衔接、互为补充,共同构建具有鲜明浙江辨识度的促进中小微企业与民营企业高质量发展的地方法规体系,为浙江省优化营商环境激发各类市场主体活力提供了法治保障。

[①] 陈畴镛:《小切口大场景牵引数字化改革走深走实》,《浙江经济》2021年第12期。

第三节　浙江省高水平开放激发各类市场主体活力的理论意涵

《意见》中明确提出浙江省要激发各类市场主体活力，需要加快建设高标准市场体系，持续优化市场化法治化国际化营商环境，实施统一的市场准入负面清单制度。

一　建设高标准市场体系

2021年1月中共中央办公厅、国务院办公厅印发的《建设高标准市场体系行动方案》开篇即指出："建设高标准市场体系是加快完善社会主义市场经济体制的重要内容，对加快构建以国内大循环为主体、国内国际双循环相互促进的新发展格局具有重要意义。"为构建更加成熟、更加定型的高水平社会主义市场经济体制，进一步激发各类市场主体活力，《建设高标准市场体系行动方案》提出以下总体要求："充分发挥市场在资源配置中的决定性作用，更好发挥政府作用，牢牢把握扩大内需这个战略基点，坚持平等准入、公正监管、开放有序、诚信守法，畅通市场循环，疏通政策堵点，打通流通大动脉，推进市场提质增效，通过5年左右的努力，基本建成统一开放、竞争有序、制度完备、治理完善的高标准市场体系，为推动经济高质量发展、加快构建新发展格局、推进国家治理体系和治理能力现代化打下坚实基础"。这为当前形势下破除不合理的体制机制障碍，激发各类市场主体的活力和创造力，建设高标准市场体系指明了方向，要坚持市场化改革，让市场在资源配置中起决定性作用，不断健全市场化体系，形成有效市场，而政府围绕市场主体的经济活动开展服务，则能推动有效市场和有为政府更好结合，构建高水平社会主义市场经济体制。

具体而言，推进高标准市场体系建设，需要夯实市场体系基础制度，推进要素资源高效配置，改善提升市场环境和质量，实施高水平市场开放，完善现代化市场监管机制。为此，我国一方面应以要素市场化配置综合改革为抓手，推进土地、劳动力、资本、技术、数据等要素市场化改革，完善要素市场运行机制与交易服务体系；另一方面，应从全国层面夯实市场体系基础制度，完善平等保护产权的法律法规体系、健全产权执法司法保护制度、强化知识产权保护、健全农村集体产权制度，加快形成高效规范、公平竞争的国内统一市场。

推进高标准市场体系建设，加快形成全国统一大市场，还需加快转变政府职能，持续推进"放管服"改革，提高政策的稳定性、公平性与可预见性。2022年《政府工作报告》提出，抓紧完善重点领域、新兴领域、涉外领域监管规则，创新监管方法，提升监管精准性和有效性。在政策实施方面，政府需要关注市场主体的中长期需要，兑现向市场主体承诺的优惠政策，避免出现减少或取消优惠政策的现象，增强优惠政策的公信力和预期性。[1]

二 持续优化市场化法治化国际化营商环境

党的十八大以来，习近平总书记围绕优化营商环境发表了一系列重要论述，强调不断优化营商环境。2016年11月19日，习近平主席在出席亚太经合组织工商领导人峰会并发表主旨演讲中强调："我们将加大放宽外商投资准入，推进国内高水平高标准自由贸易试验区建设，完善法治化、便利化、国际化的营商环境，促进内外资企业一视同仁、公平竞争。"[2] 2017年7月17日，习近平总书记在中央财经领导小组第十六次会议上强调："要改善投资和市场环境，加快对外开放步伐，降低市场运行成本，营造稳定公平透明、可预期的

---

[1] 赖先进：《从便利化向市场化法治化国际化全面推进：持续优化营商环境的策略》，《行政与法》2022年第5期。

[2] 《习近平外交演讲集》第一卷，中央文献出版社2022年版，第452页。

营商环境。"① 2020年1月1日起施行的《优化营商环境条例》第四条规定，优化营商环境应当坚持市场化、法治化、国际化原则，以市场主体需求为导向，以深刻转变政府职能为核心，创新体制机制、强化协同联动、完善法治保障，对标国际先进水平，为各类市场主体投资兴业营造稳定、公平、透明、可预期的良好环境。2021年3月，十三届全国人大四次会议通过的《中华人民共和国国民经济和社会发展第十四个五年规划和2035年远景目标纲要》中指出，深化简政放权、放管结合、优化服务改革，全面实行政府权责清单制度，持续优化市场化法治化国际化营商环境。党的二十大报告指出，"依法保护外商投资权益，营造市场化、法治化、国际化一流营商环境"。② 营造国际一流营商环境，有利于打造稳定与可预期的投资环境，增加投资者的信心，减少投资风险，降低经济运行成本，激发各类市场主体的活力。营商环境建设涉及一国财政、金融、外汇、投资、人才、标准体系等国内监管制度。优化营商环境，需要取消阻碍外国企业的国内烦琐程序，降低因监管差异和不透明带来的成本。其中，法治化营商环境建设是我国营造国际一流营商环境的重中之重。

第一，加快法律法规的"立改废"，为营造国际一流营商环境提供法治保障。2020年1月正式实施的《优化营商环境条例》将近几年"放管服"改革中行之有效的经验做法上升为法规，并对标国际先进水平，形成当前我国营造国际一流营商环境的基本制度规范。2020年开始实施的《外商投资法》及其配套法规确立了我国新时期外商投资监管法律框架。2022年全国人大常委会首次对《外商投资法》实施情况开展检查，结果显示我国已累计推动各地区各部门修

---

① 《习近平主持召开中央财经领导小组第十六次会议强调——营造稳定公平透明的营商环境　加快建设开放型经济新体制》，《人民日报》2017年7月18日第1版。
② 习近平：《高举中国特色社会主义伟大旗帜　为全面建设社会主义现代化国家而团结奋斗》，《人民日报》2022年10月17日第2版。

订或废止399部法规、规章和规范性文件，并取消了一系列涉及外资企业设立和变更事项审批的规定，但是外商投资法律制度涵盖众多领域，各领域的制度性文件层次多元、体系庞杂，仍然存在现行有效法律法规的内容与《外商投资法》及其配套制度不衔接或者相互矛盾的情况，给外商投资监管和司法带来法律适用困难。① 为此，优化营商环境还需不断完善外商投资管理制度，全面落实外商投资法及其实施条例，深入开展与外商投资法不符的法规、规章和规范性文件"立改废"。

第二，依法行政，加强政府管理规范化和透明化。透明度原则是当前国际社会解决一系列复杂的全球经济、政治和伦理问题的关键政策工具，包括信息的公开、获得信息的机会和可能、决策和决定程序的公开、决策和决定的理由公开等内容。世界银行2022年发布的新版营商环境评价体系中，其确立的新方法中将透明度视为贯穿于商业准入、经营地址、公用事业连接、劳动力、金融服务、国际贸易、税收、争端解决、市场竞争和企业破产十个领域的重要标准之一。因此，进一步优化和完善我国的营商环境，需要加强监管透明度建设。

第三，加强市场主体权益保障，切实保护各类市场主体的合法权益。具体而言，一是保障各类市场主体依法平等适用国家各项支持政策；二是保障各类市场主体平等参与国家标准、行业标准、地方标准和团体标准的制定工作，提高标准化工作的公开性和透明度；三是提高行政执法公平性，将各类市场主体平等对待；四是破除行业壁垒和地方保护，保障各类市场主体依法通过公平竞争参与政府采购、招投标活动。

第四，加快国内法律监管制度体系与国际高标准规则相衔接。在

---

① 中国人大网：《全国人民代表大会常务委员会执法检查组关于检查〈中华人民共和国外商投资法〉实施情况的报告》，2023年3月31日，http://www.npc.gov.cn/npc/c30834/202210/ece32ab2e6f54c4caac8c2286bd59b88.shtml。

当前全球经济增长放缓的趋势下，各国引资竞争激烈，一些国家在营商环境建设方面不断进行政策创新，我国需及时研究国际一流营商环境国家的最新政策实践，并结合我国国情和实践情况，及时制定并推出有助于提升我国投资吸引力的政策举措。与此同时，近年来，我国逐步升级已有自由贸易协定，并与更多国家和地区商签新的高标准经贸协定。例如，2022年1月，《区域全面经济伙伴关系协定》（RCEP）已对我国生效。2021年9月和11月，我国分别提出申请加入《全面与进步跨太平洋伙伴关系协定》（CPTPP）和《数字经济伙伴关系协定》（DEPA）。为此，我国需做好国内法律监管制度体系与这些高标准国际经贸规则的对接工作。

三 实施统一的市场准入负面清单制度

2020年5月，中共中央、国务院发布的《关于新时代加快完善社会主义市场经济体制的意见》提出建立市场准入负面清单动态调整机制。2021年1月中共中央办公厅、国务院办公厅印发的《建设高标准市场体系行动方案》中再次明确，全面实施市场准入负面清单制度，全面落实"全国一张清单"管理模式。严禁各地区各部门自行发布具有市场准入性质的负面清单。健全市场准入负面清单动态调整机制。建立覆盖省、市、县三级的市场准入隐性壁垒台账，畅通市场主体对隐性壁垒的意见反馈渠道和处理回应机制。制定市场准入效能评估标准并开展综合评估。因此，在推进市场化营商环境的建设中，需要政府监管部门及时根据市场发展和成熟程度进行动态调整，放宽准入限制，进一步开放市场。当前，我国存在四类与市场准入相关的负面清单。

一是《市场准入负面清单（2022年版）》，列有禁止准入事项6项，许可准入事项111项，共计117项。市场准入负面清单分为禁止和许可两类事项。对禁止准入事项，市场主体不得进入，行政机关不予审批、核准，不得办理有关手续；对许可准入事项，包括有关资格的要求和程序、技术标准和许可要求等，或由市场主体提出申请，行政机关依法依规作出是否予以准入的决定，或由市场主体依照政府规定的准入条件和准入方式合规进入；对市场准入负面清单以外的行业、领域、业务等，各类市场主体皆可依法平等进入。《市场准入负面清单（2022年版）》依法列出我国境内禁止或经许可方可投资经营的行业、领域、业务等。针对非投资经营活动的管理措施、准入后管理措施、备案类管理措施、职业资格类管理措施、只针对境外市场主体的管理措施以及针对生态保护红线、自然保护地、饮用水水源保护区等特定地理区域、空间的管理措施等不列入市场准入负面清单，遵从其相关规定。列入清单的市场准入管理措施，由法律、行政法规、国务院决定或地方性法规设定，省级人民政府规章可设定临时性市场准入管理措施。市场准入负面清单未直接列出的地方对市场准入事项的具体实施性措施且法律依据充分的，按其规定执行。清单实施中，因特殊原因需采取临时性准入管理措施的，经国务院同意，可实时列入清单。按照党中央、国务院要求编制的涉及行业性、领域性、区域性等方面，需要用负面清单管理方式出台相关措施的，应纳入全国统一的市场准入负面清单。产业结构调整指导目录、政府核准的投资项目目录纳入市场准入负面清单，地方对两个目录有细化规定的，从其规定。地方国家重点生态功能区和农产品主产区产业准入负面清单（或禁止限制目录）及地方按照党中央、国务院要求制定的地方性产业结构禁止准入目录，统一纳入市场准入负面清单。各地区、各部门不得另行制定市场准入性质的负面清单。

二是《外商投资准入特别管理措施（负面清单）（2021年版）》（以下简称《外商投资准入负面清单》），列有特别管理措施31项。根据《外商投资准入负面清单》说明，对于其适用问题需要注意以下几个方面：一、《外商投资准入负面清单》统一列出外商投资准入方面的特别管理措施，例如股权要求、高管要求等，对于清单之外的领域，按照内外资一致原则实施管理，即境内外投资者统一适用《市场准入负面清单》的有关规定；二、境外投资者拟投资《外商投资准入负面清单》内领域，但不符合《外商投资准入负面清单》规定的，相关部门不予办理许可、企业登记注册等相关事项；涉及固定资产投资项目核准的，不予办理相关核准事项；投资有股权要求的领域，不得设立外商投资合伙企业；三、特定外商投资经国务院有关主管部门审核并报国务院批准可以不适用《外商投资准入负面清单》中相关领域的规定；四、《外商投资准入负面清单》中未列出的文化、金融等领域与行政审批、资质条件、国家安全等相关措施，按照现行规定执行；五、《内地与香港关于建立更紧密经贸关系的安排》及其后续协议、《内地与澳门关于建立更紧密经贸关系的安排》及其后续协议、《海峡两岸经济合作框架协议》及其后续协议、我国缔结或者参加的国际条约、协定对境外投资者准入待遇有更优惠规定的，可以按照相关规定执行，此外在自由贸易试验区等特殊经济区域对符合条件的投资者实施更优惠开放措施的，按照相关规定执行。①

三是《自由贸易试验区外商投资准入特别管理措施（负面清单）（2021年版）》（以下简称《自贸试验区负面清单》），列有特别管理措施27项。《自贸试验区负面清单》统一列出适用于自由贸易试验区的外商投资准入方面的特别管理措施，主要是股权要求、高管要求等。外商投资企业在自由贸易试验区内投资，要遵守《自贸试验区负面清单》规定，清单之外的领域，境内外投资者统一适用《市场准入负面清单》的有关规定，按照内外资一致原则实施管理。

四是《海南自由贸易港外商投资准入特别管理措施（负面清单）（2020年版）》（以下简称《自由贸易港负面清单》），列有特别管理措施27项。《自由贸易港负面清单》主要统一列出适用于海南岛全岛外商投资准入方面的特别管理措施。《自由贸易港负面清单》之

---

① 参见《外商投资准入特别管理措施（负面清单）（2021年版）》说明部分。

外的领域，按照内外资一致原则实施管理。

2021年10月商务部发布的《"十四五"利用外资发展规划》提出，坚持实施更大范围、更宽领域、更深层次对外开放，持续放宽外商投资市场准入。"十四五"时期，一是压减外商投资准入负面清单。减少全国和自贸试验区、自由贸易港外商投资准入负面清单特别管理措施，持续推进制造业、服务业、农业扩大开放，逐步放宽外商投资股比限制，在更多领域允许外资控股或独资经营。优化负面清单形式，细化特别管理措施内容，提高负面清单透明度。在负面清单之外领域，按照内外资一致原则，严格实行"非禁即入"。二是放宽重点领域准入门槛。有序推进电信、互联网、教育、文化、医疗等领域相关业务开放。推动放宽外商投资法律、运输等行业业务范围、人员资质等要求。稳妥推进银行、证券、保险、基金、期货等金融领域开放。稳步深化资本市场对外开放，放宽优质外国投资者对上市公司战略投资条件。三是持续减少市场准入限制。进一步缩减市场准入负面清单，减少仓储和邮政业、信息传输、软件和信息技术服务业、租赁和商务服务业、科学研究和技术服务业及文化、体育和娱乐业等领域准入许可事项，降低市场准入门槛。[①]

第四节 浙江省激发市场主体活力的显著成效及借鉴意义

民营经济是浙江省经济的最大特色和最大优势，是浙江省的金字招牌。截至2021年年底，全省民营经济规模达4.92万亿元，占全省经济总量的67%，民间投资占比58.8%，税收占比73.4%，出口占比81.6%，就业占比87.5%，市场主体占比96.7%。2021年，浙江省民营企业和个体经济面对复杂多变的国内国际环境和新冠疫情

---

① 商务部：《"十四五"利用外资发展规划》，https://www.gov.cn/zhengce/zhengceku/2021-10/22/5644286/files/fd457e80f1b5470fad7ce3477f5e7829.pdf，第9—10页。

冲击，积极迎接挑战，继续保持了稳定发展。民营经济创造增加值49200亿元，占GDP的67%，比重比上年提高0.2个百分点。其中个体私营经济发展尤为迅速，个私经济增加值现价增速15.4%左右，比GDP增速高1.8个百分点，占GDP比重64%左右，比上年提高1.0个百分点，比重逐年稳步提升，全省为企业减负超过2500亿元，民营经济、普惠型小微企业、制造业中长期贷款分别增长18.2%、30.1%和47.1%。[1] 2022年上半年，规模以上工业中，民营企业增加值增长6.1%，高于规模以上工业增加值增速0.6个百分点。

一是培养了一批优秀民营企业。2022年9月7日，全国工商联发布"2022中国民营企业500强"榜单，浙江省107家企业入围，入围企业数量连续24年蝉联全国首位。并且，2022年浙江省入围企业的总营业收入也超过广东省，跃居全国第一。2022年，浙江省9家企业上榜世界500强，数量再创历史新高，分别是阿里巴巴、物产中大、荣盛控股、吉利控股、青山控股、恒逸集团、浙江交投、杭钢集团、海亮集团，较2021年再新增1家（杭钢集团），其中5家属于民营企业。此外，"专精特新小巨人"企业数量居全国首位。截至目前，在全国前四批"专精特新小巨人"中，浙江省累计培育1068家，居全国首位，是全国唯一超千家的省份；其中，201家入选中央财政支持的重点"小巨人"，居全国首位。

二是民间投资增长较快。根据浙江统计局数据显示，2021年，浙江省民间投资增长8.9%，占全部固定资产投资的58.8%，拉动全部投资增长5.3个百分点，增长贡献率49.4%。成为拉动浙江省投资增长的主要力量。从投资的行业范围看，浙江省民间投资涉足面已相当广泛，基本覆盖国民经济的各个领域，在发电、能源勘探开发、金融服务等垄断行业都有所突破，投资形式灵活多样。对外投资方面，2021年，浙江省民营企业累计对外投资企业（机构）644

---

[1] 赵静：《浙江省第十四次党代会以来经济社会发展成就之民营经济篇》，《统计科学与实践》2022年第5期。

家，占全省总数的95.69%，同比增长5.92%；对外直接投资备案额84.31亿美元，占全省备案总额的93.77%，主要涉及制造、科技研发和批发零售等行业。[①]

三是民营企业社会贡献不断提高。浙江统计局数据显示，2021年，浙江省税收收入的73.4%来自民营经济，比2016年提高2.2个百分点；民营企业货物出口2.46万亿元，进口6814亿元，分别占全省总额的81.6%和60.3%，比2016年提高6.1和9.1个百分点，对全省外贸增长的贡献率达76.0%；民营经济就业人员占比为87.5%，成为吸纳新增就业、增加居民收入的重要渠道；民办养老机构占比超过一半以上；民营卫生机构占53.3%，比2016年提高7.8个百分点。民间公共服务领域投资199.8亿元，增长19.6%，分别比全部投资和民间投资高出8.8和10.7个百分点。从行业看，教育设施，广播、电视、电影和音像业，体育设施和卫生设施等投资增速均超过了15%，分别增长17.9%、24.1%、126.9%、17.9%。[②]

四是提供精准服务激发市场活力。首先是"万名干部助万企"精准服务。25174名助企服务员"一对一"服务，围着企业转、奔着问题办、帮着企业干，累计受理企业诉求28747件，答复办结26654件，办结率92.7%。其次是"十链百场万企"激发市场活力。2022年6—7月，省市县联动、政银企携手，以"数智赋能、集群顶梁、工业奋进"为主题，开展"十链百场万企"活动，搭建整零对接、芯机对接、产才对接、产销对接、产技对接、产融对接平台，拓展产品订单，提振企业信心。截至目前，全省已举办对接活动103场，参与企业11214家，对接订单468亿元、融资997亿元、项目454个、专业人才1631人。

综上可知，浙江省激发各类市场主体活力的实践已取得显著成

---

① 赵静：《浙江省第十四次党代会以来经济社会发展成就之民营经济篇》，《统计科学与实践》2022年第5期。

② 赵静：《浙江省第十四次党代会以来经济社会发展成就之民营经济篇》，《统计科学与实践》2022年第5期。

效，在疫情期间以及我国发展面临的外部环境日益复杂的情况下，浙江省的特色做法激活了民营企业的活力，特别是中小微企业，并已经形成可复制可推广的"浙江经验"，这对全国其他地区具有重要的借鉴意义。

第五节　结语与政策建议

促进共同富裕需要把握的重要原则之一是坚持基本经济制度，即"要坚持公有制为主体，多种所有制经济共同发展，大力发挥公有制经济在促进共同富裕中的重要作用，同时要促进非公有制经济健康发展、非公有制经济人士健康成长"。[①] 并且，在高质量发展中促进共同富裕，需要提高发展的平衡性、协调性和包容性，其中很重要的一环即"要支持中小企业发展，构建大中小企业相互依存、相互促进的企业发展生态"。[②] 综上，浙江省要在高水平开放中有效激发各类市场主体活力，还需在以下方面继续发力。

一是在技术创新基础上推进高标准市场体系建设。市场体系建设，既有赖于制度规则等"软件"的改革和完善，也依托于市场基础设施等"硬件"的发展。[③] 浙江省近年来快速增长的数字基础设施等新基建，为建设高标准的市场体系奠定了重要物质技术支撑。浙江省可全力推进数字化改革。争取"大脑"建设走在前列，重大应用有标志性，推进产业大脑能力中心市场化运营，加强重大应用综合集成、快速迭代上线，进一步提升实战实效，新上线浙商在线、浙里e物流两个重大应用，重点培育浙企智造在线、科技企业成长在线等重大应用。持续抓好未来工厂提质扩面，加快标准制修订，调动企业申报热情。

[①]《习近平谈治国理政》第四卷，外文出版社2022年版，第142页。
[②]《习近平谈治国理政》第四卷，外文出版社2022年版，第144页。
[③] 刘世锦：《加快建设高标准市场体系的重要战略部署》，《财经界》2021年第6期。

二是持续优化营商环境。"法治是最好的营商环境"。浙江省出台的《中小微企业发展促进条例》为激发中小微企业活力提供了法治保障，现在条例出台后关键看是否能够贯彻落实，释放制度保障红利。因此，浙江省需要对《中小微企业发展促进条例》实施情况及时进行评估。此外，浙江省可按照简政便民、提高效率原则，系统研究制定提升政务服务能力和水平的地方法规，可以对标世界银行营商环境评价指标体系，参照北京、上海、深圳等地相关指标最优值和典型实践案例，制定包括开办企业、办理建筑许可、获得电力、不动产登记、投资审批、工程项目审批、不动产登记与查询、办税、跨境贸易、合同执行、办理破产等具体规定。同时，在证照签章电子化、简化证明事项等方面，也要完善相关规定。[1]

三是全力稳企业强主体。浙江省应将一些良好的激发市场主体活力的做法持续推进，例如"万名干部助万企"活动，可以争取减负减得更多、力度更大、速度更快。深入推进防范和化解拖欠中小企业账款专项行动，建立保障中小企业款项支付长效机制。也应继续全力抓项目扩投资，建立投资亿元以上、近期可投产达产项目清单，开展动态跟踪，尽快形成工业产出增量。打造数字经济"一号工程"升级版，出台实施《关于打造数字经济"一号工程"升级版的实施意见》《以"产业大脑+未来工厂"为引领加快推进制造业数字化转型行动方案》。提升集成电路、高端软件等产业能级，加快推进规上工业企业数字化改造全覆盖。全力培育"415X"产业集群，形成"415产业集群+'新星'产业群+未来产业先导区"的培育体系。推进节能降碳减排，实施《浙江省工业节能降碳技术改造行动方案（2022—2024年）》，全面建设绿色制造体系，保持绿色工厂、绿色园区、绿色供应链、绿色产品等创建工作走在全国前列。

---

[1] 吴可人：《与时俱进推动浙江优化营商环境立法》，《浙江经济》2021年第9期。

第五章　高水平开放扩大中等收入群体

实施更加开放的人才政策，激发人才创新活力，是扩大中等收入群体的有力抓手，也是新的经济增长常态、科技发展趋势、国际博弈背景下保持可持续发展同时实现共同富裕的关键。党的二十大报告将建成人才强国列为我国2035年发展总体目标的重要组成部分。[1] 党的二十大报告指出："教育、科技、人才是全面建设社会主义现代化国家的基础性、战略性支撑。必须坚持科技是第一生产力、人才是第一资源、创新是第一动力，深入实施科教兴国战略、人才强国战略、创新驱动发展战略，开辟发展新领域新赛道，不断塑造发展新动能新优势"[2]，要"坚持教育优先发展、科技自立自强、人才引领驱动，加快建设教育强国、科技强国、人才强国，坚持为党育人、为国育才，全面提高人才自主培养质量，着力造就拔尖创新人才，聚天下英才而用之"[3]。人才强国战略对于新时期的中国经济可持续发展、实现共同富裕具有重要意义。

2021年6月《中共中央　国务院关于支持浙江高质量发展建设共同富裕示范区的意见》（以下简称《意见》）正式印发，对浙江省

---

[1] 习近平：《高举中国特色社会主义伟大旗帜　为全面建设社会主义现代化国家而团结奋斗——在中国共产党第二十次全国代表大会上的报告》，人民出版社2022年版，第24页。

[2] 习近平：《高举中国特色社会主义伟大旗帜　为全面建设社会主义现代化国家而团结奋斗——在中国共产党第二十次全国代表大会上的报告》，人民出版社2022年版，第33页。

[3] 习近平：《高举中国特色社会主义伟大旗帜　为全面建设社会主义现代化国家而团结奋斗——在中国共产党第二十次全国代表大会上的报告》，人民出版社2022年版，第33—34页。

扩大中等收入群体作出了战略部署和详细指导①，其政策重点就是全方位实行开放的人才政策，激发人才创新活力。

浙江省结合自身优势和特点，注重人才战略布局、争取国际竞争主动权，在《意见》颁布后开展了一系列重要工作，将"扩大中等收入群体"的政策目标与"建设人才强国"的发展战略有力结合起来，通过积极、开放、有效的人才政策，加快建设强大高素质人才队伍，切实为高质量发展建设共同富裕示范区提供基础性、战略性支撑。

第一节 共同富裕示范区建设前的国际国内现状

实施开放的人才政策是我国经济进入新常态后实现可持续增长的重要动能，也是应对当今国际政治经济复杂多变形势的关键，更符合浙江省不断夯实国内经济社会发展领先地位、开创浙江省国际影响力新局面的重要抓手。开放的人才政策能够有力推进经济增长、科技发展、提高劳动生产率、扩大中等收入群体、实现共同富裕。

一 国际形势现状

从全球格局来看，随着新一轮科技进步和产业变革的加速演进，国际竞合博弈对国家原始创新能力、持续创新能力提出巨大要求，只有拥有战略人才力量、战略科技力量，才能维持国家在科技创新、研发应用、产业链高端控制、全球治理能力、军事对抗等国际竞争中的有利地位，提高综合国力，实现国家长远发展。在人才储备特别是战略人才储备上，发展中国家普遍与发达国家存在显著差距。首先，发达国家劳动力的平均受教育水平、劳动生产率远高于发展中国家。发达国家学生普遍具有接受高等教育的机会，美国2017年

---

① 《中共中央 国务院关于支持浙江高质量发展建设共同富裕示范区的意见》，中国政府网，2021年6月10日，http://www.gov.cn/zhengce/2021-06/10/content_5616833.htm。

入学的学生预期平均受教育年限为 16.5 年，该预期受教育年限在日本和德国分别为 15.2 年和 17 年；中国为 13.8 年，印度为 12.3 年，这意味着两国大多数现在入学的学生能够完成高中教育，但有机会接受高等教育的学生仍不占多数；而其他发展中国家显著更低，例如尼日利亚为 9 年，仅能够完成基础教育（即小学 6 年和初中 3 年）。其次，发达国家非常重视战略人才储备和创新能力，正在逐步筑高发展中国家的技术赶超壁垒。美欧日等都出台了一系列政策，在国家层面协调战略人才培养对产业布局的服务能力，大力培养战略产业、科技尖端人才等。此外，政府与企业分工，政府注重基础性研发、企业加强应用性研发，根据研究特点分工培养人才。考虑到软件、计算机、化学、数学四个领域的人才是创新的主要驱动力量，发达国家格外重视这些领域的人才特别是尖端人才培养。美国国家科学委员会 2020 年的报告显示，2018 年主要发达国家的本科毕业生占比在 35%—46% 之间，中国为 47%。但是，德国这些领域的博士毕业生是本科毕业生的 12%，英国是 10%，加拿大、法国、美国都在 5% 以上，中国仅为 2.6%。再次，发达国家正在加速抢夺国际高层次人才。美国允许急需人才或优秀外国学生就读期间申请绿卡、取消国别配额限制；日本建立了人才积分制度、放开永久居留准入、缩短门槛居住时间；英国将研究和创新署与签证审核机构直接联动，且打开人才签证快速通道。此外，海外研发中心、远程工作签证等都在各国被不同程度使用，助力国家对国际人才的争夺。美国每年净接收的留学生规模约为 90 万人，而中国和印度每年净流出的留学生规模约 82 万人和 33 万人，美国科技领域新增人才中约 1/4 来自海外，主要是中国和印度。2019 年日本累计认定 2 万多名外籍高层次人才，高层次人才获得日本永久居留权速度在世界各国人才引进制度中位居前列。与此相对，发展中国家的一些表现优秀的学生持续向经济发达的国家和地区迁移，使人才储备差距日益扩大。

二 国内现状

人才和创新对于中国经济在新时期的发展至关重要。当前，中国经济正在面临结构优化、动能转换的关键阶段，人口质量、人才储备、科技创新的重要性愈加凸显。中国人口的绝对数量正在下降，廉价低技能劳动力大规模供给的传统优势已经殆尽，资源消耗型、低附加值产业被迅速挤出，推进高质量发展、创造高质量就业是必然趋势。2022年中国人口为14.1亿人，首次出现负增长，2023年预计印度首次超过中国成为世界人口最多的国家。此外，中国正面临迅速的老龄化，从现在至2050年中国的人口年龄中位数从38.5岁增加到50.7岁，同为世界人口前三大国，印度的人口年龄中位数同期从27.9岁增加到38.1岁，美国从37.9岁增加到43.1岁。人口数量红利不能再支持中国经济发展，提高人口质量并使其充分发挥作用，是保持新时期经济增长的唯一出路。中国有着庞大劳动力存量和显著劳动力增量，人才缺失的形势还很严峻，人才培养和引进需求非常迫切。从存量来看，中国劳动年龄人口规模接近9亿人，但是初中及以下学历的劳动者占51%，高中、中专学历的占23%，大专及以上学历的占26%，存量人口的平均受教育水平不高。从增量来看，2023—2050年间中国新增劳动年龄人口为3.86亿人，提高高等教育、职业教育对未来产业发展的服务能力和对技术进步的响应能力、引进高层次人才、推动终身学习以维持劳动生产率至关重要。与此同时，从长期趋势来看，随着科技进步和技术发展，简单劳动力供给规模对经济增长的角色在明显减弱。科技进步使传统制造业就业岗位被大幅替代，庞大的低技能劳动力不再能够等额转换为经济增长的潜力，反而可能成为人口负担。随着人口优势被削弱，发展中国家不仅面临经济赶超的技术壁垒，丧失实现经济腾飞的可能，更将面临过早地去工业化、大规模失业、长期落入中等收入或低收入陷阱，并带来严峻的社会治理问题，劳动者收入水平低、收入不稳定、收入差距大，都将成为可能。

三 浙江省现状

"十三五"期间，浙江省经济总量跃上6万亿元台阶，年均增长6.5%；一般公共预算收入从2015年的4810亿元增加到7248亿元，年均增长8.5%。浙江省劳动力市场规模庞大，劳动年龄人口为4327万，占全国劳动年龄人口规模的4.8%。2021年，浙江省非私营单位就业人员年平均工资为122309元，私营单位就业人员年平均工资为69228元。从构成来看，浙江省常住人口规模持续增加，2011—2021年十年间增长接近1000万人，从5570万人增长到6540万人，其中户籍人口增长316万人，非户籍人口增长654万人，户籍人口占比不断下降，表现出劳动力市场的活跃程度和对全国劳动力的巨大吸引力。但是一系列指标显示，浙江省的人才储备和人才培养还比较欠缺，更重要的是可能影响浙江省未来的可持续发展，以及在技术进步、经济结构不断优化过程中能否保持经济领先地位。就业技能结构上，2020年浙江省就业人口中，大学专科、大学本科、硕士研究生和博士研究生分别占11.48%、10.69%、1.07%和0.12%，人才结构有待优化。从人才储备来看，浙江省的尖端人才缺乏。全职两院院士数只有54人，仅略高于广东，是北京的8%，江苏的54%；科技两军人才数为400人，是北京的20%，江苏的80%；优秀青年人才数215人，不足北京的1/3，是江苏的60%；高被引科学家44人，不足北京的15%、江苏的47%。从人才培养来看，浙江省的高等教育数量、学位数、顶尖高校和顶尖学科数、人才培养能力特别是高端人才的培养能力还比较低。全省共有高校109所，本科在校生68万名，每十万常住人口中的本科在校生数1040人，低于江苏（1423人）、上海（1630人）和全国平均（1340人）；研究生在校生12.91万人，不足江苏的50%；博士在校生仅1.94万人，低于江苏（4.1万人）、上海（4.7万人）、广东（2.5万人）。这些基础情况与"打造世界重要人才中心和创新高地战略支点"的要求还存在一定差距。

第二节 根据指导意见浙江省推出的系列实践及成绩

《意见》在第三部分"三、深化收入分配制度改革，多渠道增加城乡居民收入"中对扩大中等收入群体提出一系列要求。这些要求将扩大中等收入群体的目标充分部署为人才培养与人才建设的工作，浙江省对此开展了一系列实践，将"扩大中等收入群体"的政策目标与"建设人才强国"的发展战略有力结合起来，并取得了显著成绩。

对于实施人才强国战略，党的二十大报告提出六方面工作重点，包括党管人才、完善人才战略布局、建设世界重要人才中心和创新高地、建设国家战略人才力量、加强人才国际以及深化人才发展体制机制改革。[1] 对标《意见》要求和党的二十大对于"实施人才强国战略"的战略部署，浙江的政策实践在这六个方面都有显著推进。

第一，坚持党管人才原则，引导广大人才爱党报国、敬业奉献、服务人民，在战略层面推进实施科技创新和人才强省的实施。

首先，在政策上，坚持人才工作的战略基础地位。深入学习贯彻习近平总书记关于做好新时代人才工作的重要思想，全力打造国家战略人才力量，全方位高水平培养、团结、引领、成就人才，全面打通教育、科技、人才链路，运用数字化改革的理念、方法、手段，致力于牵引带动教育、人才、创新融合互促生态的系统重塑，成为具有全球影响力的人才流动目的地、人才发展加速地、技术创新策

---

[1] 习近平：《高举中国特色社会主义伟大旗帜　为全面建设社会主义现代化国家而团结奋斗——在中国共产党第二十次全国代表大会上的报告》，人民出版社2022年版，第36页。

源地、人才生态示范地，提高人才工作在国家创新体系和雁阵格局中的贡献度。

其次，发挥党管人才制度优势，通过聚力、聚智、聚心工程，战略协同推进人才工作。实施聚力工程，健全党委统一领导，组织部门牵头抓总，实施重点人才工作例会，着力形成职能部门各司其职、密切配合、社会力量广泛参与的人才工作格局，构成年初领导小组会议部署、年中月度例会抓推进、年末述职评议会抓盘点的闭环推进机制。实施聚智工程，探索建立人才资源调度指挥系统，创新各类能够有效整合资源的组织形态，主动对接国家重大需求和关键核心技术攻关，跨部门、跨地区、跨行业、跨体制调配人才资源，集中力量办大事。加快构建龙头企业、高校、科研院所等各方面协同配合的创新联合体，承担国家重大科技攻关任务，开展关键共性技术、前沿引领技术、现代工程技术和颠覆性技术创新。实施聚心工程，加强和改进知识分子工作，落实党政领导联系专家制度，常态化开展国情研修和教育培训，开展"弘扬爱国奋斗精神、建功立业新时代"活动，弘扬科学家精神，加强学风和作风建设，引导广大人才把兴趣导向与重大使命相结合，为国分忧、为国解难、为国尽责。

第二，完善人才战略布局，建设规模宏大、结构合理、素质优良的人才队伍。坚持学历教育与职业培训并重，实施扩大中等收入群体行动计划。

集聚尖端人才。完善党政机关、企事业单位和社会各方面人才顺畅流动的制度体系。以"鲲鹏行动"等重点人才计划为引领，着力吸纳顶尖人才、科技领军人才和团队、优秀青年人才、卓越工程师等重点群体，全方位培养、引进、用好人才，人才队伍基本盘持续壮大，形成高端人才集聚态势。近年来，浙江省累计引进全球顶尖人才 73 名，累计入选国家重点人才工程 3600 多人次，正在形成人才生态优势。

塑造顶尖技能人才。实施新时代浙江省工匠培育工程，打造"浙派工匠"金名片的探索创新。深化技能人才评价制度改革[①]，开展"新八级"试点工作，建立技能工人从学徒到大师的多维度、阶梯式人才培养评价机制。完善技能人才薪酬激励机制，提高技能人才政治待遇、优化社会政策支持，营造有利于技能人才成长成才的社会环境。完善技能人才薪酬分配政策，拓宽技术工人上升通道。2019—2022年全省技能人才总数从685万人增加至1097.4万人，高技能人才总数从141万人增加到354.4万人。

储备大规模专业技术劳动者。加强职业教育，围绕数字经济、先进制造业、现代农业等重点产业大规模开展职业技能培训，编制职业教育发展规划，增强政策持续性和有效性，加大经费投入、夯实职业学校基础能力建设。职业教育规模持续扩大，在校生连年增长。改善技工教育[②]，选定浙江省先进制造业集群和标志性产业链，遴选建设一流技师学院和高水平专业群，使之与高校开展深度合作、与世界500强企业共建培训基地，并在机构设置、建立博士后工作站、专业建设、教材、师资、编制等方面全面支持，提高技术工人培养质量。《意见》出台之后，2019—2022年培训1270万人次，年均培训规模是2012—2018年的三倍。

加强继续教育。健全终身职业技能培训制度，强化对产业工人培养培训，聚焦"扩中""提低"，扩大对各类低学历人群开展继续教育的规模。全职业院校开展"菜单式"职业培训，社会培训规模和层次进一步提高，2021年开展社会培训159.14万人次，其中重点面向"两后生"培训4.01万人次，面向家政服务从业人员培训16.8万人次。借助"互联网+"培训方式[③]，在短期内能够有效克服新冠

[①] 例如出台《关于开展职业技能等级"新八级"制度试点工作的通知》。
[②] 2022年，以省委办公厅、省政府办公厅名义印发《关于实施技工教育提质增量行动的意见》，对优化完善院校发展布局、建设标准、专业结构等进行部署。
[③] 2020年初，在全国率先出台《关于在疫情防控期间支持企业开展线上职业技能培训工作的通知》，大力推动企业线上培训。

疫情影响，长期以更灵活的培训方式克服职工工学矛盾，2020年和2021年累计开展线上培训60.6万人次。

第三，加快建设世界重要人才中心和创新高地，助力人才国际竞争。通过财政保障、平台搭建、优化人才和经费管理、数字赋能、推动成果转化等大力改善人才发挥效力的环境。

财政大力支持保障。落实习近平总书记在浙江省工作期间提出的"财政科技投入的增长幅度要明显高于全省整个财政支出的增长幅度"。把科技作为财政支出的重点领域，实施首位战略首位保障，建立财政科技投入稳定增长机制。"十四五"时期，全省财政科技支出增长15%以上，省市县各级财政倾其所有大幅加大投入。2021年、2022年全省财政科技投入持续增长22.5%、35.1%，其中省本级财政科技投入增长62.9%、92.4%。

打造高水平科创平台。培育战略科技力量，加快打造重大科创平台。通过财政大力支持，建设城西科创大走廊、西湖大学之江实验室、良渚、西湖、湖畔等省实验室、省技术创新中心等。目前从指标来看，浙江省的双一流建设学科、国家实验室、国家重点实验室、国家重大科学装置与其他省份还有差距，逐渐提高竞争力还需要时间，但是一些成绩正在逐步显现。

优化人才管理制度。逐渐疏通人才评价、薪酬待遇、人才流动等方面的体制机制障碍，提高人才政策精准化程度。建立保障科研人员专心科研制度，探索设立"无会日"、配备科研助理等做法，切实减轻人才事务性负担。探索机构化、成建制引进国际一流科研机构，积极争取国际性学术论坛、人才赛会等永久性落户，结合未来社区建设打造高品质人才社区，为外籍人才及其配偶和未成年子女提供永久居留便利。打通青年人才成长通道，减轻他们的生活负担。

改革经费管理体制。从扩大科研项目经费管理自主权、完善科研项目经费拨付机制、加大科研人员激励力度等8个方面，提出28条细化政策，改善科研经费管理。① 其中包括扩大经费包干制试点以提高经费支取活性、提高间接费用比例和增设奖励经费来加大科研人员激励力度、对重点战略领域的科研经费支持全面实行"揭榜挂帅""赛马制"项目组织方式、深化完善重点领域项目、平台、人才、资金一体化的创新资源配置机制等。

重视数字赋能推动人才工作。推进人才工作数字化改革，形成人才全周期数智闭环服务体系，破除资源、业务、数据的条块壁垒，打造以人才为核心的数据资源体系、工作协同体系、服务保障体系，畅通人才流、业务流、服务流和数据流。重视数字经济人才发展，按照全要素聚集、全链条服务、全球化生态的规划思路升级建设浙江省网上技术市场，高标准推进建设科技成果转化生态的枢纽平台，构建基于区块链的科技成果公开交易全流程电子化通道。

便利人才实现成果转化。探索建立更加有利于成果转化的管理制度，破解职务科技成果转化堵点痛点问题。② 建立全新的职务科技成果管理制度和监管体系，让职务科技成果从一般国有资产中单列出来，并在全国率先实现成果"内控管理—转化审批—公开交易"全流程电子化，为后续保障职务科技成果及其作价投资所形成的股权不纳入国有资产管理清单奠定基础。

第四，加快建设国家战略人才力量，培养大师、战略科学家和团队等尖端人才力量，致力于实现自主可控的人才全供应链，助力高水平科技自立自强。

制定战略人才目标。致力于到 2027 年，人才发展体制机制改革取得突破性进展，成梯队储备战略人才，在战略型、前沿型、交叉

---

① 2022 年出台《浙江省人民政府办公厅关于改革完善省财政科研经费管理的实施意见》（浙政办发〔2022〕22 号）。
② 浙江省科技厅、省发展改革委、省教育厅、省财政厅、省卫健委和省国资委六部门联合发文，印发《浙江省扩大赋予科研人员职务科技成果所有权或长期使用权试点范围实施方案》的通知，浙江省已有 138 家高校院所、医疗卫生机构和国有企业开始使用"安心屋"应用，近 2.6 万项职务科技成果已实行单列管理，454 项完成转化。

型领域集聚国际前沿人才，成为具有全球影响力的人才基地，初步建成世界重要人才中心和创新高地的战略支点。2027年时集聚全球顶尖人才200名左右，达到2022年的五倍；具有国内一流水平的科技领军人才、青年科技人才、卓越工程师、优秀工匠各2000名左右，均为2022年值的两倍以上（其中青年科技人才达到六倍）；每万名就业人员中研发人员数从2022年的160人/年提高到205人/年。

通过人才引进和人才工程，推进战略人才集聚。实施"鲲鹏行动"，坚持顶尖、全职、海外、年轻标准，每年引进40名左右全球顶尖人才，"一人一策、一事一议"提供事业平台、科研经费、团队组建、生活保障等全方位支持。整合提升领军人才计划，更大力度更加精准实施省海外引才计划、高层次人才特殊支持计划、领军型创新创业团队等重点人才工程，聚焦关键领域、核心环节、根部技术，细化人才引育颗粒度，扩大支持规模，优化支持结构，改进遴选方式。

加强顶尖人才、基础研究人才、优秀青年人才的培育工作。从重点人才工程入选者、重大科技任务担纲领衔者中，遴选发展潜力大的高层次复合型人才，实行人才梯队、科研条件、管理机制等配套支持，形成顶尖人才培育体系。稳步提升基础研究人才、优秀青年人才的支持比例。改进完善博士后资助项目，引进优秀博士从事博士后工作。加大理工科人才培养力度，提升高校理工科招生比例。

加强人才培养对产业发展的服务能力。推进产学研合作教育，深化工程硕士博士培养制度改革，大力解决人才培养与实践需求脱节问题，加快培养高水平复合型人才和卓越工程师。探索实施卓越工程师选调培养计划，每年遴选一批相关专业毕业生到企业一线工作，进行重点培养。推广"订单式"培养模式，推进企业新型学徒制，培养知识型、技能型、创新型技能人才队伍。

第五，加强人才国际交流，用好用活各类人才。分类开展引进和培养人才工作，"引进人才"和"输出人才"两手抓。

在人才发展定位上,从"区域视角"向"全球视角"切换。提高发展参照系,对标国际前沿,构建具有国际竞争力的人才制度体系,参与全球人才竞争。在人才领域上,着眼于抢占新一轮科技革命和产业变革制高点,"跟跑、并行、领跑"多线发力,将人才发展的作用从"保障发展"转变为"创新策源",从全球视角争取发展主动权。

根据不同层级的人才特点开展不同特点的人才国际交流。在尖端人才方面,考虑其合作办学、本土培养的困难性,以直接引进人才为主。在大规模技能人才方面,则重视中外合作办学。高职高专院校引进海外教育资源,举办非独立法人中外合作办学机构、中外合作办学项目。多所院校作为教育部试点单位承担"引进德国企业和院校在华举办职业教育"改革试点,探索技能人才培养新模式。

既重视本土人才培养,也注重海外项目人才输送。高职院校举办面向"一带一路"国家的培训项目,内容涵盖港口管理、交通运输、电子商务、木雕、数控机装等,为"走出去"企业培养本土化技能型人才。在21个国家建立22所"一带一路"丝路学院,密切服务"一带一路"建设需求,特别是辐射非洲地区、中东欧地区、金砖国家等。通过人才国际交流服务国家发展全球布局。

第六,深化人才发展体制机制改革,把优秀人才集聚到党和人民事业中来。

重视高校毕业生就业,让人才充分发挥作用。组织线上线下招聘活动,在省人才网站开设毕业生专区,开展大中城市联合招聘、"百日千万网络招聘"等专项行动。重点促进离校未就业高校毕业生就业工作,通过完善实名登记、精准对接、跟踪服务、培训托底工作机制,显著促进有就业意愿的毕业生当年实现就业或参加就业准备活动。2022年服务离校未就业学生约10万人,实现就业率98.25%。

将改革人才发展的体制机制与改革就业体制机制相结合,提高人才使用效率。一方面,实施就业创业促进计划和基层成长计划,引导毕业生到新兴产业、中小微企业和基层就业；另一方面，要求对投资、产业等政策的实施开展就业效应评估，建立衡量就业优先的综合评价体系、完善公共就业服务体系。注意维持就业韧性，保持浙江省经济发展总体向好的基本面，预判错综复杂的国际国内环境影响，帮助企业应对新冠疫情和全球供应链紧张带来的生产经营困难，同时努力实现高质量就业创业体系的新目标。

保障不同群体发展机会公平，开展开发式扶贫促进低收入群体收入增长。拓展基层发展空间、缩小城乡区域发展差距，对有劳动能力的低收入群体坚持开发式帮扶，推动低收入群体提高收入。通过山海协作产业合作项目，缓解地区间发展不平衡不充分问题，发展产业使省内落后地区低收入群体积极参与就业。协作使回流山区26县实现产业化项目数99个，也为山区引进副高及硕士以上人才327人，向山区输送人才。

第三节　高水平开放扩大中等收入群体的理论意涵

实施对外开放政策对于扩大中等收入群体具有显著贡献。首先，高水平对外开放有利于促进经济增长和就业创造。经济开放可以促进贸易和投资增加，刺激经济增长、行业扩张，进而创造就业机会。随着更多工作岗位的出现，越来越多的劳动者可能从低收入就业转移到中等收入就业中来，中等收入群体得以扩大。其次，高水平对外开放有利于技术转移和创新。对国际市场的开放使国内产业接触到来自全球的新技术、知识和创新，这种接触可以促进技术转移，鼓励国内企业采用更先进的生产方法。随着产业竞争力和效率的提高，生产率得以增长，工人工资水平提高，中等收入群体扩大。最后，高水平对外开放能够帮助企业进入新市场。经济开放可以使国内企业进入更大的海外消费市场，带来更多的出口机会，使国内企业的客户群体多样化，并有可能增加其收入；随着企业的发展和扩张，过程中可能获得更高的利润和更多的就业机会，进而有助于中等收入群体的扩大。

特别是，高水平对外开放有助于人才培养、人才集聚、技能升级和人力资本发展，并助益经济发展和中等收入群体的扩大。经济开放通常需要具备更高技能和资质的劳动力才能有效参与全球市场。随着产业更多地面临国际竞争，对具备专业知识、技术技能和高等教育背景的劳动者的需求可能增加。为了满足这些需求，国内企业和个人会更加重视教育和培训，增强就业能力进而提高收入水平，从而有助于中等收入家庭数量的增长。同时，经济对国际人才形成强吸引力，促进了知识、技能和专业知识的跨境交流，提高经济活力。一方面，国际人才通常在各个领域具有先进的知识、专业技能、商业理念，国际人才的参与使得国家能够获得知识和技术的转移，推动产业和行业的发展、促进初创企业形成，推动以创新为驱动的产业，并进一步有利于整体经济的发展和开放；另一方面，国际人才通常拥有全球网络和联系，可以促进商业合作、伙伴关系的建立和国际联系的建立，吸引外国贸易和投资、增加贸易流量和经济一体化，提高浙江省在全球市场上的竞争力。此外，国际人才带来他们的文化、语言和传统，促进了文化交流和多样性。这种文化交流可以促进相互理解，加强外交关系，并提高浙江省的软实力，积极影响其国际形象，并提高其对贸易和投资的吸引力。

近年来，经济学理论越来越重视劳动力质量、人力资本对于经济增长的影响。传统经济学理论强调人口规模对经济增长的重要作用。著名经济学家罗伯特·索洛等指出，人口规模和劳动力的增长对经济增长具有贡献作用。[①] 其主要贡献原因是当死亡率下降、劳动年龄人口占比上升时，人口增长可以为发展中国家提供丰富的劳动力资

---

① Robert M. Solow, "A contribution to the theory of economic growth", *The Quarterly Journal of Economics*, No.1, 1956.

源，形成对工业部门的丰富劳动力供给，显著增加国家在劳动密集型产业上的比较优势，促进国际贸易，进而实现经济腾飞，东亚国家的经济快速发展普遍体现了这种人口红利的重要性。随着内生增长理论的出现，人口与经济增长之间的关系被重新审视，代表人口"质量"的人力资本逐渐成为经济学家关注的重点。罗伯特·卢卡斯提出了包含人力资本的内生增长模型，强调人力资本积累在经济增长中的作用。他认为，人力资本积累能够通过提高生产率、创新能力和技术扩散来推动经济增长。[1] 保罗·罗默等指出，教育改善和人力资本积累对于发展中国家实现快速增长和长期可持续发展是不可或缺的。[2] 克莱斯珀·科瑞斯玛等发现人力资本对经济生产率具有非常显著的积极影响，当人口红利逐渐"消失"的时候，人力资本的增长可以在一定程度上抵消人口总量下降带来的不利影响。[3]

与此同时，技术进步正在对就业造成深远影响，给低技能群体、发展中国家带来剧烈的就业冲击，拉大国内和国际收入差距。工业机器人技术对制造业就业结构带来较大冲击。阿西莫格鲁和奥特指出，企业的生产环节由很多连续型任务构成，不同产品的生产过程能采用机器人生产的环节也不同。自动化技术将破坏大量的程式化重复劳动的就业岗位，制造业受到的影响格外显著。就人群而言，自动化技术对低技能劳动力的就业冲击高于对高技能劳动力的就业冲击，考虑到低技能劳动力属于相对脆弱群体，这种结构性差异给就业安置、收入分配、社会管理带来严峻挑战。与此同时，人工智能技术的发展也使社会对创新型劳动力的需求进一步加强，导致就业和收入水平的"极化"。低技能就业稳定性变差、收入变差，同时

---

[1] Robert E. Lucas Jr, "On the mechanics of economic development", *Journal of Monetary Economics*, No.1, 1988.

[2] Paul M. Romer, "Endogenous technological change", *Journal of Political Economy*, No.5, 1990.

[3] Crespo Cuaresma et al., "Is the Demographic Dividend an Education Dividend?", *Demography*, No.1, 2014.

高技能水平劳动者的收入不断提高，社会收入差距拉大。就地域分布而言，被冲击的就业岗位主要集中在发展中国家，发展中国家以低技能为主的庞大劳动力群体可能因此长期处于失业状态，落入"贫困陷阱"。更进一步，由于发展中国家从此面临经济赶超的技术壁垒，迅速在国际竞争失利，很难再实现自己经济增长、掌握发展的主动权。就时间而言，世界银行在2016年发布的《世界发展报告》中称，OECD国家57%的就业岗位在未来20年有被自动化替代的风险。而麦肯锡最新的研究则表明，当前的技术水平只能使5%的岗位被完全自动化，机器对人的替代没有学界最初预测得快。[①] 尽管如此，包括中国在内的发展中国家再难有中国前四十多年的经济持续增长机会，抓住技术变革的缓冲期充分进行人才储备、人才培养至关重要。

越来越多的研究表明创新能力和技术进步是国家竞争力的关键要素。基于创新驱动的增长模型强调知识积累、创新和技术进步对经济增长的推动作用，这些模型认为，通过创新和技术进步，一个国家或地区可以提高生产率，实现可持续的经济增长，长期增长率则是有效研究人员数量和他们的研究生产力的乘积。因此，政府往往会通过增加对研发、教育和技能培训等领域的投入，促进新技术、新产品和新服务的产生和发展。但是从人才培养角度，仅依靠一般的高技能劳动力供给是不够的。从国际经验来看，阿根廷的高等院校入学率为95.4%，位列拉美第一、全球前十，但是阿根廷的就业表现和经济增长并非令人满意。只有与劳动力供给相匹配的实体经济才能长期持续地提供就业岗位、发挥人力资本作用、实现全社会共同富裕。而在促进经济发展的角度，创新和产业战略人才至关重要。正因为如此，主要国家都在竞相加强自主研发、储备战略人才。

---

① "AI, automation, and the future of work: Ten things to solve for", June 1, 2018, https://www.mckinsey.com/featured-insights/future-of-work/ai-automation-and-the-future-of-work-ten-things-to-solve-for.

根据光辉国际（Korn Ferry）的预测，全球有54%的企业表示正在经历人才短缺，到2030年全球劳动力缺口预计将达到8520万人，人才短缺可能将会降低约8500亿美元的年均潜在产出。[①] 具体到国家，关于美国高技能劳动力短缺的预测表明，按照当前的人口变化情况，到2029年，美国将因为高技能劳动力短缺而面临超过1.2万亿美元的潜在产出损失，其中大部分是由本科及以上学历的劳动力短缺导致的。

第四节 对浙江省实践及成绩的总结、评价与后续工作建议

一 实践总结及评价

《意见》发布以来，浙江省迅速行动，已经形成了丰富立体的政策设计。对标党的二十大关于实施人才强国战略的具体要求，浙江省对于党管人才、完善人才战略布局、建设人才中心和创新高地、建设尖端人才力量、加强人才国际交流六个方面都进行了认真详细的工作部署、开展了一系列工作。尽管对比国内外先进水平和国家发展的战略规划，浙江省还存在人才结构不完备、平台能级待提升等问题，但是考虑到各领域的政策设计已经出台并且在显著推进、部分指标最近两年来表现较《意见》出台前实现了三倍增长，相应的问题有望迅速改善。

浙江省在实行开放的人才政策、激发人才创新活力方面作出的有益探索在服务党和国家大局方面具有重要意义，有助于回答中国如何加快构建新发展格局、牢牢把握发展主动权这一重要理论问题、战略问题，有效推动促进中国经济可持续发展、实现共同富裕。浙江省出台的全方位立体化政策，一方面是对标《意见》中的具体要

---

① "Future of work: The global talent crunch", 2018, https://www.kornferry.com/content/dam/kornferry/docs/pdfs/KF-Future-of-Work-Talent-Crunch-Report.pdf.

求,另一方面在探索地区经济如何应对新时期经济增长新常态、技术进步冲击、产业转型升级、就业调整等现实问题方面发挥了示范作用。浙江省示范区构建的人才储备、得到的先进经验对于我国未来一个时期的发展将越来越重要。

从改革设计来看,浙江省的人才政策能够充分服务共同富裕目标。实现共同富裕的重点在于"扩中"和"提低",同时形成高质量健康发展的经济实体。"扩中"方面,浙江省着力推进高技能劳动力的大规模培养,在经济转型升级背景下为现代化产业发展蓄力;"提低"方面,浙江省重视对低技能群体的在岗培训、终身培训,能够有效应对产业转型带来的结构性就业冲击、提高低收入群体在未来长时期的增收能力;更重要的是,在形成高质量健康发展的经济实体方面,浙江省倚重战略人才、尖端人才、科研创新,找准未来经济发展的关键,对于浙江经济乃至中国经济的长周期可持续发展、争取发展主动权具有重要意义。这种人才层面的分类设计政策既各有侧重地解决全社会和不同群体的收入提高和共同富裕问题,更从全球视角、发展目标出发实现浙江发展、中国发展的战略目标,解决未来较长时期的政策难点。

浙江省开展的开放人才政策、激发人才创新活力的实践具有全国示范作用,也体现出浙江省的独特优势。在跨部门协调、高质量实现政策落地等方面,浙江省具有鲜明的示范作用。例如,浙江省提出"构建产教训融合、政企社协同、育选用贯通的技术技能人才培养培训体系",对于人才培养和使用具有全产业链的政策规划设计,而非碎片化的政策调整。再如,在科研经费管理政策出台后,政府多部门与高校院所、下级财政部门通过上门服务、召开座谈会、集中培训等形式进行政策宣讲、业务辅导,全力推动政策落地,这些实践都具有全国示范作用。与此同时,浙江省实施开放人才政策的优势在于自身具有扎实的产业基础、良好的经济社会环境、背靠长三角产业集群腹地、先进的数字经济发展实践,能够成为人才引育的基地，在搭建平台、靠近生产链、推动研发和技术运用方面都有优势。一些实践经验对于其他地区具有不可复制性，但因此为浙江省开放人才政策实践赋予了与其他地区优势互补、战略联动的价值，仍可以进一步挖掘。

二 特色与亮点

从国际国内对比来看，浙江实践的特色非常鲜明。

第一，重视教育和人才培养。浙江省通过加强财政投入、制度优化和管理模式创新、各级各类学校的能力建设、人才培养和引进模式优化、师资培养、拓展学历和技术认证通道、打破不同教育体制内的技术限制等，实施教育现代化战略和高等教育强省战略。教育和人才培养的现代化体系的建立，在长期能够促进经济增长、社会进步、激发创新、保障发展机会公平、应对人口老龄化、提高国际竞争力、维护社会稳定，而只有有效解决这些长期性问题、重大问题，才能够在真正意义上实现共同富裕。建立教育和人才培养的现代化体系，才能提高人才自主培养质量，实现自主可控的人才全供应链，培养出符合国家战略需求的高素质人才，增强产业核心竞争力，有效应对国际风险挑战，为国家可持续发展提供有力保障。

第二，注重与产业联动。经济转型升级、技术迅速变革的背景对人才培养与产业之间的联动能力提出了更高要求。世界银行对我国职业教育与职业培训的评估曾经指出，职业教育学历化、与产业需求脱节的问题是我国职业教育的重大问题。浙江省在大力引进国际人才、培养人才队伍的过程中，充分强调了人才建设与产业的联动能力。将人才培养设计直接对接浙江省产业发展优化专业设置，实行"紧贴产业办学"，服务数字经济、科创高地和产业链提升，专业设置优先向重点产业和战略性新兴产业倾斜。强化行业指导，设立由省发展改革委、省教育厅等各部门组成的产教融合联席会议，成立省级职业教育行业指导委员会。通过培养建设联盟、基地、试点企业、工程项目、育人项目等，有方向有抓手地推动人才培养。将人才引育与产业需求的联动性覆盖到人才引进、人才培养、在职教育等多个方面。在渠道上，通过改善培训供给、拓展培训形式等方式注重劳动者技能的持续更新、强调终身教育，在调整新增人才对产业的服务能力之余，持续提高庞大的存量劳动力队伍对未来产业需求的适应能力。

三 后续工作建议

第一，重视基础研究，加强浙江省在未来长期可持续的创新和研发能力。从发达国家的经验来看，科技领域的人才储备是驱动创新的关键，基础研究对于实现创新并且驱动发展具有重要作用。相形之下，浙江省目前的人才政策设计对于科技领域、基础研究的强调仍不足。首先，在人才引进过程中应具有学科分布、研发类型的结构意识，着力引进国内培养能力不足、对未来基础研发、产业战略布局有长期驱动能力的尖端人才。通过打造科研团队、平台、项目让引进人才对创新的驱动能力持续发挥。其次，注意引水同时筑源，提高科技领域人才特别是尖端人才的培养力度。对软件、计算机、化学、数学等学科扩大招生规模，特别是博士培养规模。通过减免学费、教育补助、薪资补贴等方式，提高报考并从事相关研究的吸引力，吸引最优秀的学生进入这些领域学习并且长期贡献。最后，在经费安排上，现有的竞争性经费政策设计不利于基础研究工作的开展，这与浙江省自己的经济发展实践、与适于应用型研究的市场化环境特点相关；然而在政府层面、政策设计层面，应大力支持基础研究工作，对基础研究给予长周期稳定支持。

第二，加强顶层设计的指导作用，与国家政策、技术前沿充分沟通，对产业发展大局、科技进步方向做前瞻性判断。在新的科技发展趋势下，发达国家格外重视在战略层面进行人才建设的协调。美国由国家经济委员会、国家安全顾问、商务部、能源部、国防部、卫生与公共服务部等十几个部门和机构组成的特别工作组，与利益相关方、行业及政府专家深入沟通，识别美国关键供应链存在的人才短缺困境。日本、英国等都有类似的机构设置，在高校、研究机构和战略行业之间召开联席会议，成立跨部门协调机制，动态跟踪国家产业布局和战略利益变动，开展战略人才供求动态评估，确保人才建设有效服务国家长期发展目标。在战略层面协调人才培养的优势在于最大限度着眼于长期解决人才缺乏、调整人才储备的问题。从长期来看，我国产业在国际竞争中会进行结构性调整，部分产业迅速发展、部分产业激烈竞争，部分行业在国际循环中努力争取战略制高点、部分行业不断扩大国际竞争力，拉动国内国际循环。只有了解国家层面设计，才能更好地把握浙江省优势，从而以前瞻性视角用产业中长期需求指导教育培训计划制订和培训实施，也将保障教育培训服务产业需求。

第三，拓展国际人才的引进方式，加强与国际技术、产业前沿的人员交流。浙江省目前的政策设计上，顶尖人才以直接引进为主，一般技术人员以引进国际培训资源为主。从国际经验来看，这一部分仍可拓展。考虑到国际人才的重要性，在人才引进、运用上提高对顶尖人才的迅速捕捉能力、提高制度吸引力；可适当建立国际人才试点基地，在环境上优化对国际人才的管理约束；鼓励企业创立海外研发中心，在注意保密等的前提下为可剥离的工作提供远程工作签证，打破"开放的人才政策"的地域限制，提高对国际战略人才的实际使用率。此外，运用浙江省丰富多元的市场主体优势，特别是有国际影响力的民营企业优势，充分发挥原有的国际交流合作、商业合作、上下游贸易合作等，与发达国家在科技、教育、人才方面保持更加密切的交流与互动，邀请国际人才来访，降低国际人才对中国经济、企业、市场的距离感，及时获得并充分利用发达国家科技创新的红利。

第六章　高水平开放缩小城乡区域发展差距

2021年6月《中共中央　国务院关于支持浙江高质量发展建设共同富裕示范区的意见》正式发布。根据该《意见》的战略定位，浙江省作为"城乡区域协调发展引领区"，要坚持城乡融合、陆海统筹、山海互济，率先探索实现城乡区域协调发展的路径。在之后一年多的实践探索中，浙江省按照《浙江高质量发展建设共同富裕示范区实施方案（2021—2025年）》的部署安排，充分发挥高水平对外开放的优势，坚持在高质量发展中推动共同富裕，为以高水平开放促进城乡区域平衡发展积累了宝贵经验。

第一节　浙江省对外开放与城乡区域发展水平的现状

一　浙江省城乡差距现状

（一）城乡差距持续收窄，城乡均衡发展走在全国前列

早在2003年，"八八战略"提出之时，"进一步发挥浙江的城乡协调发展优势，加快推进城乡一体化"就是浙江省面向未来发展的重要举措之一。其时，伴随着对外开放和经济高速发展，浙江省的城乡差距逐年扩大，城乡收入比达到2.43的高位，虽然远低于当时的全国平均水平3.12，但浙江省委还是敏锐地认识到城乡均衡发展

对于可持续发展的重要意义，根据"八八战略"的部署，把先发优势变成可持续优势，加快推进城乡一体化协调发展。如图6-1所示，"八八战略"实施以来，浙江省城乡收入比加速上升的态势被遏制，2007年之后开始缓慢下降，2012年党的十八大之后呈现加速下降态势，城乡差距持续收窄。

作为共同富裕示范区，浙江省的城乡均衡发展走在全国前列。2021年，浙江省城乡收入比为1.94，远低于全国城乡收入比2.50，见表6-1。在32个省级行政区中，仅有天津和黑龙江的城乡收入比分别为1.84和1.88，低于浙江省。但浙江省的居民人均可支配收入要远高于天津和黑龙江，在经济社会的高水平发展上较好地实现了共同富裕，经济社会富裕程度与共享程度的协调发展更好[1]，因此更具示范意义。浙江省的农村居民人均可支配收入2021年更是达到了3.5万元，超过了北京的3.3万元，仅次于上海的3.9万元，可谓相当难得。

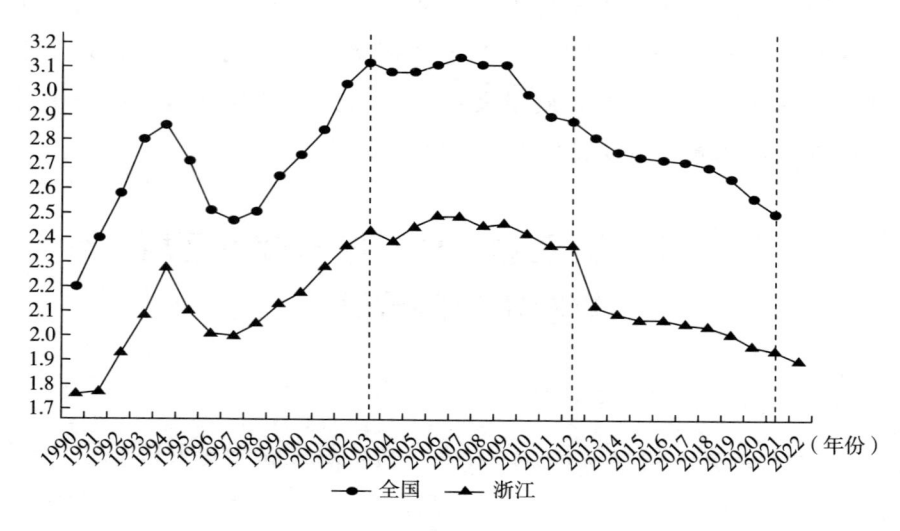

图6-1 全国与浙江省的城乡收入比（1990—2022年）

---

[1] 孙豪、曹肖烨：《中国省域共同富裕的测度与评价》，《浙江社会科学》2022年第6期。

浙江省的城乡差距比较小，与本身的经济发展模式有关。改革开放之后，浙江省的乡镇企业率先崛起，在对外开放和充分竞争之下，每个县基本上都形成了独具特色的主导产业。此外，浙江省很多农村不光提供农产品，也依托绿水青山吸引城市居民前来旅游消费，进而转化为农村居民收入，这方面做得好，也缩小了城乡之间的收入差距。

表 6-1　　浙江省和全国城乡居民人均可支配收入对比

年份	浙江省居民人均可支配收入（元）			全国居民人均可支配收入（元）		
	城镇居民	农村居民	城乡收入比	城镇居民	农村居民	城乡收入比
2015	43714	21125	2.07	31195	11422	2.73
2016	47237	22866	2.07	33616	12363	2.72
2017	51261	24956	2.05	36396	13432	2.71
2018	55574	27302	2.04	39251	14617	2.69
2019	60182	29876	2.01	42359	16021	2.64
2020	62699	31930	1.96	43834	17132	2.56
2021	68487	35247	1.94	47412	18931	2.50
2022	71268	37565	1.90	—	—	—

资料来源：历年《浙江统计年鉴》《中国统计年鉴》，2022年浙江数据来自《2022年度浙江省人民生活》等相关统计数据公报。

（二）城乡差距绝对值较大，且省内不均衡现象显著

尽管浙江省的城乡差距相对于全国较低，但是城乡收入差距的绝对值仍然很大。从城乡收入比看，2021年浙江省城乡收入比为1.94∶1，意味着一个城镇居民的收入约等于两个农村居民，城乡居民可支配收入间的绝对差距仍然较大。

此外，城乡收入差距在省内呈现不均衡分布，浙西南的城乡差距要明显高于浙东北。从城乡收入比来看，浙西的金华、衢州和浙南的温州、台州、丽水，要明显高于浙东的宁波、绍兴、舟山和浙北的杭州、嘉兴、湖州，见表6-2。浙江省城乡收入差距的省内分布情

况与地理条件和历史发展息息相关。浙东北，尤其是位于平原地区的杭州、嘉兴、湖州，自古就是经济非常发达富庶的地区，交通条件发达，又毗邻上海，导入外资便利，产品打开销路容易，农村的绿水青山要转化为红利也具有天然优势。相比之下，浙西南以山地、丘陵为主，交通条件较为落后，离上海、杭州较远，导致这些地区的发展，尤其是农村的发展相对落后，导入各种资源要素也比较困难。

表6-2　　2021年浙江省设区市城乡居民人均可支配收入对比

	城镇居民（元）	农村居民（元）	城乡收入比
嘉兴市	69839	43598	1.60
舟山市	69103	42945	1.61
湖州市	67983	41303	1.65
绍兴市	73101	42636	1.71
宁波市	73869	42946	1.72
杭州市	74700	42692	1.75
衢州市	54577	29266	1.86
台州市	68053	35419	1.92
温州市	69678	35844	1.94
金华市	67374	33709	2.00
丽水市	53259	26386	2.02

资料来源：《浙江统计年鉴2022》。

二　浙江省区域差距现状

（一）区域均衡发展持续向好

从全国来看，浙江省是区域发展较为均衡的省份之一，但在2003年"八八战略"提出之时，浙江省自身也正经历着区域发展差距不断扩大的阵痛。改革开放之后，浙江省县域经济主要表现为以杭金—金丽高速沿线、环杭州湾和温台沿海三大板块高速增长为特征的全省不平衡发展，打破了浙江省县域经济在20世纪80年代相对均衡的空间格局，区域差距不断扩大。①

共同富裕既要高水平繁荣也要高水平均衡。"八八战略"提出，要"进一步发挥浙江的山海资源优势，大力发展海洋经济，推动欠发达地区跨越式发展，努力使海洋经济和欠发达地区的发展成为浙江经济新的增长点"。在其指导下，浙江省经过这些年的实践探索，成功逆转了区域差距不断扩大的趋势，近年来区域均衡发展更是持续向好。地区间人均可支配收入最高最低比是衡量区域差距的主要指标之一，在一定范围内，该指标越小表示区域发展越均衡。② 浙江省设区市居民人均可支配收入最高最低比由2015年的1.75逐年下降至2021年的1.61，区域均衡发展呈现持续向好态势。

表6-3　　　　浙江省设区市居民人均可支配收入（元）及最高最低倍差

	2015年	2016年	2017年	2018年	2019年	2020年	2021年
杭州市	42642	46116	49832	54348	59261	61879	67709
宁波市	41373	44641	48233	52402	56982	59952	65436
温州市	36459	39601	43185	46920	51490	54025	59588
嘉兴市	37139	40118	43507	47380	51615	54667	60048
湖州市	34251	37193	40702	44487	48673	51800	57497
绍兴市	38389	41506	45306	49389	53839	56600	62509
金华市	34378	37159	40629	44326	48155	50580	55880
衢州市	24460	26745	29378	32269	35412	37935	42658
舟山市	38254	41564	45195	49217	53568	55830	60848
台州市	33788	36915	40439	43973	47988	50643	55499
丽水市	24402	26757	29329	32245	35450	37744	42042
最高最低倍差	1.75	1.72	1.70	1.69	1.67	1.64	1.61

资料来源：历年《浙江统计年鉴》。

---

① 王丽娟、胡豹、刘玉等：《近30年浙江省县域经济空间格局的动态研究》，《浙江农业学报》2011年第4期。

② 刘培林、钱滔、黄先海等：《共同富裕的内涵、实现路径与测度方法》，《管理世界》2021年第8期。

（二）山区发展内生动力不足

浙江省的区域差距主要体现在山区与沿湾沿海区域的差距，尤其是山区26县普遍低于全省平均水平。山区26县的土地面积约为浙江全省的45%，人口接近全省的24%。由于"两山"转化通道未彻底打通，生态优势未真正转化为经济优势，山区发展内生动力仍然不足，地方政府缺乏增加财政收入的有效抓手。2021年，浙江省山区26县GDP总量占全省比重为9.5%，较2016年下降0.67个百分点，规模以上工业增加值也略低于全省水平，山区群众难以充分共享发展成果。浙江省山区26县城乡居民人均可支配收入普遍低于全省平均水平，见表6-4。

表6-4　　　　　2021年浙江省山区26县城乡居民人均可支配收入（元）

	城镇居民	农村居民	城乡收入比		城镇居民	农村居民	城乡收入比
淳安县	53002	24675	2.15	江山市	57279	31730	1.81
永嘉县	56991	29185	1.95	三门县	55072	30944	1.78
平阳县	58224	29703	1.96	天台县	54800	28909	1.90
苍南县	54498	28321	1.92	仙居县	49620	26956	1.84
文成县	47507	22580	2.10	莲都区	56371	33766	1.67
泰顺县	46769	22789	2.05	青田县	54651	30508	1.79
武义县	49702	23778	2.09	缙云县	52264	26422	1.98
磐安县	47358	22992	2.06	遂昌县	55720	25091	2.22
柯城区	58442	31153	1.88	松阳县	47041	23405	2.01
衢江区	45632	26127	1.75	云和县	51103	24555	2.08
常山县	46653	26901	1.73	庆元县	47034	22563	2.08
开化县	43746	23165	1.89	景宁畲族自治县	45574	24069	1.89
龙游县	56738	30045	1.89	龙泉市	54915	28380	1.93
浙江省	68487	35247	1.94	全国	47412	18931	2.50

资料来源：《2022年浙江统计年鉴》。

浙江省山区26县跨越式高质量发展面临的问题具体表现在产业转型、平台能级、交通设施等方面。

第一，产业转型升级偏慢。26县工业总量普遍偏小、层次偏低，钢铁、化工、水泥、建材、造纸等高耗能行业比重较大，科技投入、创新能力不足。高端服务业、外贸综合物流服务业发展缓慢，2020年全省服务业百强企业榜单中尚无一家来自山区26县。旅游资源开发利用程度不高，生态产业化和"生态+"的产业融合模式仍处在探索起步阶段。缺少农业龙头企业带动，产业链偏短，规模较小，农业附加值普遍不高，农产品精深加工不够，品质退化、效益下降严重。农业高品质生态产品与服务供给不充分，生态资源深度挖掘和产品业态开发不足，农业与第二、第三产业融合步伐亟待加快。

第二，发展平台能级有待提升。26县平台存在数量多、规模小、能级弱三大问题：2019年，26县产值超过100亿元的开发区仅10个，还有8个县没有开发区。2021年26县规上工业企业亩均税收16万元左右，远低于全省规上工业企业亩均税收（27.5万元），不到全省的60%。26个"一县一业"中，仅8个县拥有上市公司，仅10个县拥有年产10亿元以上企业，其中年产50亿元的企业仅一家。

第三，交通设施建设仍较落后。目前，衢州市、丽水市与长三角、海西区、珠三角三大区域间连接的交通"主动脉"不多，网络化程度不高，还难以发挥省际重要交通节点作用，交通仍是制约山区26县跨越式发展的最大短板。

第四，优质公共服务资源供给不足。优质教育资源不足，衢州市、丽水市教育现代化发展指数分别为68.95和70.17，低于全省平均水平（73.58），仅有丽水学院、衢州学院两所高等院校，两市高等教育毛入学率（54.41%、59.29%）低于全省水平。高能级科研院所布局偏少，重大创新平台支撑作用不强，科技成果产业化链条不完备。优质医疗卫生资源不足，本科以上医护人员占比分别为

46%和48%，均低于全省平均水平（53.6%）。城镇化水平低，26县城镇化率58.1%，低于全省14个百分点。

第二节　浙江省高水平开放缩小城乡区域发展差距的示范

为发挥高水平对外开放对缩小城乡差距、区域差距的积极作用，浙江省积极响应《意见》要求，按照《浙江高质量发展建设共同富裕示范区实施方案（2021—2025年）》部署安排，不断探索以高水平开放促进城乡区域协调发展的最优路径。争取到2025年，将城乡居民收入倍差缩小到1.9以内，设区市人均可支配收入最高最低倍差缩小到1.55以内。

实施山海协作工程这一重大决策由习近平总书记在浙江省工作期间提出，是"八八战略"的重要组成部分。"山"主要指以浙西南山区和舟山海岛为主的欠发达地区，"海"主要指沿海发达地区和经济发达的县（市、区）。这一工程旨在促成发达地区和欠发达地区开展优势互补的经济合作，实现协同发展。2018年1月，浙江省委、省政府印发了《关于深入实施山海协作工程促进区域协调发展的若干意见》，提出打造山海协作工程升级版，推进山海协作向更宽领域、更高层次提升。浙江省聚焦受援地所需、支援地所能，持续丰富山海协作平台、完善山海协作机制、拓展山海协作领域，促进资源要素双向流动、山海联动统筹发展，挖掘海域和山区两翼的潜力优势，带动山区群众增收致富。浙江省多年的有益探索和发展绩效表明，"强化陆海统筹，升级山海协作工程"正是以高水平开放促进城乡区域协调发展的重要抓手。

一　"一县一策"，促进山区海岛县高质量发展

山海协作工程的升级版以"一县一策"等措施，帮助山区海岛

县融入全球产业链价值链。山区海岛县结合自身经济基础与产业发展特征，有针对性地制定适合本县域的政策，形成同发达地区企业的对接，实现"区域—产业"配对结构，构建起"1+2+26+N"的顶层设计政策体系。

"1"即一个总体方案。高质量编制并以浙江省委、省政府名义印发《浙江省山区26县跨越式高质量发展实施方案（2021—2025年）》，明确总体发展目标、分层分类导向、重点任务举措和政策保障措施，聚力实施做大产业扩大税源行动和提升居民收入富民行动。"2"即两个指导意见。制定实施进一步加强山海协作、结对帮扶两个指导意见，全面动员发达市县、省级单位、省属企业、央企在浙分支机构、金融机构、省属高校参与结对帮扶工作，推动构建组团式、宽领域、全覆盖的结对帮扶体系。"26"即实施"一县一策"精准支持。"一县一策"基于不同的资源禀赋、特色优势和产业基础为其量身定制发展方案推动每个山区县发展一个特色主导产业，培育内生发展动力。如淳安县的"生态保护前提下的点状开发"、泰顺县的"生态旅游全域美丽"、景宁畲族自治县的"少数民族地区融合发展"都具有鲜明地方特色。"N"即一批专项支持政策。按照"小切口、大牵引"的思路，聚焦产业发展、要素保障、人才支撑、基础设施、公共服务等领域，推动省级有关单位先后制定20个支持山区海岛县高质量发展的专项政策，形成政策合力。

在顶层政策体系的指导下，浙江省着力做强山区海岛县主导产业。推动山区海岛县认真谋划1—2个特色主导产业，着力做强一批"一县一业"，擦亮1—2个特色农产品"金招牌"，打造一批山区特色文旅"金名片"。遂昌金属制品、天台汽车零部件、青田不锈钢、龙游特种纸、永嘉泵阀、淳安水饮料、缙云机械装备等"一县一业"的产值，已经超百亿。除了针对工业，还有针对农业的"一县一业"，像常山县要培育做强"两柚一茶"。常山胡柚、香柚和山茶油，都是常山县的特色品牌，也是地理标志产品和地理标志证明商标。

"一县一策""一县一业"充分挖掘比较优势，找到了融入全球产业链供应链的立足点。

二 "飞地经济"，丰富山海协作平台

"飞地经济"是指相互独立、经济发展存在落差的行政地区打破行政区划限制，通过跨区域的行政管理和经济开发实现两地资源互补、分工协作、互利共赢的一种区域合作发展模式。"飞地经济"一般分为"正向飞地"和"反向飞地"两种模式。其中，"正向飞地"是指经济发达地区在经济欠发达地区设立一块经济飞地，形成飞出地资本、技术、管理优势与飞入地土地、劳动力、自然资源优势的结合。"反向飞地"是指经济欠发达地区在经济发达地区设立一块飞地，形成飞出地的资源和政策优势与飞入地的技术和人才优势的结合。[1] 浙江省发展山海协作"飞地经济"经历了以下三个阶段。

第一阶段，山海协作产业园，发挥"正向飞地"承接产业效能。山海协作产业园是杭州、宁波等发达地区和结对的欠发达地区合作共建园区，通过要素导入和优势互补，带动飞入地加快发展，是传统的"正向飞地"模式。2012年8月，浙江省委、省政府办公厅印发《关于推进山海协作产业园建设的意见》，明确要求在衢州、丽水有条件的县（市、区）启动建设首批9个省级山海协作产业园。近十年来，遂昌—诸暨、江山—柯桥、常山—慈溪山海协作产业园运作良好，荣获2021年省级山海协作工业类产业园一等奖。浙江省山海协作产业园模式，与改革开放之初设立深圳、珠海、厦门等五大经济特区没有本质区别，核心均是承接发达地区产业、资金、技术转移，并在本地结合自身廉价的土地和人力资源，进行加工组装生产，从而在双赢中带动经济快速发展。

第二阶段，科创飞地、消薄飞地、生态补偿飞地，探索"反向

---

[1] 黄玉杰：《最重视"飞地经济"的浙江为什么值得学习》，上海华略智库，2022年7月。

飞地"多种模式。在创新驱动发展的大背景下，欠发达地区不甘于也不应该仅仅只是成为承接产业转移地，更应争取打造产业创新策源地，从而实现迎头追赶、换道超车。然而，人才、技术等创新要素往往扎堆集聚在经济发达的大城市，不愿意落户欠发达地区。对此，浙江省着力打造山海协作工程升级版，在省级层面和发达地区的支持下，由欠发达地区主动出击、借船出海，到经济发达、创新资源集聚的地区建设飞地，这种由欠发达地区飞入发达地区的飞地模式被称为"反向飞地"。

科创飞地，是欠发达地区通过跨越空间的形式，来集聚和整合发达地区人才、技术等创新资源，并在条件成熟后落户到飞出地，进一步补强特色产业链，从而促进飞出地产业高质量发展。如衢州海创园、杭州柯城科创园、江山—江干科创飞地等均属于此类模式。

消薄飞地，是欠发达地区经济薄弱村集中资金、土地等资源配置到结对的发达地区，发展物业经济、楼宇经济等项目来实现收益。其中，以实缴股本金的10%左右作为投资固定收益，同时还可享受税收分成，以确保经济薄弱村获取长期、稳定的收益。如余杭—柯城、西湖—淳安、平湖—青田消薄飞地等。

生态补偿飞地，是浙江省针对受资源禀赋制约和有生态保护需要的西南山区以及生态功能区而创建的"反向飞地"。如淳安县作为生态功能区，全域近九成面积处于水源保护区红线内，发展瓶颈明显。为此，杭州市为淳安县打造了千岛湖智谷大厦、千岛湖智海大厦等一批生态补偿飞地，使淳安县形成了"有楼宇、有产业、有税收"的异地发展新格局。

第三阶段，产业飞地，山海携手共建。产业飞地既不是落在欠发达地区的山海协作产业园，也不是落在发达地区的"反向飞地"，而是两者的有机结合，是经济欠发达地区主动到发达地区（"反向飞地"属性），共同建立以先进制造业为主的飞地园区（"正向飞地"属性）。如余姚—松阳产业飞地于2021年7月成立，用地面积约

1500亩，规划建设期限为2021—2025年，余姚市作为飞入地负责项目用地征收拆迁以及相关配套的投入，松阳县作为飞出地负责保障土地、占补平衡、能耗等指标。公司出资方面，由松阳方面控股，余姚方面出资比例不低于30%。管理人员方面，由两地共同选派优秀干部任职或挂职。税收分配方面，原则上产业飞地内地方留成部分全额归飞出地，具体由两地协商。产业选择方面，结合两地的主导产业和发展规划，瞄准前沿领域，发展有区域特色、有竞争优势的新兴产业，如高端装备、生物医药、新材料和节能环保等。产业飞地的本质，是让欠发达地区主动到发达地区分享发展机遇、跟上快行的脚步，分享后者高质量发展的收益，最终携手走向共同富裕，是一种全新的"飞地经济"发展理念和形态，需要更高一级政府的统筹和飞入地"先富带后富"的格局和胸怀。

从谋划设立9个山海协作工业产业园、18个山海协作文旅产业园，到创新建立山海协作"产业飞地""科创飞地""消薄飞地"，浙江"飞地经济"的平台载体越来越丰富。特别是2021年以来，省政府印发《关于进一步支持山海协作"飞地"高质量建设与发展的实施意见》，支持山区26县和革命老区到省内发达地区投资建设面积1平方千米左右、以先进制造业为主的"产业飞地"，拓展发展空间、开辟税源渠道，目前已推动18个"产业飞地"签约共建。30个"消薄飞地"已实现山区26县全覆盖，累计返利超2亿元。积极推动杭州、嘉兴等地为山区26县集中布局"科创飞地"。

三 "结对帮扶"，完善山海协作机制

结对帮扶是不断完善山海协作机制的重要抓手。2021年，浙江省山海协作领导小组办公室印发《关于进一步加强山海协作结对帮扶工作的指导意见》，建立健全山海协作指标体系、工作体系、政策体系、评价体系。按照"结对关系保持稳定，帮扶力量相对均衡"的思路，杭州市、绍兴市与衢州市结对，宁波市、嘉兴市、湖州市

与丽水市结对，省内 50 个经济强县结对帮扶山区 26 县，推动资源共享、优势互补、合作共赢。

结对帮扶工作有六个方面主要任务：第一，聚焦产业合作，着力激发山区内生动力。结对双方开展产需对接、产用结合和产业链上下游整合，支持山区 26 县打造特色标志性产业链，提升传统制造业发展水平。支援地每年要组织产业对接洽谈，推动优质企业赴受援地开展产业项目合作，帮助培育生命健康、新材料、新兴产业和未来产业。第二，聚焦平台共建，着力扩大税源增收渠道。推进山海协作工业产业园提质升级，高质量共建山海协作生态旅游文化产业园。依托大湾区新区、高能平台，为山区 26 县建设以先进制造业为主导的山海协作"产业飞地"。鼓励在杭州市、宁波市、嘉兴市建设山海协作"科创飞地"，加快形成"研发在飞地、产业化在山区"的创新链、产业链。第三，聚焦项目引领，着力构建富民惠民体系。有效发挥"消薄飞地"作用，确保山区 26 县经济薄弱村取得稳定高效收益。深化拓展消费帮扶，大力发展订单农业，每年实现消费帮扶金额 500 万元以上。开展社会事业合作，积极推动"校际结对帮扶""双下沉、两提升"及"文化走亲"等活动，在科技、医疗、教育、文化等领域开展有实际性内容的交流对接活动。第四，聚焦人才支撑，着力提升创新发展动能。支援地要根据受援地实际需求，定期选派专家团队赴山区 26 县开展组团式帮扶，提供农业技术、网商、金融等新服务。创新人力资源和劳务协作，推动山区 26 县职业技能实训基地建设提升，重点开展技能型人才、农村创业带头人等培训。第五，聚焦资金扶持，着力强化政策激励机制。支援地所在设区市要完善援建专项资金使用管理办法，会同受援地建立援建项目筛选对接机制，通过制度性安排撬动社会资本参与投资。支持结对双方共同设立多层次的山海协作产业引导基金，鼓励金融机构和社会资本共同出资并参与基金的运营和管理。第六，动员社会力量，形成山海协作工作合力。支援地要充分发挥本地工会、共青团、妇联、科协、侨联等组织与民主党派、工商联的优势作用，积极动员本地各类社会力量参与山海协作结对帮扶活动，并支持本地企事业单位优先到受援地开展工会疗休养活动。支持和鼓励各类国有企业参与各类山海协作平台的投资和建设。鼓励其他经济强县动员社会组织、民营企业积极开展山海协作帮扶活动。

富阳和缙云这对山海协作结对区县就是一个成功范本。自2016年结为山海协作结对区县以来，两地围绕打造"山海协作工程升级版"目标，在项目援建、产业协作、乡村振兴、教育医疗、科技文旅、飞地共富等领域开展全方位深度合作。截至2022年年底，累计实施援建项目37个、到位援建资金3263万余元，一条"山海并利、山海共赢、山海共富"的道路越走越宽。

四 "海洋强省"，全域参与海洋经济发展

《意见》指出，要完善先富带后富的帮扶机制，"全域参与海洋经济发展，建设海洋强省"是重要举措之一。浙江拥有独特的区位优势和丰富的海洋资源，海洋经济已成为浙江经济发展的重要助推器，更是浙江沿海地区高质量发展的重要助力。与此同时，浙江注重通过海陆统筹实现城乡区域协调发展，不断提升海洋经济内陆辐射能力。

2021年，浙江省政府印发了《浙江省海洋经济发展"十四五"规划》，为提升海洋经济内陆辐射能力，《规划》提出，推动浙江构建"一环引领、一城驱动、四带支撑、多联融合"的全省全域陆海统筹发展新格局。"一环引领"，即突出环杭州湾海洋科创核心环的引领作用，夯实科技创新对产业发展的支撑力。"一城驱动"，是指依托国际港口城市优势，聚集海洋优势资源，全力打造宁波舟山海洋中心城市。"四带支撑"，则要充分发挥甬台温临港产业带、生态海岸带、金衢丽省内联动带以及跨省域腹地拓展带的支撑联动作用，将海洋经济的优势向内陆腹地延伸，实现优势互补。"多联融合"，

即山区与沿海协同高质量发展,联动海港、河港、陆港、空港、信息港协同发展,提升多式联运体系水平。

为了实现海洋经济引领下的海陆统筹发展新格局,浙江一方面注重增强海洋经济对外开放能力,深化与东南亚、南亚、中东欧等"一带一路"共建国家(地区)合作,共建"一带一路"国际贸易物流圈,共筑长江经济带江海联运服务网,共推长三角一体化港航协同发展,深度参与国际海洋经贸合作。另一方面不断优化海洋经济内陆辐射能力,一是增强金衢丽省内联动能力,发挥义甬舟开放大通道功能,有序推动宁波舟山港硬核力量西向拓展,强化金义浙中城市群核心带动作用,夯实衢州四省边际中心城市带动作用,发挥丽水浙西南中心城市带动作用。二是强化跨省域腹地拓展功能,畅通建设内陆地区新出海口,畅联内陆地区经贸合作通道。

第三节 浙江示范的理论意涵

习近平总书记指出:"过去40年中国经济发展是在开放条件下取得的,未来中国经济实现高质量发展也必须在更加开放条件下进行。"[1] 对外开放能够通过扩大市场规模来促进经济增长,[2] 但对外开放亦可能导致区域间或人群间的不平等问题。习近平新时代中国特色社会主义思想指导下的浙江示范强调通过高水平开放促进城乡一体发展、区域协调发展,推动共同富裕目标的实现,打破了认为贸易开放会扩大收入差距的传统观点,是对贸易开放与不平等理论政策的丰富与完善。

---

[1] 习近平:《开放共创繁荣 创新引领未来》,《人民日报》2018年4月11日第3版。

[2] 张宇燕:《中国对外开放的理念、进程与逻辑》,《中国社会科学》2018年第11期。

一 对外开放与收入差距

一国参与全球化的总体收益一般都要大于总体损失，但是对外经贸活动可能会造成该国一部分人受益，另一部分人受损[1]，这种现象的恶化会带来一系列的社会、经济和政治问题。全球化对一国国内居民收入不平等的影响，在发达国家和发展中国家都是存在的。[2]

改革开放以来，中国经济取得了耀眼成就，但与此同时，收入差距也在不断扩大，已经成为收入不平等状况最为严重的国家之一。美国的收入差距主要体现为人群间的收入差距，而中国的收入差距主要来自巨大的城乡差距[3]和区域差距[4]。中国的城乡收入比从改革开放初期1985年的1.86迅速攀升至2002年的3以上，直到2009年都徘徊在3以上的高位，其后有所下降，城乡差距扩大之快在世界上少有。中国的区域收入差距也是巨大的，中国最富地区的人均收入是最穷地区的20倍左右，相当于世界上最富裕国家和最贫穷国家之间的差距[5]。开放程度对收入差距的实际影响在理论界历来存在广泛争议，最终要取决于定量研究的结果。[6]大部分针对中国的学术研究表明，2009年以前中国的对外开放倾向于扩大中国的收入差距。

建设共同富裕示范区以来，浙江省在"八八战略"指引下，充分利用国内、国际两个市场、两种资源，坚持实施更大范围、更宽领域、更深层次对外开放，货物贸易进出口、利用外资和对外投资、对外经济合作等实现较快增长，实现了从外贸大省到开放大省、开

---

[1] 张二震、李远本、戴翔：《高水平开放与共同富裕：理论逻辑及其实践路径》，《南京社会科学》2022年第4期。

[2] 姚枝仲：《坚定不移推动经济全球化》，《中国外资》2022年第5期。

[3] 陆铭、陈钊：《城市化、城市倾向的经济政策与城乡收入差距》，《经济研究》2004年第6期。

[4] [塞尔维亚] 布兰科·米兰诺维奇：《全球不平等逸史》，李楠译，中信出版集团2019年版。

[5] 赵莹：《中国的对外开放和收入差距》，《世界经济文汇》2003年第4期。

[6] 沈颖郁、张二震：《对外贸易、FDI与中国城乡收入差距》，《世界经济与政治论坛》2011第6期。

放强省的跨越。与此同时,浙江省的城乡差距和区域差距却稳步缩小,实实在在地走出了一条以高水平开放促进城乡区域均衡发展的新路。浙江省在这其中到底做对了什么?浙江示范又有怎样的理论意涵?

二 高水平对外开放促进城乡一体发展

浙江省采用"一县一策"、科技强农、机械强农"双强行动"等方式,促进发展成果向农业农村部门辐射。第一,高水平对外开放积累的技术经验带动农业生产综合能力提升。在对外开放过程中,制造业的发展壮大为农业科技和机械化升级提供重要的技术支持,将加速农业生产的现代化进程。第二,高水平对外开放为农业服务业的发展提供了可供借鉴参考的经验。对外开放带来的先进管理经验与运营经验的普及,帮助农村产品更有效地融入国内大循环和国际循环,提高农村产业的创富水平,使农村居民的收入和福利水平显著提升。第三,高水平对外开放带来的产业链发展与经济增长,为新型城镇化和乡村振兴提供新的动力:产业发展既为农村劳动力提供更多高质量就业机会,增加其工资性收入;[1] 又带动劳动力增加面向自身和下一代的人力资本投入,缩小城乡居民在教育维度的差距,促进城乡长期均衡发展。[2]

三 高水平对外开放促进区域协同发展

浙江省在高水平开放过程中,不仅已融入全球产业链、参与产业链垂直分工,[3] 发挥比较优势;更注重以升级版"山海协作"工程等方式,推进开放向更大范围、更宽领域延伸。浙江省一方面有针对

---

[1] 韩军、刘润娟、张俊森:《对外开放对中国收入分配的影响——"南方谈话"和"入世"后效果的实证检验》,《中国社会科学》2015年第2期。
[2] 吴必武:《70年来中国的劳动力市场》,《中国经济史研究》2020年第4期。
[3] 余丽丽、彭水军:《全面对外开放与区域协调发展:基于价值链互动视角》,《世界经济》2022年第1期。

性地推动开放向先前存在的"开放洼地"纵深,强化同"一带一路"合作国家和地区的经贸往来,发掘"开放洼地"直接嵌入全球产业链的潜力;另一方面引导"先富"区域的产业链向其他区域延伸,以区域间协作带动欠发达地区借助强有力的国内循环,间接嵌入国际分工。从而实现以"双重嵌入"的方式,[1] 享受开放的发展红利,缩小区域间发展差异,实现区域协同发展。

第四节　浙江示范的鲜明特点

实现高水平对外开放,推进城乡一体发展、区域协调发展,最终实现共同富裕目标,没有成熟的经验、现成的模式可循。2021年6月,《意见》印发实施,浙江省被赋予先行探索高质量发展建设共同富裕示范区的重大使命。一年多来,浙江省不断探索以高水平对外开放促进城乡区域平衡发展,积累了许多宝贵经验,浙江示范具有系统务实、因地制宜、精准聚焦、向外辐射四个鲜明特点。

下一阶段,浙江省可在深入学习贯彻习近平总书记关于城乡区域协调发展的重要论述的基础上,围绕忠实践行"八八战略"、奋力打造"重要窗口"主题主线,立足发挥比较优势和缩小区域发展差距,全力打造山海协作升级版,助推山区海岛县成为全省经济发展新增长点,推动城乡区域协调发展持续走在前列。

一　系统务实,健全体系化工作机制

2021年6月,《意见》印发后,浙江省委、省政府秉持干在实处、走在前列、勇立潮头的精神,迅速出台了系列文件落实《意见》要求,创造性系统性落实示范区建设各项目标任务,形成体系化工作机制率先探索建设共同富裕美好社会。

---

[1] 刘志彪、吴福象:《"一带一路"倡议下全球价值链的双重嵌入》,《中国社会科学》2018年第8期。

第六章　高水平开放缩小城乡区域发展差距

2021年出台的《浙江高质量发展建设共同富裕示范区实施方案（2021—2025年）》提到，浙江省将"率先基本形成以中等收入群体为主体的橄榄型社会结构，努力成为地区、城乡和收入差距持续缩小的省域范例"，并将发展目标具体化为到2025年"城乡居民收入倍差缩小到1.9以内，设区市人均可支配收入最高最低倍差缩小到1.55以内"。

浙江省委、省政府印发了《关于深入实施山海协作工程促进区域协调发展的若干意见》《浙江省海洋经济发展"十四五"规划》，发改委印发了《浙江省山区26县跨越式高质量发展实施方案（2021—2025年）》《关于进一步支持山海协作"飞地"高质量建设与发展的实施意见》，浙江省山海协作领导小组办公室印发了《关于进一步加强山海协作结对帮扶工作的指导意见》《浙江省山海协作工程考核办法》《浙江省山海协作援建项目（资金）管理办法》等政策文件，每年高规格召开山海协作工程推进会，健全任务下达、高层互访、干部选派、绩效考核等工作机制。各有关市认真贯彻落实省委、省政府部署要求，将打造山海协作工程升级版工作纳入市委、市政府综合考核，并将年度工作任务分解至相关县（市、区），上下联动推进各项工作落实落细。2018年以来，省级财政共安排山海协作资金15.96亿元，各有关市县共落实山海协作援建资金7.66亿元。

二　因地制宜，打造平台协作载体

以高水平对外开放促进城乡区域平衡发展，首先要夯实欠发达地区的经济基础，而产业正是发展之基、富民之源。浙江示范首先开展"一县一策"，找准山区26县的产业比较优势，培育内生动力；再通过打造丰富的平台协作载体，助推26县融入全球产业链价值链，焕发经济活力，从而实现经济社会富裕程度与共享程度的协调发展。

浙江省聚焦产业共兴、项目共引，每年推进一大批山海协作产业项目在山区26县落地建设，推动山区生态产业加快发展。聚焦"强村富民"，建立消费帮扶机制，组织支援地通过线上线下融合方式推进产销对接，拓宽结对地区农产品销售市场，2018年以来，全省实现山海协作消费帮扶销售金额超30亿元。聚焦乡村振兴，印发《山海协作乡村振兴示范点建设工作指引》，引导发达地区发挥先进理念和援建资金作用，积极发展休闲农业、生态农业和民宿经济，加快推进乡村振兴示范点建设。

浙江省不断探索"飞地经济"的丰富形式，为26县融入产业链打造平台协作载体。持续推进山海协作产业园提质增效，9个山海协作工业产业园围绕主导产业，加快引进上下游关联产业引进，培育生态友好型现代产业集群，2018年以来累计完成固定资产投资488亿元、实现工业总产值1094亿元；18个文旅产业园通过"一园多点"开发模式，形成了"一区一品"、各具特色的标志性成果，2018年以来累计完成固定资产投资595亿元、实现服务业营业收入653亿元。创新建设山海协作"产业飞地"，在省级新区、能级较高的开发区（园区）平台，为山区26县谋划布局1平方千米左右、以先进制造业为主的"产业飞地"，积极拓展山区县发展空间，目前已推动26个"产业飞地"签约共建，引进产业项目82个。16个山海协作"科创飞地"已累计孵化项目307个，37个山海协作"消薄飞地"累计返利超过4亿元。

下一阶段，浙江省可进一步在强化产业合作上下功夫。一是强化产需对接，以集群化、绿色化、数字化、现代化为方向，引导技术、资本、市场等与山区生态资源有机结合，积极推动山海协作结对市县开展产需对接、产用结合和产业链上下游整合，支持山区26县培育发展新兴产业，提升传统制造业发展水平。深化央企与山区26县一对一结对合作，积极推动省属国企、知名浙商企业加大对山区26县投资力度。二是打造"一县一业"，深入实施"一县一策"，引导山区26县发展高端装备、电子信息、生物医药、医疗器械、新材料等生态产业,加快形成一批百亿级规模的特色主导产业。积极引导支援地农业龙头企业到山区26县发展生态循环农业,建设特色农产品深加工基地。三是加强企业培育,实施"放水养鱼""雏鹰行动",引导山区26县重点培育创新型中小企业、"专精特新小巨人"企业、隐形冠军、单项冠军。推动山区26县开展企业管理现代化对标提升,加强"一企一策"专项诊断服务,推进企业"专精特新"发展。

进一步在深化平台共建上下功夫。一是加快推进山海协作"飞地"建设,完善"产业飞地"激励政策,加强资源要素保障,以"产业飞地"为载体推动建立一体化招商协同机制,加强产业链山海协作,打造山区发展新空间。在杭州、嘉兴集中布局山海协作"科创飞地",加快形成"研发在飞地、产业化在山区"的创新链。二是加快打造特色生态产业平台,因地制宜、因园施策,找准主攻方向,集中抓好1—2个主导产业发展,引导重点企业向特色生态产业平台集聚,构建扩大税源和促进就业增收的发展平台。三是加快山海协作产业园提质升级,深入推进山海协作工业产业园智能化和数字化改造,加快山海协作文旅产业园串珠成链,形成一批标志性成果。

三 精准聚焦,提效结对帮扶体系

以高水平对外开放促进城乡区域平衡发展的浙江示范,还通过精准聚焦,以结对帮扶的形式,破解山区26县的发展瓶颈;与此同时,不断优化发展环境、加强科技人才支撑,助力26县形成可持续发展动力。

浙江省持续调整完善山海协作结对帮扶关系,杭州市、绍兴市与衢州市结对,宁波市、嘉兴市、湖州市与丽水市结对,省内50个经济强县结对帮扶山区26县,推动资源共享、优势互补、合作共赢。组织256个省级单位、省属企业、省属高校、三甲医院和264个民营企业,组成26个帮扶团组,发挥各自的职能优势、资源优势、渠道优势，开展"一县一团"帮扶工作。积极动员央企与重点山区县开展"一对一"结对帮扶，推动中国建筑集团、中交集团、华润集团、国家能源集团、中国铁建、三峡集团、中国电建 7 家央企与文成、泰顺、龙泉、云和、庆元、松阳、景宁 7 个重点县签署"一对一"结对合作协议，协议开展 54 个重点合作项目、总投资达 1767.7 亿元。

不断优化发展环境。一是加快基础设施建设，加快推进杭温铁路、衢丽铁路、景文高速、瑞苍高速等一批重大交通基础设施项目建设，积极推进温福高铁、温武吉铁路、义龙庆高速公路、庆景青公路等项目前期工作，着力打通山区对外交通大动脉。加快推进一批普通国省道和"四好农村路"建设，提升基础设施互联互通水平。加快在山区 26 县布局建设一批抽水蓄能电站。二是推动公共服务优质共享，加快推动山区 26 县一批教育、卫生、文化、体育等领域基础设施建设，全面推进教共体、医共体建设，深入实施"千校（园）结对"帮扶行动、医疗卫生"山海"提升工程，推进优质教育医疗资源共享、精准下沉。三是强化数字改革赋能，推动山区 26 县抢抓数字化改革机遇，推动与发达地区比学赶超、互学互鉴，优化创新创业生态，打造最优营商环境。积极推进 GEP 核算成果应用，拓宽生态产业价值实现途径。

不断加强科技人才支撑。一是加强科技支撑，推动已有省级重点实验室、产业创新中心、制造业创新中心、产业创新服务综合体等省级创新载体与 26 县的精准对接，通过项目、资金等一体化配置，围绕 26 县产业需求持续开展基础研究、技术攻关和服务，提升主导产业发展水平。二是建好博士创新站，围绕山区 26 县特色产业发展需求，按照"至少一位博士领衔，承担一个研发项目，组建一支研发服务团队，实践培养一批技术人才，服务一家企业"的标准，增强山区 26 县产业创新供给的源头效应。三是强化人才培育，推动共建产学研合作基地、科技创新孵化园和职业技能培训基地，加强对山区产业技术人才培训。进一步健全人才资源共享机制，创新"柔性引才"和"人才飞地"新模式,建好用好"浙江人才大厦"等人才平台基地,提升山区创新发展动力。

四 向外辐射,打造对口工作升级版

浙江省坚决扛起对口工作政治责任,将对口工作纳入浙江省高质量发展建设共同富裕示范区的重要内容,印发实施《关于打造对口工作升级版实施意见》,推进工作项目化、项目体系化、体系品牌化,全面加强对对口地区帮扶力度。一是全力做好对口支援工作。编制完成浙江省"十四五"对口援疆、援藏、援青规划。"十四五"时期,围绕智力支援、产业支援促进就业、持续保障和改善民生、促进各民族交往交流交融、文化教育支援五大重点任务,着力改善群众生产生活条件,规划安排项目639项,其中2021年度安排项目558项。二是全力做好对口合作工作。浙江、吉林两省签订了新一轮《深化对口合作框架协议》,明确了"十四五"时期双方合作的重点,推进重点合作项目53个。完善浙吉合作高端智库,深化推进"一市一平台(园区)"建设。三是全力做好东西部协作工作。签署《深化浙川东西部协作和交流合作框架协议》,推进东西部协作工作结对关系调整平稳过渡。选派入川挂职干部155名,到位专业技术人才1150名,通过劳务协作方式帮助四川省5.77万名脱贫人口、36.75万名农村劳动力实现转移就业,采购销售四川省消费帮扶产品21.3亿元。

第七章　高水平开放丰富人民精神文化生活

文化领域的高水平开放可以通过直接消费效应、生产促进效应、经贸促进效应、国际提升效应等渠道，丰富本土居民的精神文化生活。《中共中央　国务院关于支持浙江高质量发展建设共同富裕示范区的意见》（以下简称《意见》）出台之前，浙江省在提升居民幸福、发展文化产业方面位居前列，在文化开放上尤其是文化产业的贸易与投资方面有较大发展空间。《意见》出台之后，浙江省采取加强共同富裕的思想教育、推动公共文化服务建设、提升文化产品供给的质量、加强对外宣传、参与大型国际展会、打造具有国际影响力的影视文化创新中心、建设"浙江数字文化国际合作区"、以数字文化产业集群壮大文化产品国际竞争力等多种措施，力图通过高水平开放丰富人民精神文化生活。

第一节　共同富裕示范区建设前浙江省精神文化建设的状况

一　《意见》出台前浙江省文化政策的梳理

浙江省经济基础雄厚，文化底蕴深厚，具有丰富的文化资源和优良的区位优势，在精神文明建设与文化开放领域积累了雄厚的基础。改革开放以来，浙江省文化政策的演变可以概括为以下几个阶段。

一是1978—1999年，属于文化事业的奠基阶段。改革开放以来，浙江省的文化事业开始恢复发展，物质文明与精神文明同步发展。1986年，党的十二届六中全会通过《中共中央关于社会主义精神文明建设指导方针的决议》，提出经济体制改革、政治体制改革与精神文明建设的"三位一体"布局，根据上述精神，浙江省于同年通过《关于"七五"期间社会主义精神文明建设的实施纲要》。1989年，浙江省颁布了第一个文化市场管理的法规《浙江省文化市场管理暂行办法》，并成立文化市场管理办公室。1993年，浙江省制定实施《浙江省社会主义精神文明建设纲要（1993—2000年）》。1994年，在党的十四届六中全会通过的《中共中央关于加强社会主义精神文明建设若干重要问题的决议》精神指导之下，浙江省对上述纲要进行进一步修订。1997年，《浙江省文化发展规划》颁布，确定了1996—2010年浙江省文化发展的基本规划，文化建设由起步向腾飞迈进。

二是1999—2011年，属于文化大省的建设阶段。1999年12月，浙江省首次提出"发展文化产业，建设文化大省"，并开始总结"浙江精神"。2000年，浙江精神正式被提炼为"自强不息，坚韧不拔，勇于创新，讲求实效"，浙江省已经充分认识到文化对经济社会发展的极大推动作用，浙江精神成为浙江省现代化建设征程中的重要动力之源。在此之后，浙江省通过了一系列文化建设的重要文件。2002年，党的十六大提出深化文化体制改革，浙江省成为文化体制改革综合试点之一。

2002年之后，在习近平同志的领导之下，浙江省文化大省的建设步伐加速迈进。2003年，习近平同志提出"八八战略"，即"发挥八个方面的优势，推进八个方面的举措"，其中"进一步发挥浙江的人文优势，积极推进科教兴省、人才强省，加快建设文化大省"是八大战略之一。2005年，浙江省通过《关于加快建设文化大省的决定》，提出"3+8+4"的基本框架，其中"3"为三大着力点，包括增强先进文化凝聚力、解放和发展文化生产力以及提高社会公共服务能力，"8"为重点实施的八大工程，"4"为教育、科技、卫生、体育四大强项。

2008年，在党的十七大"兴起文化建设新高潮，推动文化发展大繁荣"的精神影响之下，浙江省通过了《推动文化大发展大繁荣纲要》，将社会主义核心价值体系、公共文化服务体系和文化产业发展体系作为三大目标提出。

三是2011—2017年，属于文化强省的建设阶段，逐步开始重视统筹文化与开放的关系。2011年，浙江省首次提出建设文化强省战略的目标，2012年通过《推进文化强省建设的决定》，提出打造文化强省的十大计划，包括中国特色社会主义理论体系普及计划、公民道德养成计划、文艺精品打造计划等方针措施，其中包括"对外文化拓展计划"，标志着浙江省开始把文化的开放与传播作为文化强省的重要指标。2015年，习近平总书记强调浙江省"只要传承历史、守正出新，海纳百川、兼收并蓄，就一定能够实现建设文化强省的目标"，为浙江省文化强省的建设指明了方向，提出了新目标。

四是2017—2020年，属于从"文化浙江"向"重要窗口"迈进的时期。浙江省提出具体奋斗目标，其中文化浙江是六大具体目标之一。随后浙江省通过《关于推进文化浙江建设的意见》，提出建设文化浙江的"十大工程"，"文化走出去"是其中的重要目标之一。2020年，习近平总书记在浙江考察时对浙江提出"努力成为新时代全面展示中国特色社会主义制度优越性的'重要窗口'"的新要求，浙江省开始致力于将其打造成国内先进文化的新高地和向世界传播中华文明的桥头堡。

五是2021年至今，在共同富裕示范区的建设下，浙江省文化发展迎来新的历史篇章。

二 《意见》出台前浙江省文化开放发展现状

(一) 物质文明与精神文明发展位居全国前列，居民幸福感与文化产业建设成绩优异

浙江省 2021 年地区生产总值达 74040.8 亿元，连续多年位于全国第 4 名，仅次于广东省、江苏省、山东省。人均生产总值为 113839 亿元，连续多年排名第 5 位，仅次于北京市、上海市、江苏省、福建省。

物质文明的发达为精神文明奠定了基础，但以 GDP 衡量的物质文明并不完全等于精神的满足。在将经济繁荣转化为人民幸福方面，浙江省成绩卓然。2022 年清华大学中国新型城镇化研究院发布了《人民幸福指数研究报告》，报告测度了全国 298 个地级及以上城市的幸福指数，其中浙江省会杭州市高居榜首，一般地级市排名前 10 的城市中，浙江省力压江苏省、广州市，占到 6 个之多，包括金华、湖州、温州、绍兴、台州、舟山 6 市，其中金华市位于地级市排名第 1。

在文化产业方面，根据中国人民大学文化产业研究院发布的"中国省市文化产业发展指数"，浙江省文化产业发展指数 2018—2021 年始终保持第 3 名的位置，仅次于北京市、广东省。该指数分为生产力、影响力和驱动力三个分项指标，其中浙江省在驱动力指标上位居全国第 1 名，体现了浙江省在吸引文化产业投资、保护知识产权、文化与科技融合等方面具有突出的表现。

(二) 文化贸易有长足发展，但仍有一定提升空间

自 2005 年浙江省提出建设文化大省的目标以来，浙江省文化产业得到迅速发展，文化产业增加值由 2005 年的 442 亿元，提升至 2011 年的 1257 亿元，占 GDP 的比重达到 4%。2011 年之后，浙江省提出文化强省的建设目标，文化产业继续迅速发展，占 GDP 的比重于 2013 年突破 5%，并于 2017 年之后达到 7% 以上，成为浙江省的支柱产业之一。

2011年之后，文化强省的目标开始包含对外文化拓展，文化贸易也开始迅速发展，贸易额由2011年的66.3亿美元增加到2019年的102.4亿美元，年均增速达5.7%。但是不同于文化产业的发展，文化贸易的占比并未得到迅速提高，2011—2019年，文化产品贸易占贸易总额的比重始终维持在3%左右，具有较大的提升空间（见表7-1）。

表7-1　　　　2011—2019年浙江省文化产品增加值及文化贸易变化趋势

年份	文化产值			文化贸易		
	增加值（亿元）	增速（%）	占GDP的比重（%）	贸易额（亿美元）	增速（%）	占贸易总额比重（%）
2011	1257	—	4.0	66.3	—	3.1
2012	1582	25.9	4.6	71.3	7.5	3.2
2013	1880	18.8	5.0	77.1	8.1	3.1
2014	2188	16.4	5.5	83.2	7.9	3.0
2015	2490	13.8	5.8	92.4	11.1	3.3
2016	3233	29.8	6.8	88.2	-4.5	3.3
2017	3745	15.8	7.2	85.6	-2.9	3.0
2018	4215	12.6	7.5	91.9	7.4	2.9
2019	4600	9.1	7.4	102.4	11.4	3.1

资料来源：浙江省统计局、统计局和中宣部编《中国文化及相关产业统计年鉴》等。

（三）文化国际投资与合作发展空间巨大

2011年以来，浙江省外资项目数和实际利用外资金额的变化波动较大，其中项目数在2017年之前与2017—2020年有显著提高，项目数从每年11个以下提升到24—62个，占总外资项目的比重也由2012年的0.1%提升到2020年的2.2%。但利用外资的金额变化波动更大，没有明显提升，占投资总额的比重也维持在0.1%—0.3%之间，也具有较大的提升空间（见表7-2）。

在对外投资与交往领域，浙江省也进行了很多有益尝试，包括培育文化独角兽企业发展,推动民营企业(如横店集团、华策影视、宋城集团等)收购境外文化企业,以壮大自身力量,提高国内外竞争力。此外,还注重影视产业的国际化,尝试在杭州举办戛纳电视节中国国际影视高峰论坛,打造中国的线上戛纳,积极将国内文化产品推广到世界。

表7-2　　2010—2021年浙江省文化、体育和娱乐业项目和利用外资情况

年份	项目 个数(个)	增速(%)	占比(%)	实际利用外资 金额(万美元)	增速(%)	占比(%)
2010	11	—	0.6	4052	—	0.4
2011	5	-54.5	0.3	1489	-63.3	0.1
2012	2	-60.0	0.1	789	-47.0	0.1
2013	10	400.0	0.6	2419	206.6	0.2
2014	13	30.0	0.8	7236	199.1	0.5
2015	8	-38.5	0.4	2804	-61.2	0.2
2016	9	12.5	0.4	1224	-56.3	0.1
2017	24	166.7	0.8	3958	223.4	0.2
2018	47	95.8	1.3	2387	-39.7	0.1
2019	52	10.6	1.5	4594	92.5	0.3
2020	62	19.2	2.2	1535	-66.6	0.1
2021	81	30.6	2.3	2364	54.0	0.1

资料来源:历年《浙江统计年鉴》。

(四)入境旅游逐年提升,浙江文化开始辐射到中华文化圈之外

浙江省具有历史悠久、风景秀美的特点,旅游资源丰富,并且基础设施完善、国际可通达性强。随着文化强省的建设,国际旅游业得到迅猛发展。根据统计,2010—2017年,浙江省入境旅游人数由684.7万人提升到1211.7万人,年均增速达到8.6%,旅游创汇收入也由393020万美元提升至827600万美元,年均增速达到11.3%。2020年受新冠疫情影响,入境旅游人数大幅降低,但2021年入境旅

游逆势增长,增速达到11.7%,体现了浙江省旅游资源对境外游客不可替代的吸引力。值得注意的是,入境旅游人数中,非港澳台同胞的比重逐步提升,由2010年的65.3%提升至2018年之后的70.8%,证明浙江文化开始辐射到中华文化圈之外(见表7-3)。

表7-3　　2010—2021年入境旅游人数变化及创汇收入趋势

年份	入境旅游者人数			旅游创汇收入	
	人次	增速(%)	非港澳台同胞占比(%)	金额(万美元)	增速(%)
2010	6847102	—	65.3	393020	—
2011	7736908	13.0	66.6	454173	15.6
2012	8659290	11.9	65.9	515174	13.4
2013	8662817	0.0	66.6	539293	4.7
2014	9310301	7.5	66.0	575348	6.7
2015	10120384	8.7	66.4	678847	18.0
2016	11203019	10.7	65.3	743063	9.5
2017	12117339	8.2	66.1	827600	11.4
2018	4567577	—	70.8	259579	—
2019	4671137	2.3	70.6	266823	2.8
2020	383484	-91.8	72.2	16367	-93.9
2021	428432	11.7	76.4	20424	24.8

资料来源:历年《浙江统计年鉴》。其中2018年统计口径发生变化,不具有同比上的可比性。

(五)文化软实力和对外输出能力有了长足进步

近年来,浙江省还注重利用本土文化资源优势,培养文化软实力和国际影响力,充分利用杭州西湖文化、大运河文化、良渚文化等世界文化遗产,进行深度加工;对充满浙江特色的优秀传统文化,如书法、茶、丝绸、印章、瓷器等文化产品,加强其与新兴文化产业,如影视、网络文学、游戏、动漫等的融合,以此为载体走向世界。

此外，浙江省积极向国外发出浙江之声。推动报纸、广播电台、出版集团做大做强，打造具有实力的权威之声，努力建设官方英文网站、脸书等互联网媒体，加强同境外媒体的交流与合作，通过浙侨、外资企业、进出口企业、游客等途径，对浙江文化进行二次、三次传播。

第二节 共同富裕示范区建设后浙江省推出的建设实践及成绩

2021 年，根据《意见》的精神，浙江省通过《浙江高质量发展建设共同富裕示范区实施方案（2021—2025 年）》，其中衢州市、嘉兴南湖区、绍兴诸暨市、金华东阳市作为第一批"打造精神文明高地领域"的试点地区。随后，浙江省文化和旅游厅印发了《浙江省文化和旅游厅推进文化和旅游高质量发展促进共同富裕示范区建设行动计划（2021—2025 年）》，取得了一系列优异成绩，主要包括以下几点：

一 加强共同富裕的思想教育，构筑精神文化的主心骨

为促进精神生活的共同富裕，浙江省尤其重视思想理论的阐释传播，对共同富裕思想的传播一方面直接丰富了居民的精神生活，另一方面有助于提高人民的文化认同感和凝聚力，坚固了高水平文化开放下的定心石和主心骨。浙江省的主要举措如下：

一是构建共同富裕研究阐释体系。持续深化"习近平关于共同富裕的重要论述在浙江的探索与实践"重大课题研究，组织省内多家高校等科研单位，以"揭榜挂帅"方式开展系统研究。开展"精神生活共同富裕指标体系研究"，实现阶段性成果。积极发挥习近平新时代中国特色社会主义思想研究中心的平台优势，组织专家学者

阐释新思想，解读共同富裕。二是开展共同富裕宣传宣讲。浙江省在全省开展"共同富裕·青年说"万名青年学习、调研和宣讲活动，组织"共同富裕·青春之声"新时代理论宣讲浙江 11 个地级市快闪接力活动，组织宣讲员结合调研拍摄"我身边的共富故事"Vlog。三是推进共同富裕平台建设。浙江省联合人民日报社共同主办扎实推动共同富裕高峰论坛，发布高质量发展建设共同富裕示范区的进展情况和取得的阶段性成果。四是建立全媒体传播系统。浙江省依托"民情在线"应用，建立完善"每日动态关注+季度风险点预警+重点话题研析"相结合的民情分析和风险研析模式，民情研析机制入选全省高质量发展建设共同富裕示范区第一批"最佳实践"项目。聚焦共同富裕重要活动报道，生动挖掘基层共富实践，依托"舆论引导在线"应用放大传播效果，利用"浙江宣传"公众号形成破圈效应，超常规推进市级媒体深度融合，谋划推进省级重大传播平台建设。

二　推动公共文化服务建设，促进优秀文化的推广与普及

精神文化领域的共同富裕，要求一切优秀的文化资源都要由人民共享。文化产品的生产只是这一环节的起点，还需要通过公共文化服务领域的发展，将国内外的优秀文化向老百姓进行推广与普及。浙江省在公共文化服务建设方面也进行了很多有益尝试。如加快建设"15 分钟品质文化生活圈"，新增 600 家"农村文化礼堂"，完成城市书房、文化驿站、乡村博物馆等文化设施建设，开展百城万村文化惠民活动，推动演出下乡、送书下乡、送讲座展览下乡、文化走亲等活动。此外，浙江省还创新公共文化服务机制，启动"农家书屋+新华书店"（乡村书房）微改革，推动农家书屋提质增效。

三　提升文化产品质量，打造文化竞争力

文化产品质量提升对于居民精神文化生活具有直接促进作用，也

是文化产品"出海"的核心竞争力所在。浙江省在提升文化产品质量方面进行了诸多努力，也取得了丰厚的成果。一是文艺精品的供给增加，推出了具有鲜明辨识度的重大主题文艺精品，如越剧《枫叶如花》荣获第十七届中国文化艺术政府奖"文华大奖"，宋韵主题文艺创作《忆江南》在央视春晚亮相后受到广泛好评，展示新时代中国重大发展成就的电视剧《我们这十年》在浙江卫视、优酷视频等9个平台同步播出，展现运河畔的人们建设社会主义现代化新征程的电视剧《运河边的人们》在央视一套播出。二是健全文艺精品创作生态链。充分发挥"之江潮"杯等重大奖项文化引领作用，在全国范围内首创《浙江省舞台艺术重大主题创作揭榜挂帅机制实施办法（试行）》，每年计划拨1000万元资金扶持舞台艺术精品，开展2022年度浙江省舞台艺术重大主题创作项目"揭榜挂帅"评审工作。2023年度申报国家艺术基金项目数量共计531个，位列全国前三。三是激发文化产业活力。加快推动文化产业高质量发展，实施文化改革发展"十四五"规划，推动文化体制改革不断深化，制定《关于浙江省贯彻落实国家文化数字化战略的实施意见》《浙江省国有文化企业深化改革加快发展实施意见》及行动计划，修订《浙江省省属文化企业重大事项管理实施细则》《浙江省文化产业发展专项资金管理办法》。推进之江文化产业带、横店影视文化产业集聚区、大运河和长江国家文化公园、四条诗路文化带等重大平台建设。推动创建文旅融合改革试验区，"百县千碗"工程影响扩大。

四 强化对外宣传，塑造浙江品牌

为提升浙江省对外形象及品牌建设，促进国内外文化进一步开放与交流，浙江省主动强化对外宣传，具体措施如下。一是加强传播内容建设。召开打造"共同富裕"国际传播品牌座谈会，实施"共同富裕"外媒采访线工程，建设20条省级"共同富裕"外媒采访线，实施《走向共同富裕·外国人眼中的中国浙江记忆》融媒传播系列项目。二是拓宽传播平台渠道。打造"1+11+N"省、市、县三级国际传播平台矩阵，完成100家市县级融媒体海外机构账号开设，壮大国际传播队伍，培育出海队伍4000人，培育第三批浙江省国际人文交流基地。三是打响省域形象品牌。举办"诗画江南活力浙江"浙江省国际传播大型融媒系列活动，包括"这十年·百名外国友人看浙江"活动、"诗画江南活力浙江"全球短视频大赛、第三届"美丽浙江"国际短视频大赛、第三届全省电视对外传播创新创优研讨班等，叫响浙江省域品牌。举办"2022丝绸之路周"活动，会同国家文物局，邀请联合国教科文组织，汇聚全球数百家文博机构联动参与，以丝为媒，推动中国丝绸之路国际话语权和影响力稳步提升。四是积极做好宣传展示，配合国际媒体和国内外学者的宣传采访工作，省市各级外宣平台开设"共同富裕"专题专栏，加强对外传播。五是推进共同富裕国际传播数字化改革。坚持"三改合一"，开发"国际传播在线"应用，建立"共同富裕"国际传播专区，实现省市县三级贯通。

五　参展大型国际展会，积极展示浙江形象

浙江省更加深入参与或筹办进博会、服贸会、文博会、数贸会等国际展会，不遗余力地将浙江形象向国际推广。2021年第四届进口博览会，浙江省以"灵动浙江"为主题，以"共同富裕"为核心，打造浙江综合形象展示区，向世界介绍丝绸技法、西湖龙井、海宁皮影戏、西泠印泥、龙游皮纸等富有浙江特色的优秀文化产品。2022年第五届进口博览会，浙江省全新推出"中国这十年"对外开放成就展浙江馆，以浙江十年来对外开放大事件大节点为时间脉络，展示浙江推进高水平对外开放的生动实践和突出成就。2022年服贸会期间，浙江省以"数动浙江潮涌钱塘"为主题，设置中心展区与四大产业展区，展示了国家级特色服务出口基地、数字化改革成果等，还展示了最新的影视动漫内容和文创IP产品等。此外，浙江省

还主办了杭州文化创意产业博览会、全球数字贸易博览会等,进一步强化了与世界各国在文化领域的交流与合作。

六 打造具有国际影响力的影视文化创新中心

为促进文化产业平台升级,浙江省以横店为龙头创建国际影视文化创新中心,推动文化产业的集聚。习近平总书记在浙江工作期间,两次到横店考察调研,多次作出重要指示批示,要求横店加大宣传、树立品牌、发挥优势,打造中国的"好莱坞"。历届浙江省委均高度重视横店影视城的建设,强调"以横店影视文化产业集聚区为龙头,打造具有国际影响力的影视文化创新中心""支持横店影视文化产业集聚区建设全国影视产业先行先试区"。为建设具有国际影响力的影视文化创新中心,浙江省以数字化改革为创新驱动,凭借互联网大省、数字大省、智治大省优势,率先提出以数字化改革撬动各领域改革,着力加快打造具有国际影响力的影视文化创新中心和数字文化产业集群,打好政策、技术、市场、改革组合拳,为影视业的工业化、数字化和标准化发展培植生态土壤。在浙江全省上下开展数字化改革的大潮下,横店影视文化产业集聚区以数字化改革为引领,创新建立以"影视文化产业大脑+未来影视工厂"为核心的数字化改革体系,以影视生产标准化、信息化、数字化为目标,形成数字化改革功能点近500项,确立"1+8+N"的大脑建设框架。浙江省还充分发挥体制机制优势,横店充分发挥省市县三级联动共同推进、政府与横店集团良性互动的体制机制优势,整合各方资源和力量,形成工作合力,把体制机制优势转化为产业发展优势。在中宣部的大力指导和支持下,横店已经建成了全球规模最大的影视实景拍摄基地、形成了全国最为密集的影视产业集群、构建了最为完善的影视产业服务机制。自1996年起步,已吸引3000余名国内外知名导演在横店拍摄创作,入区企业出品的《西游记之大圣归来》《我和我的祖国》《湄公河》等先后荣获包括"五个一工程"奖、金鸡奖等多项奖项。2021年以来在海外影院上映的中国电影，其中大多数由横店入区企业出品或在横店影视城拍摄。在国家广电总局评定的优秀海外传播作品中，多部影视作品带有横店标签。

七 将"浙江数字文化国际合作区"打造成"国家文化出口基地"

2021年8月，浙江省"浙江数字文化国际合作区"入围了第二批国家文化出口基地名单，这是浙江省继"中国（浙江）影视国际产业合作区"入围首批国家文化出口基地后，第二个国家文化出口基地，也是中国唯一的数字文化贸易功能区。合作区已引入包括运营主体中南卡通在内的多家创新型企业，出口的原创动画覆盖全球100多个国家和地区。合作区引入人工智能、区块链技术等先进技术，打造"版钉"这一数字文化版权登记、授权和维权的数字文化版权保护平台。该平台利用区块链技术，面向数字文化企业，提供"区块链+版权"的一站式解决方案。合作区以"版钉"为抓手，积极促进数字服务贸易发展，促进国内外文化版权的交流与合作，推动数字文化产业发展与数字产品交易的优化。

八 以数字文化产业集群壮大文化产品国际竞争力

相比物质实体，数字产品在国际交易与传播上具有无可比拟的优越性，数字技术为文化产业的"出海"插上翅膀，成为新时代推动文化产品"走出去"的关键一环。为进一步提升浙江文化产业的国际竞争力，浙江省着力打造数字文化产业集群，主要措施如下。一是持续优化发展环境。浙江省委相继出台《中共浙江省委关于加快推进新时代文化浙江工程的意见》《浙江省文化改革发展"十四五"规划》《关于推进浙江省文化产业高质量发展的若干意见》等文件，明确将数字文化产业作为支柱产业加快培育，重点发展流媒体、电子竞技、视频点播、数字文娱、网络文学、网络视听、数字影像等数字文化产业新业态，做强拉长数字文化产业链。二是加快推进数字文化重大项目建设。突出之江文化产业带主平台作用，推动"之江发展核"建成数字文化产业发展高地。浙江省推动中国（之江）视听创新创业基挂牌成立，举办首届中国视听创新创业大会、第七届中国数字阅读大会。推动国家音乐产业基地萧山园区创建验收工作，融合科技力量，努力打造成为高科技音乐产业基地。此外，浙江省还设立了国家（杭州）短视频基地与中国（浙江）广播电视媒体融合发展创新中心。三是加快文化产业数字化转型。浙江省努力推动媒体融合发展纵深推进，促进文化制造业加快转型，上线浙江省网络游戏服务管理平台，创设浙江省网络游戏预审分中心，制定出台网络游戏审核细则一系列规定，全面实现网络游戏审核业务网上办、掌上办。在网络文学上形成正确引导、有效服务、科学管理、机制创新的"浙江模式"，涌现出了一系列具有忠实国外读者的网络文学作品。

第三节　高水平开放丰富人民精神文化生活的理论意涵

一　中国特色社会主义理论中开放与精神文化生活的相关内容

中国共产党历来重视对国外优秀文化的借鉴吸收和不同国家与民族之间的文化交流。早在延安文艺座谈会上，毛泽东同志就指出："我们必须继承一切优秀的文学艺术遗产，批判地吸收其中一切有益的东西，作为我们从此时此地的人民生活中的文学艺术原料创造作品时候的借鉴。"[①] 他还指出："中国应该大量吸收外国的进步文化，作为自己文化食粮的原料，这种工作过去还做得很不够。这不但是当前的社会主义文化和新民主主义文化，还有外国的古代文化，例如各资本主义国家启蒙时代的文化，凡属我们今天用得着的东西，

[①] 《毛泽东选集》第3卷，人民出版社1991年版，第860页。

都应该吸收。"①

中华人民共和国成立之后，毛泽东同志提出的"两用"原则和"双百"方针，成为指导我国文化开放的根本性思想。"两用"，指"古为今用，洋为中用"，要求借鉴吸收其他民族的优秀文化成果；"双百"，指"百花齐放，百家争鸣"，鼓励文化的多样性，毛泽东同志进一步指出："各国人民应该根据本民族的特点，对人类有所贡献。但是如果大家都画一样的画，都唱一样的曲调，千篇一律就不好了，就没有人看，没有人听，没人欣赏。"② 只有文化领域的开放，才能够以丰富多彩的世界文化资源补充中国特色社会主义文化，赋予它发展的动力和时代活力，实现中国精神文化的繁荣。

党的十一届三中全会以后，中国走向了改革开放的道路，由于长期与世界隔绝，在经济、科技、文化等诸多领域与世界的差距逐步拉大，邓小平同志尤其强调对外的学习，"任何一个民族、一个国家，都需要学习别的民族、别的国家的长处，学习人家的先进科学技术"③。邓小平同志首先破除了科学技术的阶级属性，认为资本主义社会的科学技术也可以用来服务社会主义国家，随后强调对资本主义文化也应该采取开放的态度，"经济上实行对外开放的方针，是正确的，要长期坚持。对外文化交流也要长期发展"④。党的十二届六中全会明确提出，"近代世界和中国的历史都表明，拒绝接受外国的先进科学文化，任何国家任何民族要发展进步都是不可能的。闭关自守只能停滞落后"，"对外开放作为一项不可动摇的基本国策，不仅适用于物质文明建设，而且适用于精神文明建设。"⑤

以江泽民同志为主要代表的中国共产党人继承了"对外开放"

---

① 《毛泽东选集》第2卷，人民出版社1991年版，第706—707页。
② 《毛泽东文集》第8卷，人民出版社1999年版，第226页。
③ 《邓小平文选》第2卷，人民出版社1994年版，第91页。
④ 《邓小平文选》第3卷，人民出版社1993年版，第43页。
⑤ 中共中央文献研究室编：《十二大以来重要文献选编（下）》，人民出版社1988年版，第1177页。

的文化发展思路，同时，强调"引进来"和"走出去"双轮驱动、缺一不可。江泽民坚持文化开放，在文化领域贯彻以开放促发展的理念，指出"同世界各国进行广泛的经济、贸易、科学、技术、教育、文化交流，对我们进行社会主义现代化建设具有重大作用"①，坚持"以我为主、为我所用"的原则，博采众长。进入21世纪后，国家间综合国力，包括文化软实力的竞争日趋激烈，文化"走出去"是文化软实力竞争的重要方式，因此，江泽民提出"在新的条件下扩大对外开放，必须更好地实施'引进来'和'走出去'同时并举、相互促进的开放战略，努力在'走出去'方面取得明显进展"②。在激烈的国家文化竞争中，展现中国优秀文化，发出中国独特声音。"引进来"和"走出去"成为我国文化开放的两条主线，相互交织，相辅相成。

党的十六大以来，以胡锦涛同志为主要代表的中国共产党人强调社会主义物质文明、政治文明、精神文明协调发展。精神文明建设是社会主义建设的重要组成和重要助力，既是满足人民日益增长的文化需求的举措，又是参与国际竞争、提升我国文化影响力的关键。社会主义文化建设迈入新阶段，文化"走出去"的发展目标更加明确。党的十六届五中全会指出："加快实施文化产品'走出去'战略，推动中华文化走向世界。"为更好地促进文化建设，落实文化"走出去"战略，对内改革文化体制提上日程。党的十六届三中全会明确提出："按照社会主义精神文明建设的特点和规律，适应社会主义市场经济发展的要求，逐步建立党委领导、政府管理、行业自律、企事业单位依法运营的文化管理体制。"在文化领域建设，确立了以对外开放和对内改革为驱动的发展方式，借鉴吸收各国先进文化，改革创新文化体制机制，以开放助改革，以改革促开放，提升文化软实力和文化影响力。

---

① 《江泽民文选》第1卷，人民出版社2006年版，第573页。
② 《江泽民文选》第3卷，人民出版社2006年版，第456页。

党的十八大以来，习近平总书记始终强调坚持中国特色社会主义文化建设，加强文化领域的开放与跨国交流。《中共中央关于深化文化体制改革推动社会主义文化大发展大繁荣若干重大问题的决定》提出"文化是民族的血脉，是人民的精神家园"，党的十八大报告强调"中华文化走出去迈出更大步伐，社会主义文化强国建设基础更加坚实"。在这一阶段对文化领域的开放提出新的要求。

一是将文化"走出去"与"外宣"相结合，强调"着力推进国际传播能力建设，创新对外宣传方式，加强话语体系建设，着力打造融通中外的新概念新范畴新表述，讲好中国故事，传播好中国声音，增强在国际上的话语权"[1]。二是强调文明之间的多元共生以及平等相待，"没有多样性，就没有人类文明"，"文明没有优劣之分，只有特色之别"，因此在文化的交往中应该树立对本民族文化的自信，才能够真正在对外文化交往中吸取外来文化的优秀成果，为我所用。三是将文化交流提升到"人类命运共同体"的高度。近年来，面对全新的国际变局，以习近平同志为核心的党中央审时度势，提出人类命运共同体思想，以促进全球治理改革与人类文明的长远发展，文化的交流为人类命运共同体的构建提供了强大支撑，习近平总书记指出，"我们要加强世界上不同国家、不同民族、不同文化的交流互鉴，夯实共建亚洲命运共同体、人类命运共同体的人文基础"[2]。

二 学界关于开放与精神文化生活的相关研究

从经济学角度讨论文化贸易，是采取比较优势理论、产品多样性理论、需求偏好理论等传统国际经济学理论去解释文化产品贸易。文化产品贸易和货物贸易相比具有较大差异性，但是比较优势理论依然具有较强的解释力，各地对文化资源的禀赋及比较优势也决定

---

[1] 中共中央文献研究室编：《习近平关于全面深化改革论述摘编》，中央文献出版社2014年版，第85页。

[2] 习近平：《深化文明交流互鉴 共建亚洲命运共同体——在亚洲文明对话大会开幕式上的主旨演讲》，人民出版社2019年版，第5页。

了全球文化贸易的模式。文化贸易通常为产业内贸易，用于解释产业内贸易的国际贸易理论自然也对文化贸易有解释力。新贸易理论强调产品种类多样性对消费者效应的提高，这解释了为什么在消费本国文化产品的基础上，居民还需要消费国外的文化产品。相互需求理论解释了相似国家之间的贸易的产生，认为一国对某些特定产品的生产具有优势，而这些产品的进口需求往往来自和它们偏好相似的国家，因此贸易发生在相似国家之间，这有助于解释地理距离、文化距离等因素对文化产品贸易的影响。

事实上，近年来关于文化贸易影响因素的研究中，文化距离、语言距离等因素被学界所普遍强调。例如有学者研究表明，母语或者第二语言为英语的国家，美国更倾向于从其进口文化产品。也有学者检验了移民、共同语言、是否具有殖民关系等因素对文化贸易的影响。这些研究通常采取引力模型，文化距离作为引力模型中的距离项引入。随着服务贸易的发展，文化越来越多的以服务的形式进行交换，学界开始以服务贸易的视角讨论影响文化服务贸易的因素，其中WTO的《服务贸易总协定》，以及近年来各种高标准贸易协定中的服务贸易条款得到了较多关注，学界普遍认为，为促进文化的贸易与交流，需要更高水平的开放，消除服务贸易领域的壁垒，有力推动规则等制度型开放。

除文化产品贸易之外，直接的文化交流也对各国经济社会产生较大影响，文化交流能够降低交流和交易成本，提高信任感，进而充当经济"润滑剂"的作用。近年来，对外文化机构对两国贸易、投资等经济变量的影响得到广泛关注，国内外学者针对中国的孔子学院进行了大量研究，普遍得到正面的结论，即孔子学院有效促进了中国与目标国之间的经贸往来。"一带一路"倡议的"五通"中，"民心相通"是其中的重要一环，通过文化交流提高中国与"一带一路"共建国家的友好往来，对"一带一路"相关国家的经贸往来也产生了显著影响。

三 高水平开放促进精神文化发展的作用机理分析

结合理论与我国文化开放的实践，本章总结出文化开放促进居民精神文化发展的作用机理。

一是直接消费效应。高水平开放有助于本地居民接触到更大范围、更多种类的人类文明精品，能够消费到各文明根据自身禀赋和优势创造的文化成果，也有助于提升文化消费的多样性，进而直接提升居民的文化消费效用。

二是生产促进效应。高水平开放加强了国内外文化交流，有助于促进国内文化产品的生产能力，不但有助于文化产品"出海"，也提升了本土文化产品的生产效率，进而有益于本土文化消费者。这一作用的产生主要通过两个渠道。一是技术传播渠道，通过与国外优秀文化的交流，学习先进的技术与管理手段，为本土生产服务；二是市场竞争渠道，通过与国外优秀文化产品的直接竞争，倒逼国内文化生产者提升生产效率与全球竞争力。

三是经贸促进效应。高水平开放通过文化交流增加国家之间的信任，降低交易成本，促进中国与相关国家的贸易、投资及其他经贸合作，从而带来更加丰富的物质产品，物质产品的丰富对本土居民精神文化水平的提高有间接促进作用。

四是国际形象提升效应。高水平的文化开放有助于加强国家之间的互相了解，消除不必要的误解和敌意；也有助于向世界宣传中国，讲好中国故事，提高中国的话语权与国际形象，进而提升中国公民在国际交往中的尊严与满足感，也是对公民精神文化生活提升的重要一环。

表7-4总结了贸易、外资进入、对外投资、直接对外文化宣传等开放举措，对于促进本土居民精神文化生活的作用渠道差异。其中，各项措施均能够起到经贸促进作用和国际形象提升效应；文化贸易与文化产业的外资进入均可以为本土居民带来更加多样的文化

消费，产生直接消费效应，而文化对外投资和对外文化宣传无法实现这一效应；但文化对外投资也可以通过与国外企业竞争、逆向技术溢出等渠道提升母公司生产率水平，通过生产促进效应间接提升本土居民的精神文化生活水平。

表 7-4　不同开放举措对丰富本土居民精神文化的作用渠道差异

开放举措	直接消费效应	生产促进效应	经贸促进效应	国际形象提升效应
文化贸易（货物+服务）	进口文化品	文化品竞争、技术溢出	通过产品交往降低双边文化距离	通过产品
文化外资进入	直接生产文化品	外资竞争、技术溢出	通过在本国的经营降低本国对国外的文化距离	通过生产与经营
文化对外投资		与国外企业的竞争、逆向技术溢出	通过国外的经营降低国外对本国的文化距离	通过生产与经营
对外文化宣传			降低国外对本国的文化距离	通过直接宣传

同时，也应该注意到文化开放可能带来的负面影响，及时防范文化交往中遇到的风险与困难，做到"以我为主，为我所用"。

第一，注意民族文化安全问题。

与物质产品不同，文化产品具有文化属性，这种文化属性通常与一个国家或民族的意识形态高度绑定，文化产品塑造了一个民族的认同感，影响着一个民族的价值取向、思维方式和行为方式。文化的交流也是一个不同民族之间的民族意识形态相互影响的过程，文化产业的开放必然带来国外文化的渗透，当强势文化对本民族文化渗透达到一定水平之后，就可能带来本民族文化的中空，进而对本民族特色文化造成毁灭性打击，并严重削弱对本民族文化的认同感及民族凝聚力。第二次世界大战以来，发达国家通过强大的文化生产能力，推行"文化帝国主义"，在全世界攻城略地，带来很多民族文化产业乃至本土文化式微，沦为发达国家的附庸，值得我们警觉。

因此在文化扩大开放的过程中，需要妥善处理开放与文化安全问题，首先要以社会主义核心价值观武装居民，牢牢抓住文化的主心骨；其次要把好国门的第一道关，将不健康的文化、具有明显意识形态渗透、不利于中华民族凝聚力的有害文化第一时间拒之门外。

第二，妥善处理外国先进文化产品对国内文化产业的冲击。

中国文化产业起步较晚，虽然具有悠久的历史、丰富的文化资源，但是文化产品的现代化、产业化、国际化，相比西方发达国家还有一定差距。美国的电影产业、日本的动漫游戏产业等，在国内具有较强的竞争力。文化市场的开放可能会挤占本土文化的市场份额，文化领域的外资进入可能带来资金、人才流出本土企业，对国内文化产业造成一定冲击。因此需要一定程度的"文化例外"，适度保护国内幼稚产业；同时还应该加强国内文化产品的生产能力和影响力，在竞争中赢得中华民族文化的应有地位。

第三，妥善处理文化"出海"时国际竞争对本土产业的冲击。

中华民族文化"出海"，不但能够提升中国的国际形象和影响力，也能够使得本土文化厂商在全球范围内获得收益，但是中国文化的"出海"也存在一定劣势。首先是生产能力与欧美国家相比仍然具有一定劣势，其次欧美深耕全球市场多年，中华文化即使质量较高，积累全球运营的经验和能力尚需一定时间。"出海"受挫将会极大地损害"出海"企业甚至文化产业发展，为此需要与发达国家进行一定差异化竞争，还需要以国外能够普遍接受的形式对中华文化产品进行一定包装，提高其国际接受度与竞争力。

第四节　对浙江省实践及成绩的总结

2021年以来，浙江省在经济强省与文化强省的良好基础之上，依托丰富的文化资源和雄厚的产业基础，通过文化领域更高水平的对外开放，在丰富人民精神文化生活方面取得了更加优异的成就。

总结浙江经验，为全国各地通过高水平开放促进文化繁荣提供了宝贵的经验启示。

第一，社会主义核心价值观的引导是丰富精神文化生活的前提，也是实现外来文化"以我为主，为我所用"的基础。面对纷繁复杂的全球各民族文化，为坚定文化自信，保持中华民族的凝聚力和向心力，防止走向民族虚无主义和历史虚无主义，需要将社会主义核心价值观的思想教育放在首位，这是通过文化开放实现人民精神文化生活繁荣的前提和基础。

第二，在共同富裕方面，文化产品供给和文化产品的普及同等重要。只有将优秀的文化产品真正普及到老百姓手里，才能够真正实现文化领域的共同富裕，为此需要将推动文化的公共服务建设与生产高质量文化产品放在同等重要的位置，通过文化的公共基础设施建设、各类文化普及活动、文化公共服务的机制及制度建设等手段，将优秀的文化成果主动向老百姓宣传推广。

第三，依托本地的文化资源，发挥比较优势。国际贸易依赖各地的禀赋，以比较优势进行分工，文化产品的生产与贸易也遵循这一规律。浙江省的历史遗迹、自然人文景观、特产及非物质文化遗产，是其文化产业壮大的基石。各地的文化产业也应扎根于本地的特色资源优势，根据本地的历史文化与自然禀赋进行深耕，实现差异化的文化生产与经营，才能够在国内乃至国际的文化竞争中取得独特优势。

第四，通过数字化为文化产业与文化"出海"赋能。文化产业发展及开放需要依托前沿的数字技术。数字技术一方面使传统文化焕发出新的活力，提升文化产品的质量及效益；另一方面极大地降低了文化产品跨国交流的成本，有助于国内优质文化"出海"。为此需要各地推动将传统产品数字化，并鼓励生产网络文学、电子游戏、动漫等已经具有较优秀出口实绩的文化产品，同时在文化宣传方面积极拥抱数字技术，通过国际互联网平台宣传本土文化。

第五，通过制度型开放促进文化产业的繁荣与开放。随着国内外文化产业的发展，现有的规则及开放政策已经无法充分满足现阶段文化交流的需求。文化产业的服务化对市场准入等领域的规则提出新挑战，文化产品的数字化对知识产权的确立及保护提出新要求。在规则等制度型开放领域的探索与创新，是促进文化产业的发展与开放的重要制度保证。

对浙江省进一步通过高水平开放丰富人民精神文化生活繁荣，本章提出以下几点政策建议。

第一，仍需进一步提高文化产品贸易与投资的规模。浙江省的物质文明、人民幸福水平、文化产业均居全国前列，然而文化领域国际交流的发展速度滞后于文化产业的发展速度，需要进一步提高文化产品贸易、文化领域的外资引进和对外投资的发展，将浙江省建设成文化产业大省和文化开放大省。

第二，将文化"引进来"与公共文化服务相结合。引进优质的国外文化产品，也需要政府的引导与推广，通过"外国文化下乡""外国文化进社区"等形式，将符合社会主义核心价值观和中华民族基本价值观的国外优秀文化，通过公共文化服务体系向居民进行提供与推广，有助于同时推动文化开放与人民精神文化生活的繁荣。

第三，充分发挥自贸试验区的试点作用。浙江省应充分发挥自贸区先行先试的特点，对文化领域的高水平开放进行政策的探索，在文化产品进入的便利化、文化企业准入的便利化、知识产权保护、国内外文化产品的标准统一、依托文化产业建设综合服务平台与交易中心等方面进行大胆尝试。

第四，进一步推动制度型开放，降低文化生产与交流的成本。进一步优化对涉外文化活动的审批程序，提高管理效率；进一步降低国外文化企业的进入成本，尤其是文化产品硬件、知识产权服务、体育与演出等领域鼓励外资进入；进一步提升中国文化产品与企业"走出去"的支持力度；完善在国际知识产权保护上的规则统一与政策协调。

第五，进一步推动数字化改革。利用数字化改革进一步实现文化领域的共同富裕，在影视剧、网络文学等传统优势项目的基础上，探索游戏、短视频等新兴文化产品的生产，通过数字化生产降低居民获得文化产品的成本；建设统一的数字服务平台，对博物馆、景区等文化场所的进入进行线上的集成，提升文化和旅游活动的便利性；加强行政管理的数字化，推动数字产业的有关事项尽可能线上办理。

第六，推动文化"出海"，应以"一带一路"为切入点。浙江省仍需进一步鼓励优秀文化企业"走出去"，通过文化产品的"出海"培育国际竞争力，通过文化企业的对外投资获取国外优势资源。在"出海"的目标选择上，应该选择与发达国家进行差异化竞争，且在历史文化上与我国具有纽带连接的目的地。"一带一路"共建国家可以作为出海的切入点，依托"一带一路"倡议的助力，发挥浙江省独特的文化资源和海外侨胞资源，以"一带一路"共建国家为切入点，逐步培养文化的国际竞争力与影响力。

第八章　高水平开放践行"绿水青山就是金山银山"理念

浙江省作为我国对外开放的先行省份之一，具有出色的生态环境和丰富的自然资源，在统筹高水平对外开放和生态文明建设方面具有较为出色的政策实践。2021年6月，《中共中央　国务院关于支持浙江高质量发展建设共同富裕示范区的意见》（以下简称《意见》）正式发布。随后，浙江省制定《浙江高质量发展建设共同富裕示范区实施方案（2021—2025年）》（以下简称《实施方案》），并以此系统推进共同富裕示范区的建设。在建设过程中，浙江省始终在高水平对外开放进程中践行"绿水青山就是金山银山"的理念，以系统性的制度构设为统筹绿色与开放工作确立准则与规范，在环保制度、产业升级、绿色金融、生态开发和国际交流等领域积累宝贵经验，提供了可供借鉴的浙江示范。

第一节　共同富裕示范区建设前浙江省生态环境发展状况

浙江省在生态文明建设上具有较为深厚的经验，其生态环境质量和治理水平始终处于国内前列。浙江省在环境保护、污染治理和绿色经济发展方面均具有较为先进的发展理念和突出的发展成果，为共同富裕示范区建设过程中践行"绿水青山就是金山银山"理念奠定了坚实基础。①

一 水环境

"十三五"时期,浙江省水资源质量持续提升,淡水与海水污染得到有效治理,河流与海洋生态环境得到良好保护。2020 年,浙江省全省地表水断面Ⅰ—Ⅲ类水占比达到 94.6%,比 2015 年提高 21.7 个百分点;平原河网Ⅲ类及以上水质断面比例较 2019 年提高 13.3 个百分点;全省跨行政区域交接断面中,水质达标率达 98.6%,较 2015 年提高 25.5 个百分点;全省于 2020 年全面消除劣Ⅴ类水质断面。近岸海水质量方面,浙江省 2020 年全年一、二类海水面积占比 43.4%,比 2019 年上升 11.4 个百分点;劣四类海水面积占比 28.8%,比 2019 年减少 14.1 个百分点,比例大幅下降。

在废水污染物排放方面,浙江省在废水排放控制方面处于全国先进水平。根据《2020 中国生态环境状况公报》,浙江省被抽样调查的对象数位居全国第 2 位。但其化学需氧量排放量位居全国 31 个省(直辖市)的第 22 位,氨氮排放量位居全国第 12 位,总氮排放量位居全国第 11 位,总磷排放量位居全国第 17 位。浙江省单位 GDP 的废水排放量较低,其绿色发展能力较为出色。

二 大气环境

"十三五"时期,浙江省大气环境改善明显,大气污染物排放量出现显著减少,空气质量不断提升。大气环境质量方面,2020 年浙江省设区城市 PM2.5 浓度为 25 微克/立方米,较 2015 年降低 43.2%,超额完成"十三五"规划任务。设区城市空气质量达标天

---

① 2020 年浙江省的环境质量数据来自浙江省生态环境厅《2020 年浙江省生态环境状况公报》,"十三五"时期浙江省生态环境发展数据来自浙江省发展和改革委员会、浙江省生态环境厅《浙江省生态环境保护"十四五"规划》,2020 年浙江省生态环境数据的全国排名来自中华人民共和国生态环境部《2020 年中国生态环境统计年报》。

数比例达到 93.3%，较 2015 年提升 9.5 个百分点，超过"十三五"目标值 7.7 个百分点。

在大气污染物排放量方面，"十三五"时期，浙江省累计减排二氧化硫 21.3%，减排氮氧化物 23.2%，分别超过"十三五"预设目标 11.8 个百分点和 6.2 个百分点。根据《2020 中国生态环境状况公报》，2020 年浙江省二氧化硫排放量排名全国第 25 位，氮氧化物排放量位居全国第 12 位，颗粒物排放量位居全国第 23 位，单位生产总值二氧化碳排放量持续下降。浙江省通过调整产业结构、改善工业企业生产技术等方式，着力推进清洁空气的保护，其在国家"大气十条"的考核中始终保持优秀，环境空气质量在长三角区域率先实现全省达标。

三 生态环境

"十三五"时期，浙江省在生态环境保护方面取得较好成绩。2020 年浙江省生态环境状况为优，污染物排放强度相对较低，生态环境状况等级为优的面积占全省总面积的 84.0%。在农业用地方面，浙江省 2020 年落实、新增耕地 13.01 万亩，全省耕地质量等级平均 3.70 等，比 2019 年提升 0.03 等。全省农药使用量同比下降 5.2%，化肥使用量较上年下降 4.0%。在矿产资源方面，浙江省 2020 年完成 259 个废弃矿山生态修复，对矿山地质环境加以改善和修复。森林资源方面，浙江省 2020 年林地面积达 659.35 万公顷，森林面积 607.88 万公顷；拥有省级以上自然保护区 27 个，其中国家级占 11 个、省级占 16 个。

在工业固体废物方面，浙江省对工业生产流程进行升级，工业固体废物排放量相对较少，2020 年处于全国第 24 位；一般工业固体废物利用量位居全国第 17 位，工业固体废物利用率处于较高水平。工业危险废物产生与处置量方面，2022 年浙江省的产生与处置量均处于全国第 5 位。

在污染治理方面，浙江省大量兴建污染治理基础设施，以增强本省各类污染物的处理能力。在工业企业污染治理方面，2020年浙江省工业废水治理设施数量位居全国第一，工业废气治理设施数量位居全国第4位。在集中式污染治理设施污染治理能力方面，2020年浙江省污水处理厂数量位居全国第7位，污水处理量位居全国第4位；危险废物集中处理厂数量位居全国第2位，处理量位居全国第3位。2020年，浙江省污染治理投资量位居全国第6位，表明其坚决贯彻绿水青山就是金山银山理念的决心。

四 环境治理举措

"十三五"时期，浙江省在生态环境保护和治理方面打出"组合拳"，在制度建设、专项行动和产业引导等方面采取了包括重视生态文明建设，打响"污染防治攻坚战"，积极应对气候变化和温室气体减排，强化生态环境保护督查、生态环境法治和监督执法，推进生态文明体制改革，重视生态环境监测、信息公开和环保产业发展，开展环境宣传教育七类措施。此类举措不仅重视生态环境保护的制度完备性、工业企业生产技术与流程的绿色性，还重视生态环境保护措施的常态化和生态环境保护理念的普及化，以此带动形成全社会共同参与生态环境保护的良好局面。

第二节 高水平开放践行"绿水青山就是金山银山"理念的制度构设

2021年6月，《意见》正式发布，随后《实施方案》正式生效。两份纲领性文件为浙江省在统筹绿色、发展与开放的工作方面进行了系统的制度设计，全面地为浙江省各地方、各产业部门在高水平开放过程中保护和用好高质量生态环境资源作出了指引。在两份纲领性文件的指引下，浙江省从环境保护、产业引进、行业培育、绿色变现、国际推广等维度出发，构建起以高水平对外开放践行绿水青山就是金山银山理念的制度体系。

一 构筑高标准的生态环境保护制度，引领绿色发展方向

浙江省共同富裕示范区在以高水平开放践行绿水青山就是金山银山方面，坚持制度先行，以完备且高标准的环境保护制度体系，确保将经济发展与环境保护相统一。

《意见》从自然资源使用和生态环境保护制度两个维度对高水平建设美丽浙江提出整体规划和要求。在自然资源的使用方面，《意见》特别强调对耕地的保护，并要求"健全明晰高效的自然资源资产产权制度"；而生态环境保护方面，《意见》指出要"实行最严格的生态环境保护制度"，并就山水林田湖草系统治理作出整体安排。

"十三五"时期，浙江省在统筹对外开放、经济增长和生态环境方面取得成效，但仍面临一些问题。浙江省在重视经济发展和对外开放的同时重视生态环境的保护，取得了一定成果：2020年日空气质量优良天数比率达到93.3%，全省地表水断面Ⅰ—Ⅲ类比例达到94.6%，全省单位生产总值二氧化碳排放量持续下降。但经济发展过程中伴随的环境问题仍然存在。部分包括外贸企业和外资企业在内的园区存在较为严重的地下水污染问题，土壤和地下水污染防控面临压力；外来生物入侵和部分化学品风险源对浙江省生物多样性也形成威胁。[1]

《实施方案》基于浙江省生态环境保护建设实际和对外开放进程中的经济实践，有针对性地细化出高水平开放进程中可以遵循的生态环境保护制度体系。

第一，浙江省着力构建顺应国际潮流的生态环境保护制度并丰富完善制度落实机制。在此方面，浙江省坚持高水平对外开放视角，

---

[1] 浙江省发展改革委、省生态环境厅：《浙江省生态环境保护"十四五"规划》。

积极使用国际先进的治理技术，借鉴吸收国际通行的环境治理工具。《实施方案》提出，构建数字化生态环保综合应用系统，完善环境司法制度机制和生态环境公益诉讼制度。生态环境公益诉讼制度于20世纪70—80年代开始兴起，1970年美国密歇根州《环境保护法》首次提出环境保护"公民诉讼"概念，英国和德国也分别于同期确立环境领域公益诉讼机制。多国在《世界环境司法大会昆明宣言》中同样将生态环境公益诉讼制度和加大信息技术应用等确定为广泛接受的共识。[①] 因此，这一制度创设为浙江省在高水平对外开放进程中坚持环境保护、建设美好浙江提供了保障。

第二，浙江省立足治水治气治土治废治塑等关键问题，提出具有国际标准的治理制度体系。在治水方面，《实施方案》提出要开展海洋生态预警监测，并为城镇和农村污水治理提出具体要求。在治气方面，《实施方案》提出要以将85%的县级以上城市建成清新空气示范区为目标进行管理。在治土方面，《实施方案》提出要强化土壤环境全过程风险管控，以此设计相应的方案和制度体系。在治废治塑方面，《实施方案》提出要严格落实禁塑限塑制度，由此实现对各类废物的强效监管。坚持高水平对外开放，使之更好地服务于高质量发展、满足人民群众对美好生活的需要，需要重视生态文明建设，在制度层面明晰环境保护所应当遵循的原则，一方面使各类市场主体主动对标并适应中国公开、透明、可预期的环境保护制度体系；另一方面使全国人民享受具有更高质量生态环境的发展成果，真正实现重视生态文明的共同富裕。

浙江省共同富裕示范区以具有国际先进水平的生态环境保护制度和治理体系，扎实推进国家生态文明试验区建设，以制度为在高水平对外开放进程中践行"绿水青山就是金山银山"理念保驾护航。

---

① 中华人民共和国最高法院：《世界环境司法大会昆明宣言》，2021年5月27日，http://www.court.gov.cn/zixunxiangqing-305911.html。

二 拓宽产业部门绿色生产转型渠道，厚植绿色发展土壤

浙江省共同富裕示范区在实现高水平对外开放和环境保护协同发展的过程中，由制造业产业部门切入，在碳排放整体调控、能源结构转型、绿色制造体系等方面进行系统设计，全方位推进高水平开放进程中的经济绿色发展。

《意见》对浙江省经济绿色发展进行重点关注，从经济核算方式、碳排放调控、产业发展等方面，对浙江省共同富裕示范区的建设进行系统性、整体性宏观规划。在经济核算方式方面，《意见》对接国际层面普遍接受的绿色发展理念，要求"探索完善具有浙江特点的生态系统生产总值（GEP）核算应用体系"。GEP核算应用体系是联合国环境署关于生物多样性与生态系统服务经济学相关研究的重要组成部分，是将联合国统计委员会发布的"环境经济核算体系—试验性生态系统核算"（SEEA-EEA，System of Environmental Economic Accounting-Experimental Ecosystem Accounting）同经济发展各关键要素相结合，而提出的具有国际推广价值的核算体系，属于我国在绿色发展领域国际标准方面的有益探索。在碳排放调控方面，《意见》要求"高标准制定实施浙江省碳排放达峰实施方案"。在产业发展方面，《意见》要求"推动传统产业高端化、智能化、绿色化发展，做优做强战略性新兴产业和未来产业，培育若干世界级先进制造业集群"。传统产业的绿色化发展需要培育壮大我国的先进技术、吸引国外优秀技术，包括清洁能源和新能源汽车等在内的绿色新型产业竞争力的提升，需要在深度参与国际竞争、接受国际市场磨砺的进程中动态实现。因此，传统产业的绿色升级转型与绿色新兴产业的壮大，均离不开高水平对外开放的激励与支持。

《实施方案》在《意见》的基础上，对在产业层面实现绿色发展进行了细化，其中同样包含顺应高水平开放的具体要求和工作部署。在产业碳排放的整体调控方面，《实施方案》对碳排放达峰实施方案

进行细化,明晰指标包括的四个指标维度,并提出能源、工业、建筑、交通、农业、居民生活及科技创新"6+1"重点领域实施方案。在能源和产业结构方面,《实施方案》结合绿色能源行业的国际趋势,着力构建清洁能源供应体系,提升清洁能源比重。在产业结构方面,《实施方案》关注绿色制造体系建设,强调绿色低碳园区、绿色低碳工厂的建设。在流通体系方面,《实施方案》在关注对外开放所需的海港、陆港、空港、信息港"四港"在内的基础设施建设的基础上,突出绿色的重要性,要求"形成互联互通、智慧绿色的数字化流通体系",在对外开放的同时重视作为开放渠道的基础设施体系的绿色与环境友好性。在绿色发展的经济核算方面,《实施方案》也对GEP核算标准的构建和应用作出承诺,扎实推进相关体系的建设。此类做法对加速GEP指标体系由中国设计转变为国际通行的进程具有关键的战略价值。

三 培育绿色金融等支持型配套产业,创新绿色发展路径

浙江省共同富裕示范区在践行"绿水青山就是金山银山"理念的过程中,主动吸收借鉴国际先进经验,通过培育绿色金融等配套产业的方式,疏通绿色发展的资金链条和适用场景,切实引导企业参与将绿水青山转变为金山银山的过程。

《意见》重视推动绿色金融和绿色服务业发展,为制造业领域绿色技术的应用与普及、绿色工艺的升级与转化提供产业层面支持。这是从市场化工具的角度出发,为浙江省探索将绿色和发展有机结合的路径指明道路。既有国际经验表明,绿色与发展之间协同效应的发挥,可以根据不同的行业类型,特别是服务业和金融业部门进行有针对性的设计。《意见》基于此,在工业和制造业之外,同样划清两个可行的工作方向:第一,大力发展绿色金融。第二,全面促进能源资源节约集约利用,加快构建家电、汽车等废旧物资循环利用体系。这些可行方向为更好地服务于制造业企业改进生产工艺、

进行绿色生产创造了有利的产业支持路径。

《实施方案》结合国际先进经验，就绿色金融和绿色服务业的发展提出较为清晰的规划路径。在绿色金融发展方面，《实施方案》依托浙江省既有政策实践，要求"深化湖州、衢州绿色金融改革创新试验区建设，支持争创全国绿色金融改革创新示范区"，要将绿色贷款等绿色金融工具进一步用好用精。在海岛建设方面，《实施方案》结合浙江省对外开放的经济发展特征和区位优势，要求"加强智慧海洋工程建设，探索省市共同设立海洋发展基金，推进海岛特色化、差异化发展，加强海岛生态环境保护"。以此在海洋经济方面实现发展与环保并行，开放、增长与绿色共进。

四 推动绿水青山向金山银山的转变，激发绿色发展动能

浙江省共同富裕示范区在践行"绿水青山就是金山银山"理念的过程中，着重探索将绿水青山转化为金山银山的路径，主动吸收借鉴国际先进经验，以多重渠道疏通绿色产业转化为经济收益的渠道，切实引导各地政府和市场主体参与将绿水青山转变为金山银山的过程。

《意见》特别关注发展与绿色之间的协同联动，在构建美丽浙江的同时，更关注探索并深化良好生态环境助力经济增长的路径，跳出西方既有发展道路中经济高速增长与环境保护之间的潜在矛盾。《意见》要求浙江省"拓宽绿水青山就是金山银山转化通道，建立健全生态产品价值实现机制"，并为此确定了几条可行的努力方向，包括"推进排污权、用能权、用水权市场化交易，积极参与全国碳排放权交易市场"和"全面促进能源资源节约集约利用，进一步推进生活垃圾分类，加快构建家电、汽车等废旧物资循环利用体系"等。以市场化手段，为各类市场主体参与绿色发展提供可行激励。

《实施方案》在《意见》的基础上，结合国际经验，在将绿水青山转换为金山银山的路径方面提出诸多有价值的制度构设，以多区域、多试点的方式，就发挥环境的生态价值、对绿色发展的县市和

市场主体给予激励开展探索。在激励县市强化绿色经济方面,《实施方案》提出要"完善与生态产品质量和价值相挂钩的财政奖补机制",并以此为基础,推进丽水生态产品价值实现机制国家试点建设,深化安吉践行"绿水青山就是金山银山"理念综合改革试点,探索创新优质水资源价值实现路径。在发挥浙江省国际先进的数字技术能力方面,《实施方案》提出要"建立生态资源大数据库,探索建设生态产品价值转化平台"。在生态资产的市场化交易制度层面,浙江省吸收借鉴国际先进经验,以"两山银行"、自然资源资产产权制度、生态补偿机制、生态产品和生态资产交易等方面开展系统性创新。以此实现"财政资金支持+生态资产价值开发+环保相关权力的市场化交易"多维度并行的制度架构,同国际通行方式实现对接。这些制度层面的设计,有利于浙江省共同富裕示范区的制度措施实现同国际规则的适应和对接,有利于浙江省企业更好地履行ESG责任,更好地在环境保护规则与制度维度适应国际标准,实现高质量地"走出去",有效规避"绿色壁垒"。

五 重视推介"绿水青山就是金山银山"理念建设成果,宣传绿色发展成效

浙江省共同富裕示范区在生态文明方面的建设成果,不仅有利于浙江省自身实现经济社会发展全面绿色转型,为我国的生态文明建设树立标杆,更有利于我国向世界展现以社会主义核心价值观为引领的生态文明建设成果,促进我国在生态环境保护领域的规则、规制、管理、标准等制度型开放,以此为我国向世界宣传绿水青山就是金山银山的发展理念提供有益素材。

《意见》对浙江省共同富裕示范区在生态环境建设的成果宣传方面确立了高定位、提出了高要求。《意见》指出,要将浙江省共同富裕示范区打造成为"文明和谐美丽家园展示区",要"推动生态文明建设先行示范",实现"经济社会发展全面绿色转型",建成"人与

自然和谐共生的幸福美好家园"。浙江省共同富裕示范区的建设，是我国在统筹绿色与发展道路的探索进程上的宝贵实践，是顺应国际对于绿色发展、生态保护等理念要求的有益尝试，为人与自然和谐相处的人类共同发展目标提供中国经验。

《实施方案》在强化共同富裕示范区生态文明建设成果的对外宣传方面提出了具体的工作安排。一是在全国层面形成环境保护成果的宣传与示范。《实施方案》提出要建成"清新空气示范区"、全国"无废示范省"等目标，将治气治水治废治塑等方面取得的成效在全国范围予以呈现。二是在全国层面形成绿色发展创新举措的宣传与示范。《实施方案》提出要"争创全国绿色金融改革创新示范区"，在绿色金融发展领域积累和分享成熟经验，实现浙江省经验的全国推广和全球推介。

浙江省共同富裕示范区在环保制度构建、绿色生产转型、配套产业培育、绿色价值转化和"绿水青山就是金山银山"理念建设成果推介等工作领域，吸收高水平开放的要求，系统构建制度体系、开展制度探索，以高水平对外开放全面践行绿水青山就是金山银山的理念，实现产业结构和发展阶段的国际化、环境保护制度体系的国际化、生态交易市场水平的国际化和绿色发展经验的国际化。

第三节　高水平开放践行"绿水青山就是金山银山"理念的实践举措

2021年以来，在《意见》和《实施方案》的统筹指引下，浙江省共同富裕示范区在以高水平对外开放践行绿水青山就是金山银山理念的各项工作领域均取得了出色的成绩，为开放视域下的绿色发展积累宝贵经验。

一　立足国际高度，打造高标准生态环境保护制度

作为习近平生态文明思想重要萌发地，浙江省在构建共同富裕示

范区的过程中，坚持以高标准制定生态环境保护制度。浙江省与国际标准相对接，构建起具有国际水准的生态环境领域法规体系，切实在开放进程中保护生态环境。

浙江省生态环境保护制度体系，以2022年8月1日起施行的《浙江省生态环境保护条例》（以下简称《条例》）为核心。这一《条例》在生态环境的治理工具、降污减碳的具体措施、生态产品价值实现路径、实现环境治理责任社会联动等方面均作出了具有国际示范性的规定[1]，在生态环保领域规制规则等方面的制度型开放作出了有益尝试。在生态环境治理工具方面，《条例》贯穿数字化管理理念，从地方性法规层面对运用数字化技术建立排污权交易系统、生态产品经营管理平台等数字平台进行规定，推动环境治理体系的数字化。在降污减碳的具体措施层面，《条例》对接国际先进规则，对降污减碳激励约束机制、碳排放交易等话题制定了有效规定。在生态产品价值实现路径方面，《条例》首次以地方性法规的形式对打通"绿水青山就是金山银山"的转化渠道进行规定，分别在生态产品基础信息普查制度、重点发展产业、生态补偿机制等维度，为依法促进绿色资源的开发与使用奠定基础。在环境治理责任社会联动方面，《条例》吸纳国际通行的公共治理方案，以明晰多元主体责任的方式，对社会各界参与环境治理的路径进行了细致规定，以此促成美丽浙江的建设。

浙江省生态环境保护制度体系同时针对特定行业、具体问题进行了有针对性的规定。例如，针对物流行业，浙江省制定了《浙江省快递业促进条例（草案）》，其中对数字快递和绿色快递进行了专项规定，从快递运输方式、包装材料等方面对快递经营行业的绿色行为加以明确和鼓励。加之对快递行业国际化建设的鼓励，《浙江省快递业促进条例（草案）》以此在开放背景下的物流行业绿色发展提

---

[1] 郎文荣：《以最严法治守护绿水青山——〈浙江省生态环境保护条例〉解读》，《今日浙江》2022年第14期。

出了具有前瞻性的规定。2022年实施的《浙江省减污降碳协同创新区建设实施方案》，则从对标国际标准和参与国际合作的角度，对浙江省建设减污降碳协同创新区的建设和实施提出了要求，如"在杭州市开展现代化国际大城市减污降碳协同创新试点建设"，"推动一批较为成熟的项目参与国际自愿减排市场备案交易"等。

二 面向国际标准，拓宽产业部门绿色生产转型渠道

浙江省重视在发展中保护绿水青山。在工业部门内，浙江省在产业整体布局、工业园区建设、绿色企业引进、关键技术培育等多方面发力，在"绿水青山就是金山银山"理念的指引下，实现高水平、高质量的对外开放，在高水平开放的进程中践行"绿水青山就是金山银山"理念。

第一，在产业整体布局方面，浙江省着力推动绿色产业的发展和绿色技术的普及，推动低碳高效产业发展，有针对性地开展产业规划工作。2022年11月，浙江省举办中国浙江国际数字经济和高新技术产业高峰对接会，重点关注浙江省先进制造业"415X"产业集群对包括绿色石化与新材料、节能与新能源汽车及零部件、节能环保与新能源装备等绿色产业在内的国际先进企业的需求，定向引入世界500强和头部企业，以此服务于打造全国绿色低碳循环发展新标杆的目标。在对接会上，浙江省引进了包括恒源新能源电动物流车及核心零部件、湛新环保树脂新材料、芯片等制造业项目，Boxone虚拟工场等数字经济项目，港华"零碳"园区等生产性服务业项目在内的重点项目，会上共达成战略合作协议1个，重大外资项目15个，总投资25亿美元，"走出去"投资项目1个，总投资1300万美元。[1]

第二，在工业园区建设方面，浙江省重视绿色园区和低碳园区的建设，在招商引资的过程中始终坚持绿色发展的理念。根据浙江省的规划，2025年前浙江省拟建成绿色低碳园区50个、绿色低碳工厂

---

[1] 拜喆喆、李华：《进博会开展首日，浙江签约一批重大项目》，《浙江日报》2022年11月6日第1版。

500个。目前，浙江省的绿色低碳工业园区正分批推进建设，在园区环境、产业分布、企业生产流程等多方面实现了绿色化生产。以浙江省宁波北欧工业园区为例，该园区在生态环境方面重视环境保护，绿地覆盖率达到40%。在产业分布方面，北欧工业园区广泛引进北欧经济体风电、汽车、船舶、芯片制造等先进制造业企业，其生产技术的优势使得工业园区保持较好的环境友好性，部分企业的清洁生产水重复利用率达到93.3%。在生产流程方面，园区内企业采用清洁能源、使用清洁技术等方式减少对大气、水等自然环境的污染。在此类绿色园区之中，高水平的环保标准与经济发展之间形成有机结合，2021年宁波北欧工业园区实现工业总产值33亿元，带动上下游产业链工业总产值逾60亿元。[①]

第三，在绿色企业引进方面，浙江省重点关注在高水平对外开放进程中向绿色企业和绿色技术的倾斜。2021年，《浙江省应对气候变化"十四五"规划》指出，要"大力发展节能环保第三方服务，引进、培育一批重点节能环保服务企业，推动节能环保服务业发展"，以此为浙江全省的招商引资工作确定了绿色指引。在浙江省政策的指引下，浙江省各县市在招商引资过程中均结合本地环境实际和发展需要，有针对性地确定了招商引资计划。例如，龙游县在招商引资工作中，重点引进投资强度高、产出效益高、亩均税收高、关联度高的"四高"项目，同时着重利用龙游县的自然资源优势，打造包括碳纸项目、竹缠绕管项目等环境友好型的龙游特色新材料产业集群。2021年上半年，龙游县在绿色引资理念的指引下，落地2000万元以上项目42个，项目协议总投资额约为126亿元，其中有35个项目的协议投资额超过亿元。[②] 2021年，浙江省平湖市引进氢能科技企业，上虞引进低碳零碳企业，引进的6个10亿元以上项目多涉及

[①] 宁波市镇海区人民政府：《省级绿色低碳工业园区名单公示 宁波北欧工业园区全市唯一入选》，2023年1月12日。

[②] 浙江省人民政府：《龙游持续发力"链主型"项目招引》，2021年8月17日。

新材料、生物医药等产业。①

第四，在绿色生产关键技术引进培育方面，浙江省在绿色石化等产业部分发力，以国际标准培育和引进先进的绿色生产技术，由此促进绿色技术的推广与普及。以舟山绿色石化基地为例，目前石化基地已经完成项目一期和二期建设工作，项目环保总投入161.3亿元，占工程总投资的7%。绿色石化基地围绕绿色产业的产业链展开引资布局，其中岱山经济开发区2022年引进石化产业链项目21个，石化配套企业产值29亿元，石化新材料实现产值27.9亿元，比2021年增长800%。在取得既有成绩的同时，舟山绿色石化基地继续引进高性能树脂项目和高端新材料项目，在保障环境友好性的同时，预计增加近千亿元产值。②再如，浙江省湖州市于2021年举办以"绿色智慧、开放共享"为主题的"投资贸易与科技人才洽谈会"，重点引进和绿色发展相关的先进技术和科技人才，共有30个项目成功签约，总投资353.8亿元。③

在四个维度的统筹努力下，浙江省共同富裕示范区以高水平对外开放带动高质量产业布局、建设高水准产业园区，吸引绿色产业、引进绿色技术，实现投资高质量落地、经济高速增长和环境高质量保护之间的有效协同，在经济发展的同时保护绿水青山，促成美丽浙江的建设。

三　吸纳国际资源，培育绿色金融等支持型配套产业

浙江省共同富裕示范区在绿色金融领域发力，一方面打造好具有浙江省特色的绿色金融体系，另一方面积极参与国际交流，将绿色金融体系的浙江省经验进行推广，实现绿色金融领域浙江标准同世

---

① 沈晶晶等：《三条路径，走向"低碳浙江"》，《浙江日报》2021年9月1日第5版。
② 王世琪等：《东海鱼山岛崛起绿色石化基地，深刻影响区域经济》，《浙江日报》2023年2月20日第1版。
③ 中华人民共和国科学技术部：《浙江湖州南太湖新区第三届投资贸易与科技人才洽谈会开幕》，2021年11月30日。

界的对接。

《实施方案》规划重点支持湖州、衢州绿色金融改革创新试验区建设，支持争创全国绿色金融改革创新示范区，目前已经取得一系列成果。

浙江省在建设绿色金融改革试验区的进程中始终坚持国际化路线，主要体现在三个方面。

一是积极引入国际化金融机构和组织的资金，服务两地企业的绿色发展。全球气候伙伴基金、德意志复兴银行等金融机构对湖州某小贷公司给予资金帮助，是我国首个绿色小额贷款的试点。亚洲开发银行给予湖州银行5000万美元等值人民币贷款，用于湖州中小微企业的低碳转型与技术升级。[①] 新开发银行向嵊州市城乡供排水一体化项目（二期）提供投资，计划总投资2.9亿美元，将兴建污水厂4座、供水厂4座。[②]

二是主动参与同英国金融机构的合作。2017年，中国同英国启动中英金融机构环境信息披露试点。目前，浙江省共同富裕试验区中的湖州银行作为参与方加入试点，披露环境信息。浙江省湖州市同时是中英金融机构环境信息披露唯一试点城市，在环境信息披露方面积极对接并参与形成国际规则。[③]

三是积极参与多边绿色金融倡议。2003年形成的赤道原则，是全球主要金融机构建立的自愿性金融行业基准。该基准参照世界银行下属国际金融公司（IFC）的可持续发展政策与指南建立，倡导金融机构核查1000万美元以上项目的环境和社会问题。湖州银行作为境内第三家赤道银行，积极参与多边绿色倡议，对中小微企业的环

---

① 湖州市人民政府金融工作办公室：《湖州银行获批国内首笔亚洲开发银行中小微企业节能减排金融投资》，2022年10月11日。
② 浙江省水利厅：《浙江省绿色城镇嵊州市城乡供排水一体化二期工程项目签约》，2019年8月1日。
③ 郭正江、何九仲、唐雨琦：《环境信息披露的湖州实践》，《中国金融》2022年第9期。

境和社会风险管理加以关注。同时，湖州银行是联合国环境规划署金融倡议（UNEP FI）会员，并同亚洲开发银行签订可持续发展合作备忘录。①

浙江省在推进绿色金融改革的过程中，对接绿色金融多边倡议，参与金融机构间的跨国合作，积极引入国际化金融机构的资金支持，以此借助高水平开放实现以绿色金融助力绿色发展的局面。

四 打造国际市场，推动绿水青山向金山银山的转变

浙江省在高水平对外开放的过程中，通过引进专业企业，开发绿色旅游资源等方式，推进绿水青山以市场化方式转变为金山银山，激发各地方主动融入将绿水青山转化为金山银山的动力，为各地方绿色发展注入动能。

浙江省针对工业和服务业领域采取不同的市场化措施。在工业方面，浙江省借助大气、水质和气候维度的自然生态优势，引进国际知名企业，培育生态工业。浙江省丽水市等地级市以医药行业为基础，引进包括德国肖特新康等对生态环境具有较高要求的国际知名企业，以此将绿水青山转变为金山银山的经济收益。在服务业方面，浙江省主动向世界推介本地优质自然资源，布局面向世界各地的生态旅游业发展。如浙江省德清县着力发展"洋家乐"旅游模式，开发面向国际旅客的新型旅游模式②；永嘉县运用当地具有竞争力的森林资源，开发森林康养产业，吸引国内外旅客赴当地旅游，以此辐射当地经济③；新昌县立足当地生态景观，力求将生态特色旅游变为自身的国际名片。④ 湖州市则重视旅游业对外开放的宣传窗口效应。作为国际乡村旅游大会永久会址，湖州市借助举办国际乡村旅游大

---

① 杨娉、丰秋惠、张一兵：《绿色金融改革创新试验区的国际合作》，《中国金融》2023年第6期。
② 湖州市人民政府：《"洋家乐"：引领全域乡村旅游新业态》，2021年9月6日。
③ 浙江省林业局：《发挥林业产业优势提供优质森林康养》，2022年12月9日。
④ 新昌县人民政府：《新昌县文化和旅游发展"十四五"规划》，2022年6月2日。

会的契机，汇聚来自世界旅游组织、亚太旅游协会和世界各国的乡村旅游专家共同谋划乡村生态旅游的发展道路，打响乡村旅游的湖州品牌。在此基础上，湖州陆续被认定为国家级旅游业改革创新先行区、国家全域旅游示范区、国家旅游标准化试点城市。国家乡村旅游扶贫工程观测中心、全国旅游扶贫培训基地，将绿水青山转化为金山银山的道路进一步拓宽。

浙江省重视以制度构设引领将绿水青山转化为金山银山的路径。浙江省依托国际先进的数字技术，将数字技术与绿色发展融合，建设生态产品价值转化平台，并创新生态补偿机制。浙江省对接国际先进标准，推进"两山银行"建设，培育发展生态产品和生态资产交易市场，以排污权、用能权、用水权、碳排放权的市场化交易，带动企业践行绿色发展理念，实现经济内生的绿色发展。

五 参与国际交流，重视推介"绿水青山就是金山银山"理念建设成果

浙江省在以高水平开放践行绿水青山就是金山银山的过程中，重视用好高水平对外开放带来的宣传渠道，将浙江省在生态文明建设领域的优秀经验进行国际推介，为宣传绿色发展的中国经验和打造绿色金融等细分领域的中国规则作出贡献。

在国家生态文明试验区建设层面，浙江省积极承办联合国环境署等国际机构主办的会议，以国际组织平台向世界展现生态文明建设的成果。2022年，浙江省湖州市被COP15认定为生态文明国际合作示范区。[①] 在绿色金融经验的对话与推广层面，浙江省湖州市参加2018年香港绿色金融论坛、2021年国际低碳城论坛、全球绿色金融领导力研讨会等会议，衢州参加上海论坛2021年绿色金融高峰圆桌会议，就绿色金融领域的建设经验和问题应对策略进行推广与交流。

---

① 央视网：《COP15大会认定浙江湖州市为生态文明国际合作示范区》，2022年12月9日。

在绿色金融基层实践方面，湖州在第 26 届联合国气候变化大会上通过视频展示绿色金融改革成就。在绿色金融同金融科技相结合的实践方面，湖州科技赋能的案例连续入选保尔森基金会《金融科技推动中国绿色金融可持续发展》报告。在生物多样性保护等绿色金融新议题上，《2022 年 G20 可持续金融报告》展示了湖州在制定转型金融目录方面的成绩，联合国"生物多样性 100+"案例吸纳了衢州开化县钱江源国家公园集体林地地役权改革的政策举措。[1]

高水平开放为浙江省共同富裕示范区生态文明的建设提供了高质量的国际交流渠道，一方面为浙江省生态文明建设提供了宝贵的推介渠道；另一方面也通过帮助浙江省参与国际交流，吸纳了宝贵的生态文明建设方面的经验，进一步丰富了生态文明建设的制度工具。

第四节　高水平开放践行"绿水青山就是金山银山"理念的理论意涵

既有的经济学研究对开放型经济和贸易自由化对经济体环境质量的影响进行了长期而充分的关注，对开放型经济、贸易自由化和环境质量之间的关系也主要经历了三个阶段的讨论[2]，即罗马俱乐部的"增长极限说"、环境库兹涅茨曲线和对环境库兹涅茨曲线的质疑。相关研究在三阶段讨论的基础上，对开放同环境之间的质量达成了不同的分析结论。

对开放同环境之间关系的讨论依托经济全球化的背景展开，立足于生产的国际分工。20 世纪 70 年代，罗马俱乐部《增长的极限》从

---

[1] 杨娉、丰秋惠、张一兵：《绿色金融改革创新试验区的国际合作》，《中国金融》2023 年第 6 期。
[2] 陆旸：《从开放宏观的视角看环境污染问题：一个综述》，《经济研究》2012 年第 2 期。

第八章　高水平开放践行"绿水青山就是金山银山"理念

环境对经济增长的制约出发[①],认为经济增长无法长期持续,需要降低经济增速以保护生态环境。在这一理念的基础上,部分研究将开放与环境之间的关系等同于经济发展水平同环境之间的关系,认为贸易的全球化促成国家发挥比较优势,进而促成经济体经济收入的增加。由此出发,有研究发现污染程度同人均收入水平之间存在倒U形关系[②],即环境库兹涅茨曲线,那么从长期来看,经济增长有利于经济体环境质量的改善[③],因此开放对环境质量的改善具有积极作用。但后续研究发现,环境库兹涅茨曲线并非总是成立,开放与环境质量的关系仍然存在复杂的相互关系。

在综合考虑经济开放的潜在类型之后,经济开放对环境质量可能产生正面、负面或中性影响,以此对环境产生复杂的实际作用。

在经济开放对环境质量可能产生的潜在正面影响方面,持此观点的研究多从两个维度进行论证。一方面,经济开放带动经济体融入国际市场,通过发挥比较优势参与国际分工,以此实现经济能力的提升,进而有资金获取环境友好型生产技术,同时对环境污染状况展开治理,由此实现环境质量的改善;另一方面,发展中国家向世界市场展开的经济开放,将使得发展中国家主动对标适应发达国家提出的环境友好型生产标准,从而推动发展中国家环境治理规则与体系的完备化,以此在制度层面实现环境质量的改善。

在经济开放对环境质量可能产生的潜在负面影响方面,持此观点的研究多从两个维度进行讨论。一是产业转移,即经济开放使发达国家的高污染企业流向发展中国家,形成"污染避难所"。由于发展中国家的经济发展水平相对落后,在环境保护制度体系的构建方面

[①] Meadows, D. H., D. L. Meadows, J. Randers, and W. W. Behrens, "The Limits to Growth", Universe Books, New York, 1972.

[②] Grossman, G. M., and A. B. Krueger, "Environmental Impacts of the North American Free Trade Agreement", NBER, *Working Paper 3914*, 1991.

[③] Beckerman, W., 1992, "Economic Growth and the Environment: Whose Growth? Whose Environment?", *World Development*, No. 20, 1992, pp. 481–496.

存在较多不足,因此环境规制措施相对较弱,企业组织生产的环境成本相对较低。工业化国家高污染的产业也由此逐渐转移到发展中国家①,使得发展中国家在经济开放的过程中遭遇环境质量的下降。二是产业链锁定,即经济开放使得发展中国家和发达国家完成产业分工,部分高污染的产业被转移到发展中国家,从而导致发展中国家的高污染产业出口产品超过对发达国家环境所制造的环境友好型重点产品的进口。因此发展中国家被锁定在高污染、低环保的产业链位次之中,导致本国环境质量长期的下降。② 在这一逻辑下,作为污染产业接收方的发展中国家环境质量更容易在开放中受损,且相对于发达国家而言更难以出现改善。③

在经济开放对环境质量可能产生的潜在中性影响方面,有学者认为开放型经济与经济体内的污染水平并非简单的线性关系④,以国际贸易为代表的开放经济对环境的影响可能具有规模效应、结构效应和技术效应三种不同的渠道,而开放经这三个渠道对环境产生的实际影响,同国家的比较优势等结构性特征有关。规模效应指在其他条件不变的情况下,经济规模的增大将必然带来污染总量的提升;结构效应指经济体在实现经济增长的过程中,将自发调整本国经济结构,减少污染行业的发展,并培育清洁技术和绿色产业,由此减少污染,提升环境质量;技术效应是指经济发展带动清洁技术的产生,从而有利于环境的改善。由此,开放对环境质量的影响具有不

---

① Low, P., and A. Yeats, "Do 'Dirty' Industries Migrate?", in: Low, P., ed., *International Trade and the Environment*, *World Bank Discussion Papers* (Washington, D. C.), 1992, p. 159.

② Cole, M. A., "The Pollution Haven Hypothesis and Environmental Kuznets Curve: Examing the Linkages", *Ecological Economics*, No. 48, 2004, pp. 71-81.

③ Stern, D. I., "Progress on the Environmental Kuznets Curve?", *Environment and Development Economics*, No. 3, 1998, pp. 175-198.

④ Antweiler, W., B. R., Copeland, and M. S., Taylor, "Is Free Trade Good for the Environment?", *American Economic Review*, No. 91, 2001, pp. 877-907.

确定性。①

对经济开放环境效应的经典实证研究发现，伴随着经济全球化的进程，发展中国家承接了更多的环境污染②，高收入国家的环境改善伴随着其制造业比重的下降和高污染行业的转移。③ 虽然从理论上来说，发展中国家具有较为低廉的劳动力成本，适合发展劳动密集型产业，相对于资本密集型产业具有更小的污染性，但是发展中国家的政策漏洞和短板以及低廉的要素成本，同样确实吸引了高污染行业的进入。因此，开放对环境的影响是多个因素共同作用的结果。之后的研究发现，开放经"经济增长—能源使用增加—空气污染加重"渠道诱发的环境污染更加显著。④ 由这一视角来看，经典研究多通过经济增长和国际分工视角解释开放对单一经济体的环境效应，具有一定的局限性。

在对单一经济体的研究视角之外，有研究关注开放型经济诱发的环境污染的国际负外部性。在碳减排问题上，这种负外部性被称为"碳泄漏"。碳泄漏可能因不同国家强度具有差异的减排政策引起的能源价格变动和高耗能产业的转移而引发⑤，这两种渠道均随着国际能源交易市场的发展而日渐显著。碳泄漏的程度可能受到贸易条件

---

① Arrow, K., B. Bolin, R. Costanza, P. Dasgupta, C. Folke, C. S. Holling, B. -O. Jansson, S. Levin, K. -G., Mäler, C. Perrings, and D. Pimentel, "Economic Growth, Carrying Capacity, and the Environment", Science, No. 268, 1995, pp. 520-521.

② Low, P., and A. Yeats, "Do 'Dirty' Industries Migrate?", in: Low, P., ed., International Trade and the Environment, World Bank Discussion Papers (Washington, D.C.), 1992, p. 159.

③ Lucas, E. B. R., D. Wheeler, and H. Hettige, 1992, "Economic Development, Environmental Regulation and the International Migration of Toxic Industries", In Low, P. (ed.), International Trade and the Environment, World Bank Discussion Papers (Washington DC), 159.

④ Cole, M. A., 2006, "Does Trade Liberalization Increase National Energy Use?", Economics Letters, 92, 108-112; Shen, J., 2008, "Trade Liberalization and Environmental Degradation in China", Applied Economics, 40, 997-1004.

⑤ Babiker, M. H. "Climate Change Policy, Market Structure and Carbon Leakage", Journal of International Economics, 2005, 65, pp. 421-445.

效应、收入效应、消费替代效应和搭便车效应四类效应的综合影响。① 经济增长带来的技术进步和消费结构的转型可以对碳泄漏这一外部性现象进行有效的控制,且产业结构的差异可能对碳泄漏的具体程度造成影响。②

在实务层面,经济全球化的进一步深入还对应着绿色壁垒的设立和取消。绿色壁垒的设立,一方面有利于产品质量的提升,但另一方面却阻碍了清洁技术和低碳产品的国际流动,从而不利于各经济体提升自身发展质量、应对气候变化的能力。③ 低碳技术的便利流动将带来绿色技术向发展中国家的溢出,从而在更深层次上有利于发展中国家环境质量的改善。④

综上所述,关于经济开放环境效应的讨论,主要集中在经济增长和环境质量的关系维度中。其认为,在开放型经济中,发展水平较低的发展中国家因承接发达国家的高污染产业转移和产业链的低端锁定而出现环境质量的下降,又因为经济发展水平的提升引发经济体内清洁技术的引进与研发、产业结构的调整、消费习惯的转变、环境规制的完善、贸易壁垒的移除,从而有利于环境质量的提升。

---

① Copeland, B. R. and Taylor, M. S. "Free Trade and Clobal Warming: A Trade Theory View of the Kyoto Protocol", Journal of Environmental Economics and Management, No. 49, 2005, pp. 205–234; Di Maria, C. and van der Werf, E. "Carbon Leakage Revisited: Unilateral Climate Policy with Directed Technica Change", Environmental and Resource Economics, No. 39, 2008, pp. 55–74.

② Babiker, M. H. "Climate Change Policy, Market Structure and Carbon Leakage", Journal of International Economics, No. 65, 2005, pp. 421–445; Balistreri, E. j. and Rutherford, T. F., "Subglobal Carbon Policy and the Competitive Selection of Heterogeneous Firms", Energy Economics, No. 342012, pp. S190–S197.

③ Brewer, T. "The Trade Regime and the Climate Regime: Institutional Evolution and Adaptation", Climate Policy, No. 3, 2003, pp. 329–341; World Bank, International Trade and Climate Change. World Bank, Washington, D. C., 2008; Whalley. J., "What Role for Trade in a Post - 2012 Global Climate Policy Regime. The World Economy, No. 34, 2011, pp. 1844–1862; Onder, H. "Trade and Climate Change: An Analytical Review of Key Issues", Economic Premise, No. 86, the World Bank, Washington, D. C., 2012.

④ Tamiotti, L., Teh, R., Kulacoglu, V., Olhoff, A., Simmons, B. and Abaza, H., Trade and Climate Change. WTO-UNEP Report, World Trade Organisation, 2009.

第五节　高水平开放促进绿色高质量发展的浙江经验

以高水平开放践行"绿水青山就是金山银山"的发展理念，助力我国这一发展中大国的共同富裕示范区的建设，没有成熟的经验、既有的模式可循。浙江省在高质量发展建设共同富裕示范区的历史征程上，解放思想、实事求是，在对高水平对外开放对应的国际经验和国际市场与技术特征进行分析研判的基础上，从理念、制度、产业、技术等维度出发，全面系统地统筹协调开放与环境之间的关系，不仅在以开放带动经济增长的同时保护绿水青山，更着力开发绿水青山的经济价值，将绿水青山转变为金山银山。

一　理念先进，遵循前沿理念推动开放与绿色共行

习近平同志在浙江省工作期间，结合浙江省生态文明建设与经济发展之间的实践状况，高瞻远瞩，逐渐形成了以"绿水青山就是金山银山"为代表的绿色发展理念，为浙江省在高质量建设共同富裕示范区的进程中既坚持高水平开放，又保护生态环境，建好美丽浙江奠定了理论基础，指引了先进方向。自《意见》印发实施以来，浙江省在先进思想的指引下，不仅重视对自然资源和生态环境的保护，以最严格的方式使各类主体均有机会参与到生态环境保护之中；更重视对自然资源和生态环境的高质量利用，在保护环境的同时，重视建设绿色产业园区、引进绿色企业和绿色技术、发展绿色金融与旅游业，建设碳排放权等交易市场。浙江省一方面推动有效市场与有为政府的更好结合，另一方面积极参与国际交流，吸收国际经验，推介浙江成果，以此系统性地实现了高水平对外开放和生态环境保护的有机结合。

二 制度先进，构筑完善体系保障开放与绿色共行

生态环境的保护需要在发展的进程中动态实现，在开放中践行"绿水青山就是金山银山"的理念，需要长期有效的高质量制度体系予以引领和保障。浙江省结合自身在高水平对外开放的环境、优质生态环境和数字技术等经济技术优势，制定了具有浙江特色的生态环境保护制度体系。这一制度体系不仅关注对环境的严格保护，面向多元主体提出行为规范；更积极吸纳国际先进的社会共商共治理念，积极采用数字技术手段，构建数字化监管平台，创新生态资源绿色开发运用的路径，以先进的生态环保理念实现开放和绿色发展之间的有机结合。浙江省不仅针对全省环境保护工作制定具有统领意义的地方性法规，更结合高水平对外开放进程中地方发展、产业发展的状况，构筑形成了环境保护领域"1+N"的制度体系。这样的制度构设，既保障了全省在环境保护工作方面举措的一致性，又保证了不同地区、行业根据自身特点进行细化管理的精细性，同时相关规定又同国际规则之间形成了有效对接。这样的制度构设，让浙江省在实现高水平经济开放的同时，实现了生态环境保护制度的规则、规制、管理、标准等方面的制度型开放，由此在高水平开放进程中全面践行"绿水青山就是金山银山"的理念。

三 产业先进，引培高端企业助推开放与绿色共行

浙江省在高质量建设共同富裕示范区的进程中，始终坚持以绿色的方式做大蛋糕，在参与国际竞争的同时实现绿色发展能力的内生性提升。浙江省在被确立为共同富裕示范区后，坚持国家需要和地方特色，从要素、平台、市场等角度，培育引进新能源、新材料、生物医药等环境友好型产业的世界级先进制造业集群，以此跳出传统经济理论发展中经济体承接发达经济体高污染产业并诱发环境污

染的循环，真正用好开放对绿色发展的积极作用。在立足数字经济产业等新兴环境友好型产业实现绿色增长的同时，浙江省还在绿色石化等领域发力，推动传统产业的绿色升级。在推动制造业部门绿色运行的同时，浙江省在同绿色经济相关的金融、旅游和其他服务业发力，探索出一套具有浙江省特色的开放性绿色服务业发展道路。在绿色金融行业，浙江省已形成了具有国际示范效应的杰出标杆；在绿色旅游行业，浙江省探索出了一条将绿水青山转化为金山银山的国际化路径，由此实现开放与绿色发展的有机结合。

四 技术先进，巧用新型工具引领开放与绿色共行

浙江省在高质量建设共同富裕示范区的进程中，积极使用包括数字技术在内的国际先进技术工具，系统性地以高水平开放践行"绿水青山就是金山银山"理念。浙江省在生态环境的整体调控与治理方面，积极发挥数字技术方面的优势，构建排污权交易系统、生态产品经营管理平台等数字平台，系统推进生态环境治理平台的数字化；在推动绿水青山向金山银山转化的过程中，较好地利用了包括绿色发展财政奖补资金在内的财政工具，激发各地参与绿色发展的积极性，同时适应国际对财政补贴资金的使用规范；在以金融工具支持制造业发展的过程中，积极采用赤峰规则等国际主流规则，同国际金融机构展开资金合作，以此实现在绿色金融行业同国际规则的高质量对接。浙江省在以高水平开放践行"绿水青山就是金山银山"理念的过程中，既引进经济技术，在绿色产业、生态资源相关的交易系统构建等领域发挥先进技术对绿色生产、流通、消费的刺激与带动作用；又引进治理技术，在绿色金融、生态环境监管等领域发挥国际先进治理技术对浙江省生态环境的保护价值，由此实现以新型技术工具统筹开放与环境保护的局面。

浙江省作为改革开放的前沿阵地，在第二个百年新征程上，正发挥其高水平对外开放的优势，用好其绿水青山的生态资源，实现开

放与生态环境的有机结合。我们相信，浙江省以高水平对外开放践行绿水青山就是金山银山理念的系列创新，一定能为全国推动共同富裕建设、实现发展和生态环境保护的相互促进提供高质量的省域范例。

第九章　高水平开放提升治理效能

坚持和完善中国特色社会主义制度，推进国家治理体系和治理能力现代化是实现"两个一百年"奋斗目标的重大任务，是把新时代改革开放推向前进的根本要求，是应对风险挑战、赢得主动的有力保证。① 党的十八届三中全会首次提出"推进国家治理体系和治理能力现代化"这个重大命题，并将其确定为全面深化改革总目标的重要组成部分。② 党的十九届四中全会提出"把我国制度优势更好转化为国家治理效能"③。这一论述在党的二十大报告中亦被列为全面建设社会主义现代化国家事业前进道路上必须牢牢把握的重大原则的内容之一。④ 在全球性的国家治理危机背景下，中国国家治理体系显著的治理效能给世界留下深刻印象。⑤ 提升治理效能在我国创造经济高速发展和社会长期稳定两大奇迹过程中发挥了重要作用。

---

① 习近平：《关于〈中共中央关于坚持和完善中国特色社会主义制度　推进国家治理体系和治理能力现代化若干重大问题的决定〉的说明》，《人民日报》2019年11月6日第4版。

② 《中共中央关于全面深化改革若干重大问题的决定》，《人民日报》2013年11月16日第1版。

③ 《中共中央关于坚持和完善中国特色社会主义制度　推进国家治理体系和治理能力现代化若干重大问题的决定（2019年10月31日中国共产党第十九届中央委员会第四次全体会议通过）》，《人民日报》2019年11月6日第1版。

④ 习近平：《高举中国特色社会主义伟大旗帜　为全面建设社会主义现代化国家而团结奋斗——在中国共产党第二十次全国代表大会上的报告（2022年10月16日）》，人民出版社2022年版，第27页。

⑤ 何显明：《中国现代国家制度的建构及其治理效能——基于国家意志聚合与实现的视角》，《中国社会科学》2022年第9期。

经济全球化时代，任何国家都无法关起门来搞建设，治理效能的提升必须在对外开放的情境下实现。对外开放是中国的基本国策，也是当代中国的鲜明标识。习近平总书记指出："开放是国家进步的前提，封闭必然导致落后。"① 党的二十大报告将"国家治理体系和治理能力现代化深入推进"以及"更高水平开放型经济新体制基本形成"列入未来五年的主要目标任务，在凸显治理效能建设与高水平开放重要性的同时，也揭示了两者的内在关联。一方面，加快构建现代政府治理体系，切实提高政府治理效能，是推进高水平开放的有力支撑；另一方面，更大范围、更宽领域、更深层次的对外开放格局也有助于提升治理效能，在扎实推进共同富裕过程中彰显中国特色社会主义制度的优越性。

浙江省在高水平开放和高效能治理方面探索并积累了相当多的成功经验。此外，浙江还是最早提出"省域治理现代化"概念的省份。省域治理是国家治理体系和治理能力在省域层面的落实和体现，是立足省域贯彻中国特色社会主义制度和国家治理体系、推进现代化建设的具体治理实践。② 作为中观层面的省域治理，既具有国家治理的规范性动作，又具备地方治理的自主性特征，在实现国家治理现代化与基层治理现代化之间起着重要的枢纽作用，有助于实现国家和基层治理现代化的高效互动和有序衔接。③ 面对世界之变、时代之变、历史之变，浙江扛起高质量发展建设共同富裕示范区政治责任④；完整、准确、全面贯彻新发展理念，顺应深度融入世界经济的

---

① 习近平：《构建新发展格局 实现互利共赢——在亚太经合组织工商领导人对话会上的主旨演讲》，《人民日报》2020年11月20日第2版。
② 《中共浙江省委关于认真学习贯彻党的十九届四中全会精神 高水平推进省域治理现代化的决定（2019年11月22日中国共产党浙江省第十四届委员会第六次全体会议通过）》，《浙江日报》2019年11月25日第1版。
③ 李建华、李天峰：《省域治理现代化：功能定位、情境描绘和体系建构》，《行政论坛》2021年第4期。
④ 袁家军：《忠实践行"八八战略"坚决做到"两个维护"在高质量发展中奋力推进中国特色社会主义共同富裕先行和省域现代化先行——在中国共产党浙江省第十五次代表大会上的报告（2022年6月20日）》，《浙江日报》2022年6月27日第1版。

趋势，发挥好自由贸易试验区作用，以更大力度推进全方位高水平开放；积极推动建设"整体智治、唯实惟先"的现代政府，营造市场化、法治化、国际化一流营商环境；为高水平开放提升治理效能作出了"浙江贡献"、积累了"浙江经验"、提供了"浙江样板"。

第一节　共同富裕示范区建设前浙江省治理效能的发展演进

国家治理体系和治理能力相互关联且相辅相成，好的国家治理体系有助于提高治理能力，而国家治理能力的提高则能充分发挥国家治理体系的效能。① 国家治理能力是国家与社会政治关系的功能函数，指运用国家制度管理社会各方面事务的能力。② 治理效能则是指治理主体将治理目标转化为治理成果的能力及其所取得的治理效果，包括政策效能、体制效能和行为效能等维度，涉及经济调节、市场监管、社会管理和公共服务等方方面面。③ 在省域层面，浙江省在推进省域治理现代化中强调统筹改革、发展、稳定，做到政府有为、市场有效、社会有序，使制度优势转化为治理效能、治理效能转化为发展胜势。浙江省治理效能的发展演进也反映了中国国家治理思路的变迁。④ 根据时间梳理，浙江省治理效能的演进可大致分为四个阶段。

---

① 习近平：《切实把思想统一到党的十八届三中全会精神上来》，《求是》2014年第1期。
② 王浦劬：《推进国家治理现代化的基本理论问题》，《中国党政干部论坛》2021年第11期。
③ 施雪华、方盛举：《中国省级政府公共治理效能评价指标体系设计》，《政治学研究》2010年第2期。
④ 对中国国家治理思路的变迁及其在浙江省的体现可参见蓝蔚青《治理现代化的浙江探索》，《中国治理评论》2015年第1期。关于从国家—社会关系的角度出发理解国家治理体系和治理能力的研究还可参见 Michael Mann, "The Autonomous Power of the State: Its Origins, Mechanisms and Results", *European Journal of Sociology*, Vol. 25, No. 2, 1984, pp. 185–213; Daron Acemoglu and James A. Robinson, *The Narrow Corridor: States, Societies, and the Fate of Liberty*, New York: Penguin Press, 2019。

第一阶段是中华人民共和国成立初期至改革开放前,此阶段的治理效能建设主要以作风建设为着力点。1950年6月,浙江省委根据中央的指示精神和部署发出整风指示,确定这次整顿党的作风需要着重克服的问题包括:在领导干部中集中力量克服严重的官僚主义作风,包括不深入了解情况、不调查研究乱发指示;在一般干部中着重克服严重的命令主义作风,包括不研究上级指示,不根据实际情况确定任务,违反群众要求,命令群众执行等。① 通过整风,党员的群众路线观念、守法意识、组织性和纪律性都在一定程度上得到了加强,党员干部的工作作风、思想作风和生活作风都在一定程度上得到了改善,加强了党在各方面工作的核心领导作用,同时也带动了治理效能的提升。

第二阶段是改革开放初期至21世纪初,此阶段浙江省积极突破国际投资较少、发展基础先天不足等劣势,注重通过建构市场机制和服务经济发展提升治理效能。改革开放初期,浙江省委强调要"以改革的劲头开创各项工作的新局面"②。与此同时,浙江省积极推进机构改革和简政放权,有效调动了基层政府的积极性,为"草根经济"发展提供了尽可能宽松的环境。浙江省的市场化便利造就了最早一批个体工商户,大量民营经济增加了市场经济活力。1983年2月,邓小平同志到浙江省视察工作,着重谈了教育、科技、知识分子工作以及领导班子年轻化问题。同月,浙江省委组织成立地、市机构改革领导小组。③ 这次改革的重点是调整领导班子、减少职数、改善结构,实现干部队伍的革命化、年轻化、知识化、专业化。1992年4月,浙江省委召开八届七次全体(扩大)会议,讨论省委、

---

① 中共浙江省委党史研究室:《中国共产党浙江历史·第二卷(1949—1978)》,中共党史出版社2011年版,第216页。
② 管哲晖、金春华、陆乐:《抓出好作风 改出高效率——浙江以效能建设推进治理体系和治理能力现代化纪事》,《浙江日报》2019年9月22日第1版。
③ 林吕建主编:《浙江省改革开放30年大事记》,浙江人民出版社2008年版,第45页。

省政府《关于进一步加快改革开放和经济发展的若干意见》，并随后首次开启"扩权强县"改革。浙江省政府于1992年6月发出《关于扩大13个县（市）部分经济管理权限的通知》，扩大萧山、余杭等13个经济强县（市）在建设审批和项目审批等领域的经济管理权限。[①] 1999年，全国首家行政服务中心在浙江省上虞区成立，并在全省启动首轮行政审批制度改革，到2000年，省级部门审批项目减幅为50.6%。浙江省随后围绕此项改革进行了多轮工作，并成为国内省级行政审批项目最少的省份之一。[②] 在此阶段，浙江省诞生了中国第一家私营企业、第一个专业市场、第一个股份合作社，是实行市场化取向改革的重要发源地，为治理效能建设积累了先发性体制优势。

第三阶段是21世纪初至党的十八大，此阶段浙江省委明确提出具有重大意义的"八八战略"，进一步开展机关效能建设。处于20、21世纪之交历史节点的浙江省面临重要战略机遇期，但与此同时一些矛盾问题早发先发，浙江省遇到了一些"成长的烦恼"，如社会利益结构的剧烈变动、贫富差距的扩大、腐败的滋生蔓延以及资源、环境压力的加重。根据形势的变化，浙江省需要与时俱进，在新世纪、新阶段开展新治理、实现新发展。2003年7月，时任浙江省委书记习近平在省委第十一届四次全会上作出实施"八八战略"的重大决策部署，在省域层面具体回答了"怎样建设社会主义""怎样建设党""怎样实现发展"等基本理论和实践问题。[③] 2003年8月，温州召开机关效能建设动员大会，随后温州经验被推广到浙江全省，提升机关效能成为浙江省政府治理创新的新标杆。2004年5月，浙

[①] 樊勇、王蔚：《"扩权强县"改革效果的比较研究——以浙江省县政扩权为样本》，《公共管理学报》2013年第1期。

[②] 胡坚：《打造与时俱进的浙江发展优势——关于浙江改革开放探索实践的思考》，2018年10月23日，浙江新闻，https：//zj.zjol.com.cn/news.html？id=1056917。

[③] 郭占恒：《关于"八八战略"再深化的几个问题》，《观察与思考》2019年第7期。

江省委第十一届六次全会审议通过了《关于建设"平安浙江"促进社会和谐稳定的决定》，对"平安浙江"建设作出全面部署。2006年4月，浙江省委第十一届十次全体（扩大）会议审议通过了《关于建设"法治浙江"的决定》，明确提出了建设"法治浙江"的总体要求、基本原则和主要任务。2007年11月，浙江省委第十二届二次全会审议通过了《中共浙江省委关于认真贯彻党的十七大精神 扎实推进创业富民创新强省的决定》，指出要在治理制度、社会管理、党建工作等方面进行创新，并强调走共同富裕道路。这一系列战略举措使浙江省在各省提升治理效能的努力中走在前列，为浙江省探索省域治理现代化奠定了坚实基础。

第四阶段是党的十八大以来，此阶段浙江省委将治理现代化作为深入实施"八八战略"的重要内容和重要保障，持续提高政府治理效能，取得了丰富的理论成果、实践成果和制度成果，在不少领域走在全国前列。2013年年底，作为全国唯一试点省，浙江省启动了"权力清单"编制工作，随后于2014年率先推出"四张清单一张网"改革，即划定政府权力清单、政府责任清单、企业投资负面清单、财政专项资金管理清单，加快构建省、市、县三级联动的政府服务网，此改革进一步转变了政府职能，大大激发了市场和社会活力。①2014年年底，浙江省宣布全面取消省级非行政许可审批事项。2016年年底，在浙江省委经济工作会议上首次提出推进"最多跑一次"改革②，倒逼政府职能转换和效能提升。"最多跑一次"改革推进并深化了此前的机关效能建设，实质是推进治理体系和治理能力现代化。③根据浙江省委办公厅印发的《关于开展"服务企业服务群众服

---

① 范柏乃、张鸣：《加快政府职能转变的实现路径：四张清单一张网》，浙江大学出版社2017年版。
② "最多跑一次"改革是指群众和企业到政府办理一件事情，在申请材料齐全、符合法定受理条件时，从受理申请到形成办理结果全过程只需一次上门或零上门。
③ 中共浙江省委党校、浙江行政学院编：《"最多跑一次"改革》，浙江人民出版社2018年版。

务基层"活动的通知》，从 2019 年首个工作日开始，省、市、县（市、区）的四套班子领导干部开展服务企业、服务群众、服务基层活动（以下简称"三服务"活动），一大批矛盾和问题被发现、改进和解决。

在此阶段，浙江省还针对提升治理效能进行了总体谋划、系统布局。2019 年 11 月，浙江省委第十四届六次全会审议通过了《关于认真学习贯彻党的十九届四中全会精神 高水平推进省域治理现代化的决定》，进一步围绕省域治理现代化明确了行动纲领，提出重点健全"六大体系"，即党的领导制度体系、现代法治体系、高质量发展制度体系、社会治理体系、基层治理体系和治理能力保障体系。这"六大体系"既全面贯彻中央精神，又充分彰显浙江省特色，是浙江省落实国家治理总体部署的制度执行体系，是把制度优势转化为治理效能的重点工作体系。[①] 2021 年 6 月，《中共中央 国务院关于支持浙江高质量发展建设共同富裕示范区的意见》（以下简称《意见》）正式印发，浙江省委、省政府随后于 2021 年 7 月正式发布了《浙江高质量发展建设共同富裕示范区实施方案（2021—2025 年）》（以下简称《实施方案》）。扎实推动共同富裕的历史阶段已经开启，治理效能的提升不仅有助于保障高质量发展取得更大成就，而且有助于实现效率与公平、发展与共享的有机统一。

治理效能建设永无止境。浙江治理效能的发展演进，是浙江省委、省政府坚持从实际出发，坚持问题导向，不断开拓创新、勇于实践的过程，充分发挥了市场作用并激发社会活力，充分发挥了有效政府、有序民主、法治建设在推进治理现代化中的作用，走出了一条符合浙江省实际的治理效能提升之路。

---

① 参见《高水平推进省域治理现代化的行动纲领》，《浙江日报》2019 年 11 月 25 日第 2 版。

第二节　浙江省提升治理效能推动共同富裕的实践

共同富裕是社会主义的本质要求，是中国式现代化的重要特征。① 自《意见》印发以来，浙江省迈入高水平全面建设社会主义现代化、高质量发展建设共同富裕示范区新征程。② 改革开放以来，中国的国家治理体系和治理能力很好地适应了让一部分人、一部分地区先富起来的发展战略。邓小平同志曾指出，社会主义制度应该而且能够避免两极分化。③ 实现共同富裕是新时代中国的国家治理要着力解决的主要问题。④ 也可以说，提升治理效能将成为新征程上扎实推动共同富裕的有力保障。国家治理能力和治理效能一方面是实现经济高质量发展的必要条件，另一方面也是减少贫困和不平等的重要手段，从而有助于实现"共同"与"富裕"之间的迭进递推和良性循环。⑤ 概括而言，浙江省提升治理效能推动共同富裕的实践主要体现在以下五个方面。

一是践行发展战略。"八八战略"是引领浙江省共同富裕和现代化的总纲领。"八八战略"既突出增强体制机制优势的深化改革，又突出接轨上海、融入长三角、走向世界的扩大开放，是全面系统开

---

① 习近平：《扎实推动共同富裕》，《求是》2021年第20期。
② 袁家军：《扎实推动高质量发展建设共同富裕示范区》，《求是》2021年第20期。
③ 《邓小平文选》第3卷，人民出版社1993年版，第374页。
④ 张师伟、孙亚亚：《共生与互动：中国特色社会主义国家治理中的政治平等与共同富裕》，《浙江学刊》2019年第4期。
⑤ 关于国家治理能力与经济增长的讨论可参见 Shiping Tang, *The Institutional Foundation of Economic Development*, Princeton: Princeton University Press, 2022。关于国家治理能力与减少贫困和不平等的讨论可参见 Mario Coccia, "How a Good Governance of Institutions Can Reduce Poverty and Inequality in Society?" in Nezameddin Faghih and Ali Hussein Samadi, eds., *Legal-Economic Institutions, Entrepreneurship, and Management: Perspectives on the Dynamics of Institutional Change from Emerging Markets*, Cham: Springer Nature, 2021, pp. 65-94。关于共同富裕中"共同"与"富裕"关系的探讨可参见冯仕政《共同富裕与国家治理：从经济政策、公共政策到社会政策》，《中国社会科学报》2022年9月1日第7版。

放的理论体系，为浙江省实现共同富裕先行提供了思想和理论指导。① 在"八八战略"指引下，从"创业富民、创新强省"到建设"两富"现代化，再到建设"重要窗口"和共同富裕示范区，浙江省历届省委坚持一张蓝图绘到底，与时俱进书写忠实践行"八八战略"新篇章，以"八八战略"放大优势，以"浙江之窗"彰显"中国之治"。浙江省正进一步推动"八八战略"与共同富裕示范区建设的系统衔接，健全完善以年度评估为标志的"八八战略"抓落实机制，并建立了评估报告年度发布制度。2022 年 7 月，浙江省委举行新闻发布会介绍 2021 年度"八八战略"实施及综合评估情况，并在评估指标中新增加了高质量发展建设共同富裕示范区、数字化改革等相关重要指标。② 全省 11 个地级市也都分别制订出台了高质量发展建设共同富裕示范区行动方案或者行动计划。2023 年 1 月，浙江省委召开全省深入实施"八八战略"强力推进创新深化、改革攻坚、开放提升大会，提出实施数字经济创新提质"一号发展工程"、营商环境优化提升"一号改革工程"、"地瓜经济"提能升级"一号开放工程"。③ 体现了将"八八战略"转化为治理效能，进而扎实推动共同富裕的实践伟力。

二是转变政府职能。切实转变政府职能是更好发挥政府作用、维护社会公平正义和稳定，促进共同富裕的重要路径。④ 在建设共同富裕示范区进程中，提升治理效能需要合理划分政府、市场与社会的不同角色，其中政府职能的转变尤为重要。改革开放以来，中国各

---

① 金祥荣、杨丹萍：《以"八八战略"继续引领浙江共同富裕先行》，《浙江日报》2023 年 1 月 30 日第 6 版。
② 《2021 年度"八八战略"实施及综合评估新闻发布会》，2022 年 7 月 13 日，https://www.zj.gov.cn/art/2022/7/13/art_1229630150_4034.html。
③ 《深入实施"八八战略"强力推进创新深化改革攻坚开放提升在中国式现代化新征程上干在实处走在前列勇立潮头》，《浙江日报》2023 年 1 月 29 日第 1 版。
④ 中共中央文献研究室编：《习近平关于社会主义经济建设论述摘编》，中央文献出版社 2017 年版，第 61 页。

级政府逐渐从全能型的发展型政府转向有限型的公共服务型政府。①从"店小二"精神到推行"四张清单一张网"行政审批制度改革，再到承诺群众、企业办事"最多跑一次"，以及当下以数字化改革助力政府职能转变，浙江省正围绕政府治理创新加速推进省域治理体系和治理能力现代化，打造服务型政府。早在2015年12月，浙江省人民政府办公厅就印发《关于推进政府职能向社会组织转移的意见》，要求改革政府包揽社会治理的传统方式。转变政府职能还有助于减少政府收入用于资本性项目的比例，增加公共服务和民生方面的投入。② 2022年和2023年的浙江省政府工作报告都提及"建设服务政府"，这与共同富裕示范区要实现基本公共服务均等化的发展目标高度契合，成为浙江省提升治理效能推动共同富裕的关键路径。

三是加快数字赋能。数字经济在高质量发展中扮演着重要角色，其对生产力的提高和分享有助于促进共同富裕目标的实现。③ 数字政府建设同样对提升治理效能意义重大。浙江省在全国率先启动数字化改革。2021年3月，浙江省委全面深化改革委员会印发《浙江省数字化改革总体方案》，将"数字赋能"作为五个关键词之一，指出要激发数据生产要素对经济社会的放大、叠加、倍增作用，既为改革自身赋能，也为社会赋能，提升治理能力。《意见》中明确指出，要以数字化改革提升治理效能。浙江省随之先后出台了《浙江省数字政府建设"十四五"规划》《浙江省数字化改革标准化体系建设方案（2021—2025年）》《浙江省人民政府关于深化数字政府建设的实施意见》等支持政策。2022年浙江省第十五次党代会报告中指出，要高水平推进数字化改革，打造数字变革高地。目标到2027年，数

---

① 田国强：《共同富裕：政府、市场与社会的不同角色》，《社会科学报》2021年9月30日第1版。以浙江省作为主要研究对象的讨论可参见郁建兴、徐越倩《从发展型政府到公共服务型政府——以浙江省为个案》，《马克思主义与现实》2004年第5期。

② 刘培林、钱滔、黄先海、董雪兵：《共同富裕的内涵、实现路径与测度方法》，《管理世界》2021年第8期。

③ 蔡昉：《如何利用数字经济促进共同富裕？》，《东岳论丛》2023年第3期。

字浙江建设持续深化,党建统领整体智治体系更加完善,数字政府、数字社会、数字文化、数字法治和基层智治系统建设成效更加彰显,数字经济创新力竞争力显著提升,一体化智能化公共数据平台先进完备、支撑有力,"掌上办事之省""掌上办公之省""掌上治理之省"基本建成。[1] 数字化改革实现了党的领导政治优势、改革创新制度优势和数字时代技术优势的有机统一,正有力推动省域治理加快进入整体智治、高效协同的现代化轨道。[2] 数字赋能为扎实推动共同富裕提供了强劲动力。

四是推进法治建设。法治是国家治理体系和治理能力的重要依托。[3] 积极建设"法治浙江",是省域治理领域一场广泛而深刻的革命,是实现省域治理现代化的必然要求。浙江省委于2020年12月印发《法治浙江建设规划(2021—2025年)》,旨在凸显法治在省域治理现代化中的基础地位。开展共同富裕示范区建设以来,浙江省根据《实施方案》一体推进法治中国示范区、平安中国示范区建设,注重发挥法治在社会治理中的基础性作用。浙江省率先构建促进共同富裕的地方法规规章政策体系,及时修改和废止不适应的地方性法规、政府规章;注重地方立法引领法治建设水平,推进行政执法规范化、程序化、便捷化;加快推进基层社会治理法治化,健全覆盖城乡的公共法律服务体系。2022年1月,浙江省成为全国唯一的"大综合一体化"行政执法改革国家试点,打造全覆盖的整体政府监管体系和全闭环的行政执法体系,从而构建全方位的监管执法协同体系。以"整体智治"理念,打破部门"各自为战"的固有机制,

---

[1] 袁家军:《忠实践行"八八战略"坚决做到"两个维护"在高质量发展中奋力推进中国特色社会主义共同富裕先行和省域现代化先行——在中国共产党浙江省第十五次代表大会上的报告(2022年6月20日)》,《浙江日报》2022年6月27日第1版。

[2] 袁家军:《以习近平总书记重要论述为指引全方位纵深推进数字化改革》,《学习时报》2022年5月18日第1版。

[3] 习近平:《关于〈中共中央关于全面推进依法治国若干重大问题的决定〉的说明》,《人民日报》2014年10月29日第2版。

从源头减少执法烦企扰民，补上治理的效能短板。① 浙江省还尤为注重打造一流法治化营商环境。2021 年 12 月，浙江省政府办公厅印发《浙江省营商环境优化提升行动方案》，目标在 2025 年前实现企业办事无忧、政府无事不扰，基本建成改革探索领跑省、市场机制最活省、营商环境最优省。2022 年，浙江省推动出台近 10 部涉企法规规章，清理烦企扰民规定 237 件。② 法治是共同富裕的制度资源，对实现共同富裕具有重要的引领、规范和保障作用。③ 提升治理效能，必须更加重视法治建设，更好地发挥法治巩固根基、稳定预期的重要作用。

五是完善社会保障。实现共同富裕既需要做大做好"蛋糕"，也需要通过合理的制度安排切好分好"蛋糕"。④ 其中，社会保障就是重要的制度安排之一，有助于促进经济社会发展，实现广大人民群众共享改革发展成果。⑤《意见》将提高低收入群体收入和社会福利水平，以及形成橄榄型社会结构发展目标，并在论及"缩小城乡区域发展差距，实现公共服务优质共享"时指出，要织密扎牢社会保障网，完善社会保障制度。浙江省正推动社会保障更加公平、更高水平、更可持续。⑥《实施方案》亦将以解决地区差距、城乡差距、收入差距问题为主攻方向，更加注重向农村、基层、相对欠发达地区倾斜，向困难群众倾斜，在高质量发展中扎实推动共同富裕。浙江省人力资源和社会保障厅亦制定了《浙江省人社领域推进高质量

---

① 钱祎：《行政执法，如何加快"大综合一体化"》，《浙江日报》2022 年 12 月 30 日第 3 版。
② 陈毅人、王志浩：《加快建设更高水平法治浙江》，《浙江法治报》2023 年 1 月 11 日第 3 版。
③ 张文显：《法治是共同富裕的制度资源》，《法治社会》2022 年第 3 期。
④ 习近平：《正确认识和把握我国发展重大理论和实践问题》，《求是》2022 年第 10 期。
⑤ 习近平：《促进我国社会保障事业高质量发展、可持续发展》，《求是》2022 年第 8 期。
⑥ 袁家军：《忠实践行"八八战略"奋力打造"重要窗口"扎实推动高质量发展建设共同富裕示范区》，《浙江日报》2021 年 7 月 19 日第 1 版。

发展建设共同富裕示范区实施方案（2021—2025 年）》，提出要完善覆盖全民的社会保障体系，为共同富裕示范区建设提供兜底保障。作为治国安邦的大问题，社会保障直接关系到治理效能建设，有助于推动全体人民共同富裕取得更为明显的实质性进展。

第三节　高水平开放提升治理效能的理论意涵

经济全球化是我们谋划发展所要面对的时代潮流。[1] 新形势下，要注重提高对外开放的质量并重视内外联动的发展，以开放来破解困局、促进合作、集聚创新、共享机遇。[2] 对外开放释放了中国特色社会主义制度优势，成为推动国家治理体系和治理能力现代化的重要影响因素。当前，世界之变、时代之变、历史之变正以前所未有的方式展开，推进高水平开放已成为影响我国改革发展全局的关键因素，是构建新发展格局的必然要求、践行新发展理念的重要支撑、实现高质量发展的内在动力，也是维护开放型世界经济和构建人类命运共同体的有力举措。国内和国际学术界对高水平开放影响治理效能的理论和实证研究尚不充分，对中国对外开放提升治理效能的经验总结不足，仍存在进一步深化研究的空间。[3] 此处基于前文归纳的中国提升治理效能的"浙江实践"，尝试总结高水平开放提升治理效能的三条理论路径。

第一，高水平开放下中国从经济全球化的参与者更多转变为经济

---

[1] 习近平：《深入理解新发展理念》，《求是》2019 年第 10 期。
[2] 习近平：《共创开放繁荣的美好未来——在第五届中国国际进口博览会开幕式上的致辞》，《人民日报》2022 年 11 月 5 日第 2 版。
[3] 既有相关研究可参见俞可平等《全球化与国家主权》，社会科学文献出版社 2004 年版；黄玖立、房帅、冼国明《外资进入与东道国国家治理能力提升》，《经济社会体制比较》2018 年第 6 期；卢凌宇、胡怡《经济全球化与中国国家能力建构（1970—2013 年）》，《太平洋学报》2020 年第 5 期；Duc Anh Dang, "How Foreign Direct Investment Promote Institutional Quality: Evidence from Vietnam", *Journal of Comparative Economics*, Vol. 41, No. 4, 2013, pp. 1054-1072; Linda Weiss, ed., *States in the Global Economy: Bringing Domestic Institutions Back In*, New York: Cambridge University Press, 2003。

全球化的塑造者，战略引领进一步强化。经济全球化带来的相互依赖和不安全感敦促各国政府主动采取行动，加强国家的创新和社会保护体系。① 一国内部的国家和省域治理与国际交往中的地区治理和全球治理具有一定共性，都是由多行为体参与的对利益攸关方共同问题的不同程度和方式的集体行动过程。在开放语境下，全球治理与国家治理可以实现共融互动。② 在我国逐步参与经济全球化的过程中，加入世界贸易组织的决策突出体现了"以开放促进改革"的战略思想。加入世界贸易组织标志着我国的对外开放完成了由外贸拉动经济到开放倒逼改革诉求的蜕变。③ 进入新时代以来，我国在参与经济全球化和全球治理中开始更多地扮演塑造者和引领者的角色，越发需要通过加强战略引领来充分发掘高水平对外开放与治理效能建设之间的互促效应。以我国参与多边贸易体制建设过程为例，在此过程中，应积极提升国家治理能力尤其是和贸易相关的治理能力，主动对标更高标准的国际经贸规则促进本国治理能力的提升，此外还应通过提升国家治理能力来应对部分国家在贸易领域的对华打压和围堵。④ 处在高水平对外开放前线的浙江省，忠实践行"八八战略"，并在此战略指引下进一步出台系统性配套落实措施，增强高水平开放促进高质量发展建设共同富裕示范区的主动性，同时坚决维护国家安全和社会稳定。

第二，高水平开放下中国从以制造业为主的单向开放更多转变为以服务业为重点的双向开放，政策支持进一步优化。关于推进高水平对外开放，党的二十大报告指出，要推动货物贸易优化升级，创

---

① Peter Evans, "The Eclipse of the State? Reflection on Stateness in an Era of Globalization", *World Politics*, Vol. 50, No. 1, 1997, pp. 62-87; Dani Rodrik, "Why Do More Open Countries Have Bigger Governments", *Journal of Political Economy*, Vol. 106, No. 5, 1998, pp. 997-1032.

② 涂小雨:《开放语境下国家治理与全球治理的共融互动》,《求知》2022年第8期。

③ 中共中央文献研究室科研管理部编:《中国共产党90年研究文集（中）》,中央文献出版社2011年版。

④ 苏庆义:《以多边贸易体制建设促进国家治理能力提升》,《国家治理》2018年第26期。

新服务贸易发展机制，发展数字贸易，加快建设贸易强国。[1] 高水平开放的主观需要和客观要求都将促使转变政府职能和加快数字赋能来降低交易成本、培育国际竞争优势。总的来看，我国在服务贸易领域的政府治理还存在一些不相适应的情况，服务业使用外资占服务业固定资产投资的比重很低，市场垄断与行政垄断是造成此情况的重要原因。故各级政府要进一步清理权力清单、调整责任清单，通过提升治理效能加快推进与服务业市场开放进程相适应的行政管理体制改革，并推动市场监管主要对象由商品为主向服务为主转变。[2] 在数字赋能领域，数字经济和数字贸易的发展也需要营造良好的政策环境，在对接国际数字治理规则中不断完善我国数字治理体系。[3] 在优化政策支持方面，转变政府职能和加快数字赋能无疑是浙江省在高水平开放过程中的两个重要抓手。在 2023 年 1 月国务院部署的六个开展服务业扩大开放综合试点城市中，浙江省杭州市是其中之一。在商务部印发的《杭州市服务业扩大开放综合试点总体方案》中要求深化"放管服"改革，优化提升数字营商环境。在 2023 年 3 月发布的《中国（浙江）自由贸易试验区提升发展行动方案（2023—2027）》中，数字自贸区和数智治理能力提升是其重要内容。[4] 高水平开放的新形势、新要求通过进一步优化政策支持带来了治理效能的提升。

第三，高水平开放下中国从要素型开放更多转变为制度型开放，制度优势进一步深化。制度优势是一个国家的最大优势，制度竞争

---

[1] 习近平：《高举中国特色社会主义伟大旗帜　为全面建设社会主义现代化国家而团结奋斗——在中国共产党第二十次全国代表大会上的报告（2022 年 10 月 16 日）》，人民出版社 2022 年版，第 32—33 页。

[2] 迟福林：《推进高水平开放与提升政府治理效能》，《经济日报》2020 年 2 月 20 日第 12 版。

[3] 王晓红：《以高水平开放推动高质量发展》，《光明日报》2022 年 6 月 14 日第 11 版。

[4] 《未来五年，浙江自贸试验区这样干》，《浙江日报》2023 年 3 月 30 日第 1 版。

是国家间最根本的竞争。① 高水平对外开放要稳步扩大规则、规制、管理、标准等制度型开放，与各国各方共享制度型开放机遇。稳步扩大制度型开放，有助于推动形成更高水平开放型经济新体制。② 在高水平开放过程中，政府行为不仅对本国经济有重要影响，对其他国家的贸易投资金融活动均有重要影响，更需要注重政府行为规范，以及与政府行为相关的营商环境和经营条件的改善，因而也需要不断推进政府管理体制机制的改革。③ 在一个充满内外挑战的环境中保持制度定力并推动制度创新，是制度优势转化为治理效能的关键一环。④ 作为两种重要的制度安排，推进法治建设和完善社会保障是在高水平开放过程中使制度优势更好转化为治理效能的重要途径。在当前大国博弈和国际经贸规则竞争背景下，法治建设尤其是涉外法治建设对于促进货物贸易和服务贸易、加强使用外资和对外投资、推进制度型开放和参与全球经济治理等多方面均具有重大意义。经济全球化也被发现在一定程度上对我国的社会保障制度建设起到了积极作用。⑤ 2023年浙江省政府工作报告把持续优化营商环境作为"一号改革工程"，强调在法治轨道上持续推进营商环境优化。高水平开放也有助于浙江省念好新时代"山海经"，发掘山海各自对外开放优势，创新完善"山海协作+飞地经济"体制机制，构建大社保体系，探索财政转移支付制度体系和税收征管改革。⑥ 高水平开放也是

---

① 习近平：《坚持和完善中国特色社会主义制度　推进国家治理体系和治理能力现代化》，《求是》2020年第1期。
② 王文涛：《以党的二十大精神为指引推进高水平对外开放》，《求是》2023年第2期。
③ 姚枝仲：《奉行互利共赢开放战略推进高水平对外开放》，《财经智库》2022年第6期。
④ 马亮：《四位一体的国家治理——制度优势何以转化为治理效能？》，《广西师范大学学报》（哲学社会科学版）2021年第1期。
⑤ 叶静、耿曙：《全球竞争下劳工福利"竞趋谷底"？——发展路径、政商关系与地方社保体制》，《中国社会科学（内部文稿）》2013年第1期；李雪：《全球竞争下社会保障支出的地区差异：基于长三角和珠三角的比较》，《社会保障评论》2019年第2期。
⑥ 陈甫军：《共同富裕视域下的"双循环"与城镇化》，《浙江日报》2022年2月28日第6版。

一个持续推动制度创新和提升制度有效性的过程，有助于实现制度优势与治理效能的转化。

第四节　高水平开放促进治理效能提升的浙江经验

提升治理效能是高质量发展建设共同富裕示范区的内在要求和有力保障。治理效能无疑会影响一国内部的行为体参与经济全球化的形式和成效，反过来看，高水平开放也会因其可能产生的国内政治效应等对治理效能产生影响。通过分析浙江省的案例，本章对高水平开放、提升治理效能、推动共同富裕三者间的关系进行了讨论（见图9-1）。首先分四阶段梳理了浙江省治理效能的发展演进。其次重点讨论了高质量发展建设共同富裕示范区以来浙江省提升治理效能推动共同富裕的五方面实践，分别是践行发展战略、转变政府职能、加快数字赋能、推进法治建设、完善社会保障。随后在五方面实践的基础上进一步归纳，从战略、政策、制度层面提出高水平开放提升治理效能的三个路径。

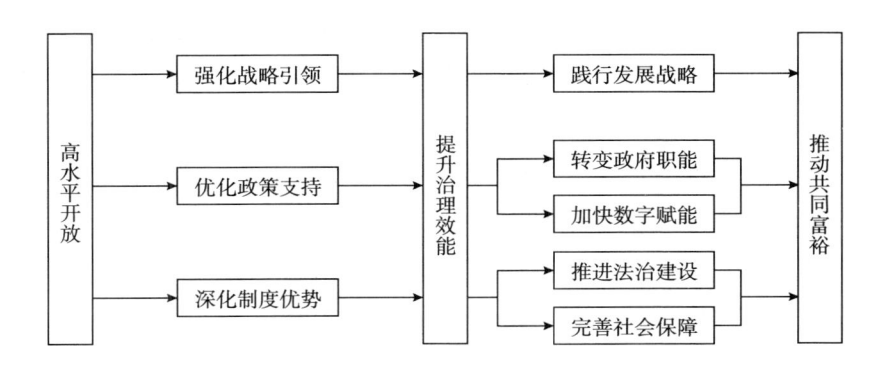

图9-1　浙江省推动共同富裕过程中高水平开放提升治理效能的路径

资料来源：笔者自制。

改革开放以来,浙江省克服自身资源等劣势,成为我国市场经济的先发地区和对外开放的前沿地带,不断扩大对外开放,经济社会取得较快发展,治理体系和治理能力也日趋完善。新时代以来,浙江省锚定"努力成为新时代全面展示中国特色社会主义制度优越性的重要窗口"新目标新定位,扛起高质量发展建设共同富裕示范区的历史使命和政治责任,在推动习近平新时代中国特色社会主义思想的浙江省生动实践过程中,注重处理好高水平开放和提升治理效能之间的关系,积累了一批典型经验,发挥了浙江省共同富裕示范区建设的带动作用,为全国扎实推进共同富裕提供了省域范例。

一是在高水平开放中强化战略引领。经济全球化是一把"双刃剑",可能会造成甚至激化一国国内增长和分配、资本和劳动、效率和公平的矛盾,因而需要主动作为,解决好发展的内外联动问题,发展更高层次的开放型经济。由于规模效应、产业结构升级、要素禀赋变化等因素影响,比较优势是不断发展改变的,在高水平开放中,要适度超前,政府要以动态、前瞻的比较优势原则来引导开放。[1] 在这种条件下,必须注重顶层设计,加强对开放型经济的统筹谋划和指导,发扬历史主动精神、尊重人民首创精神。在高水平开放推动治理效能提升过程中,浙江省始终心怀"八八战略"这一管总的战略指引,将其作为引领浙江省共同富裕和现代化的总纲领,创造性地把中央精神与浙江省实践紧密结合起来,将这一全面系统开放的理论体系与时俱进地进行发展和落实。

二是在高水平开放中优化政策支持。在高水平对外开放过程中,浙江省注重通过转变政府职能来提升服务效率,通过强化数字赋能来打造国际竞争优势。政府管理模式由管制型、发展型政府转向服务型政府,政府职能由注重经济发展转向经济发展、社会发展和生态文明并重,施政方式由"统治"转向"善治"、由"管理"转向

---

[1] 徐剑锋:《浙江开放40年》,社会科学文献出版社2019年版,第244页。

"治理"是浙江省政治实践的重要特征。[①] 高水平开放的需要促使浙江省加快数字化改革、减少行政审批环节，提高政府办事效率与服务功能，使政府、市场、社会在推进共同富裕过程中形成良性互动。[②] 更高层次的制度型开放加之以数字领域和服务业为重点的新一轮对外开放促使政策支持进一步优化，切实提升了政府治理效能。

三是在高水平开放中深化制度优势。制度和政策共同决定着治理效能。制度优势更是系统性提升国家治理效能的重要资源。[③] 考察制度优势可从制度供给和制度执行两方面入手，其中制度供给反映的是规则是否存在以及规则是否合理完善；制度执行则反映的是规则实施的状况。[④] 法治建设和社会保障作为两种重要的制度安排在浙江省推进高水平对外开放过程中得到了更充分的供给和更有力的执行。以法治建设和社会保障为代表的制度建设有助于处理好高水平对外开放所带来的效率与公平的关系问题，及时有效引导和改善市场预期，增强国际社会对我国经济高质量发展的信心，有利于释放新的制度红利，进而提升治理效能。

[①] 房宁主编：《中国梦与浙江实践·政治卷》，社会科学文献出版社2015年版，第288页。

[②] 顾昕：《共同富裕的社会治理之道——一个初步分析框架》，《社会学研究》2023年第1期。

[③] 胡洪彬：《制度优势转化为国家治理效能的政治系统分析》，《政治学研究》2021年第3期。

[④] 燕继荣：《制度、政策与效能：国家治理探源——兼论中国制度优势及效能转化》，《政治学研究》2020年第2期。

参考文献

一　中文文献

（一）著作

《毛泽东文集》第 8 卷，人民出版社 1999 年版。
《毛泽东选集》第 2 卷，人民出版社 1991 年版。
《毛泽东选集》第 3 卷，人民出版社 1991 年版。
《邓小平文选》第 2 卷，人民出版社 1994 年版。
《邓小平文选》第 3 卷，人民出版社 1993 年版。
《江泽民文选》第 1 卷，人民出版社 2006 年版。
《江泽民文选》第 3 卷，人民出版社 2006 年版。
习近平：《高举中国特色社会主义伟大旗帜　为全面建设社会主义现代化国家而团结奋斗——在中国共产党第二十次全国代表大会上的报告（2022 年 10 月 16 日）》，人民出版社 2022 年版。
习近平：《深化文明交流互鉴　共建亚洲命运共同体——在亚洲文明对话大会开幕式上的主旨演讲》，人民出版社 2019 年版。
习近平：《在全国脱贫攻坚总结表彰大会上的讲话》，人民出版社 2021 年版。
习近平：《之江新语》，浙江人民出版社 2007 年版。
《习近平谈治国理政》第一卷，外文出版社 2018 年版。
《习近平谈治国理政》第二卷，外文出版社 2017 年版。

《习近平谈治国理政》第三卷，外文出版社 2020 年版。

《习近平谈治国理政》第四卷，外文出版社 2022 年版。

《习近平外交演讲集》第一卷，中央文献出版社 2022 年版。

中共中央文献研究室编：《十二大以来重要文献选编（下）》，人民出版社 1988 年版。

中共中央文献研究室编：《习近平关于全面深化改革论述摘编》，中央文献出版社 2014 年版。

中共中央文献研究室编：《习近平关于社会主义经济建设论述摘编》，中央文献出版社 2017 年版。

中共中央文献研究室编：《习近平关于社会主义社会建设论述摘编》，中央文献出版社 2017 年版。

中共中央文献研究室科研管理部编：《中国共产党 90 年研究文集（中）》，中央文献出版社 2011 年版。

范柏乃、张鸣：《加快政府职能转变的实现路径：四张清单一张网》，浙江大学出版社 2017 年版。

房宁主编：《中国梦与浙江实践·政治卷》，社会科学文献出版社 2015 年版。

林吕建主编：《浙江省改革开放 30 年大事记》，浙江人民出版社 2008 年版，第 45 页。

徐剑锋：《浙江开放 40 年》，社会科学文献出版社 2019 年版。

中共浙江省委党史研究室：《中国共产党浙江历史·第二卷（1949—1978）》，中共党史出版社 2011 年版。

中共浙江省委党校、浙江行政学院编：《"最多跑一次"改革》，浙江人民出版社 2018 年版。

［塞尔维亚］布兰科·米兰诺维奇：《全球不平等逸史》，李楠译，中信出版集团 2019 年版。

［英］玛丽安娜·马祖卡托：《创新型政府：构建公共与私人部门共生共赢关系》，李磊、束东新、程单剑译，中信出版社 2019

年版。

[英] 乔治·S. 伊普：《全球战略》（第 2 版），程卫平译，中国人民大学出版社 2005 年版。

（二）期刊、报纸

习近平：《促进我国社会保障事业高质量发展、可持续发展》，《求是》2022 年第 8 期。

习近平：《高举中国特色社会主义伟大旗帜　为全面建设社会主义现代化国家而团结奋斗》，《人民日报》2022 年 10 月 17 日第 2 版。

习近平：《共创开放繁荣的美好未来——在第五届中国国际进口博览会开幕式上的致辞》，《人民日报》2022 年 11 月 5 日第 2 版。

习近平：《构建新发展格局　实现互利共赢——在亚太经合组织工商领导人对话会上的主旨演讲》，《人民日报》2020 年 11 月 20 日第 2 版。

习近平：《鼓励引导民营企业推进体制和机制创新》，《经济日报》2003 年 7 月 1 日。

习近平：《关于〈中共中央关于坚持和完善中国特色社会主义制度　推进国家治理体系和治理能力现代化若干重大问题的决定〉的说明》，《人民日报》2019 年 11 月 6 日第 4 版。

习近平：《关于〈中共中央关于全面推进依法治国若干重大问题的决定〉的说明》，《人民日报》2014 年 10 月 29 日第 2 版。

习近平：《坚持和完善中国特色社会主义制度　推进国家治理体系和治理能力现代化》，《求是》2020 年第 1 期。

习近平：《决胜全面建成小康社会　夺取新时代中国特色社会主义伟大胜利——在中国共产党第十九次全国代表大会上的报告》，《人民日报》2017 年 10 月 28 日第 1 版。

习近平：《开放共创繁荣　创新引领未来——在博鳌亚洲论坛 2018 年年会开幕式上的主旨演讲》，《人民日报》2018 年 4 月 11 日第 3 版。

参考文献

习近平：《谋求持久发展，共筑亚太梦想》，《人民日报》2014年11月10日第2版。

习近平：《切实把思想统一到党的十八届三中全会精神上来》，《求是》2014年第1期。

习近平：《深入理解新发展理念》，《求是》2019年第10期。

习近平：《在中国科学院第十九次院士大会、中国工程院第十四次院士大会上的讲话》，《人民日报》2018年5月29日第2版。

习近平：《扎实推动共同富裕》，《求是》2021年第20期。

习近平：《正确认识和把握我国发展重大理论和实践问题》，《求是》2022年第10期。

《习近平出席首届中国国际进口博览会开幕式并发表主旨演讲》，《人民日报》2018年11月6日第1版。

《习近平主持召开中央财经领导小组第十六次会议强调——营造稳定公平透明的营商环境 加快建设开放型经济新体制》，《人民日报》2017年7月18日第1版。

拜喆喆、李华：《进博会开展首日，浙江签约一批重大项目》，《浙江日报》2022年11月6日第1版。

蔡昉：《如何利用数字经济促进共同富裕？》，《东岳论丛》2023年第3期。

陈畴镛：《小切口大场景牵引数字化改革走深走实》，《浙江经济》2021年第12期。

陈毅人、王志浩：《加快建设更高水平法治浙江》，《浙江法治报》2023年1月11日第3版。

陈甬军：《共同富裕视域下的"双循环"与城镇化》，《浙江日报》2022年2月28日第6版。

迟福林：《推进高水平开放与提升政府治理效能》，《经济日报》2020年2月20日第12版。

戴睿云、陆乐、蒋欣如、黄珍珍：《代表委员从浙江视角解读政府工作报告热词——扬优势补短板，为全国大局多作贡献》，《浙江日报》2023年3月7日第3版。

樊勇、王蔚：《"扩权强县"改革效果的比较研究——以浙江省县政扩权为样本》，《公共管理学报》2013年第1期。

顾昕：《共同富裕的社会治理之道——一个初步分析框架》，《社会学研究》2023年第1期。

冯仕政《共同富裕与国家治理：从经济政策、公共政策到社会政策》，《中国社会科学报》2022年9月1日第7版。

《高水平推进省域治理现代化的行动纲领》，《浙江日报》2019年11月25日第2版。

管哲晖、金春华、陆乐：《抓出好作风　改出高效率——浙江以效能建设推进治理体系和治理能力现代化纪事》，《浙江日报》2019年9月22日第1版。

郭占恒：《关于"八八战略"再深化的几个问题》，《观察与思考》2019年第7期。

郭正江、何九仲、唐雨琦：《环境信息披露的湖州实践》，《中国金融》2022年第9期。

韩军、刘润娟、张俊森：《对外开放对中国收入分配的影响——"南方谈话"和"入世"后效果的实证检验》，《中国社会科学》2015年第2期。

郝鹏：《激发各类市场主体活力》，《国有资产管理》2021年第1期。

何显明：《中国现代国家制度的建构及其治理效能——基于国家意志聚合与实现的视角》，《中国社会科学》2022年第9期。

胡洪彬：《制度优势转化为国家治理效能的政治系统分析》，《政治学研究》2021年第3期。

黄群慧、倪红福：《中国经济国内国际双循环的测度分析——兼论新发展格局的本质特征》，《管理世界》2021年第12期。

黄祖辉、傅琳琳：《浙江高质量发展建设共同富裕示范区的实践探索与模式解析》,《改革》2022 年第 5 期。

金祥荣、杨丹萍:《以"八八战略"继续引领浙江共同富裕先行》,《浙江日报》2023 年 1 月 30 日第 6 版。

《紧扣一体化和高质量抓好重点工作　推动长三角一体化发展不断取得成效》,《人民日报》2020 年 8 月 23 日第 1 版。

赖先进:《从便利化向市场化法治化国际化全面推进:持续优化营商环境的策略》,《行政与法》2022 年第 5 期。

郎金焕、祝立雄:《2022 年浙江高质量发展建设共同富裕示范区主要举措与重要进展》,《浙江经济》2022 年第 12 期。

郎文荣:《以最严法治守护绿水青山——〈浙江省生态环境保护条例〉解读》,《今日浙江》2022 年第 14 期。

李雪:《全球竞争下社会保障支出的地区差异:基于长三角和珠三角的比较》,《社会保障评论》2019 年第 2 期。

李建华、李天峰:《省域治理现代化:功能定位、情境描绘和体系建构》,《行政论坛》2021 年第 4 期。

刘培林、钱滔、黄先海等:《共同富裕的内涵、实现路径与测度方法》,《管理世界》2021 年第 8 期。

刘培林、钱滔、黄先海、董雪兵:《共同富裕的内涵、实现路径与测度方法》,《管理世界》2021 年第 8 期。

刘世锦:《加快建设高标准市场体系的重要战略部署》,《财经界》2021 年第 6 期。

刘志彪、吴福象:《"一带一路"倡议下全球价值链的双重嵌入》,《中国社会科学》2018 年第 8 期。

陆铭、陈钊:《城市化、城市倾向的经济政策与城乡收入差距》,《经济研究》2004 年第 6 期。

陆旸:《从开放宏观的视角看环境污染问题:一个综述》,《经济研究》2012 年第 2 期。

马亮:《四位一体的国家治理——制度优势何以转化为治理效能?》,

《广西师范大学学报》（哲学社会科学版）2021年第1期。

钱祎：《行政执法，如何加快"大综合一体化"》，《浙江日报》2022年12月30日第3版。

《全面贯彻党的十八届五中全会精神 落实发展理念推进经济结构性改革》，《人民日报》2015年11月11日第1版。

《深入实施"八八战略"强力推进创新深化改革攻坚开放提升在中国式现代化新征程上干在实处走在前列勇立潮头》，《浙江日报》2023年1月29日第1版。

沈晶晶等：《三条路径，走向"低碳浙江"》，《浙江日报》2021年9月1日第5版。

沈颖郁、张二震：《对外贸易、FDI与中国城乡收入差距》，《世界经济与政治论坛》2011第6期。

施雪华、方盛举：《中国省级政府公共治理效能评价指标体系设计》，《政治学研究》2010年第2期。

苏靖、夏丹：《浙江工业 美丽蝶变——"八八战略"实施15周年系列综述·转型升级篇》，《浙江日报》2018年6月27日第1版。

苏庆义：《以多边贸易体制建设促进国家治理能力提升》，《国家治理》2018年第26期。

苏庆义、王奉龙：《中国新发展格局的支撑：大国雁阵模式》，《中国经济学人（英文版）》2021年第16期。

孙豪、曹肖烨：《中国省域共同富裕的测度与评价》，《浙江社会科学》2022年第6期。

田国强：《共同富裕：政府、市场与社会的不同角色》，《社会科学报》2021年9月30日第1版。

涂小雨：《开放语境下国家治理与全球治理的共融互动》，《求知》2022年第8期。

王丽娟、胡豹、刘玉等：《近30年浙江省县域经济空间格局的动态研究》，《浙江农业学报》2011年第4期。

王浦劬：《推进国家治理现代化的基本理论问题》，《中国党政干部论坛》2021年第11期。

王世琪等：《东海鱼山岛崛起绿色石化基地，深刻影响区域经济》，《浙江日报》2023年2月20日第1版。

王文涛：《以党的二十大精神为指引推进高水平对外开放》，《求是》2023年第2期。

王晓红：《以高水平开放推动高质量发展》，《光明日报》2022年6月14日第11版。

王志凯、何冲、王雪帆：《新时代浙江民营经济的创新路径与高质量发展》，《浙江大学学报》（人文社会科学版）2022年第8期。

《未来五年，浙江自贸试验区这样干》，《浙江日报》2023年3月30日第1版。

吴可人：《与时俱进推动浙江优化营商环境立法》，《浙江经济》2021年第9期。

吴要武：《70年来中国的劳动力市场》，《中国经济史研究》2020年第4期。

谢富胜、匡晓璐：《以问题为导向构建新发展格局》，《中国社会科学》2022年第6期。

燕继荣：《制度、政策与效能：国家治理探源——兼论中国制度优势及效能转化》，《政治学研究》2020年第2期。

杨娉、丰秋惠、张一兵：《绿色金融改革创新试验区的国际合作》，《中国金融》2023年第6期。

姚枝仲：《奉行互利共赢开放战略推进高水平对外开放》，《财经智库》2022年第6期。

姚枝仲：《坚定不移推动经济全球化》，《中国外资》2022年第5期。

叶静、耿曙：《全球竞争下劳工福利"竞趋谷底"？——发展路径、政商关系与地方社保体制》，《中国社会科学（内部文稿）》

2013 年第 1 期。

郁建兴、任杰：《共同富裕的理论内涵与政策议程》，《政治学研究》2021 年第 3 期。

余丽丽、彭水军：《全面对外开放与区域协调发展：基于价值链互动视角》，《世界经济》2022 年第 1 期。

袁家军：《以习近平总书记重要论述为指引全方位纵深推进数字化改革》，《学习时报》2022 年 5 月 18 日第 1 版。

袁家军：《扎实推动高质量发展建设共同富裕示范区》，《求是》2021 年第 20 期。

袁家军：《忠实践行"八八战略"坚决做到"两个维护"在高质量发展中奋力推进中国特色社会主义共同富裕先行和省域现代化先行——在中国共产党浙江省第十五次代表大会上的报告（2022 年 6 月 20 日）》，《浙江日报》2022 年 6 月 27 日第 1 版。

袁家军：《忠实践行"八八战略"奋力打造"重要窗口"扎实推动高质量发展建设共同富裕示范区》，《浙江日报》2021 年 7 月 19 日第 1 版。

张二震、李远本、戴翔：《高水平开放与共同富裕：理论逻辑及其实践路径》，《南京社会科学》2022 年第 4 期。

张师伟、孙亚亚：《共生与互动：中国特色社会主义国家治理中的政治平等与共同富裕》，《浙江学刊》2019 年第 4 期。

张文显：《法治是共同富裕的制度资源》，《法治社会》2022 年第 3 期。

张宇燕：《中国对外开放的理念、进程与逻辑》，《中国社会科学》2018 年第 11 期。

赵静：《浙江省第十四次党代会以来经济社会发展成就之民营经济篇》，《统计科学与实践》2022 年第 5 期。

赵莹：《中国的对外开放和收入差距》，《世界经济文汇》2003 年第 4 期。

浙江省科技信息研究院：《2022年浙江省高新技术产业发展报告》，《今日科技》2023年总第519期。

《中共浙江省委关于认真学习贯彻党的十九届四中全会精神　高水平推进省域治理现代化的决定（2019年11月22日中国共产党浙江省第十四届委员会第六次全体会议通过）》，《浙江日报》2019年11月25日第1版。

《中共中央关于坚持和完善中国特色社会主义制度　推进国家治理体系和治理能力现代化若干重大问题的决定（2019年10月31日中国共产党第十九届中央委员会第四次全体会议通过）》，《人民日报》2019年11月6日第1版。

《中共中央关于全面深化改革若干重大问题的决定》，《人民日报》2013年11月16日第1版。

周世锋：《深入推进"四大"建设　优化浙江区域经济格局》，《浙江经济》2019年第24期。

《抓住机遇立足优势积极作为　系统谋划"十三五"经济社会发展》，《人民日报》2015年5月29日第1版。

（三）网络文献

《2021年度"八八战略"实施及综合评估新闻发布会》，2022年7月13日，https://www.zj.gov.cn/art/2022/7/13/art_1229630150_4034.html。

胡坚：《打造与时俱进的浙江发展优势——关于浙江改革开放探索实践的思考》，2018年10月23日，浙江新闻，https://zj.zjol.com.cn/news.html?id=1056917。

金华市人民政府：《2021年"义新欧"中欧班列累计开行1904列》，2022年1月20日，http://swb.jinhua.gov.cn/art/2022/1/20/art_1229168148_58852858.html。

宁波市人民政府口岸办公室网：《浙江海港陆港空港信息港联盟正式运作》，2019年9月4日，http://kab.ningbo.gov.cn/art/2019/

9/4/art_1229104354_47230362.html。

宁波市商务局：《突破120万标箱宁波海铁联运业务刷新历史纪录》，2022年10月24日，http：//swj.ningbo.gov.cn/art/2022/10/24/art_1229031551_58929504.html。

商务部：《"十四五"利用外资发展规划》，https：//www.gov.cn/zhengce/zhengceku/2021-10/22/5644286/files/fd457e80f1b5470fad7ce3477f5e7829.pdf，第9—10页。

浙江省电子商务促进会：《中国跨境出口电商发展报告（2022）》，2022年3月10日，https：//mp.weixin.qq.com/s/7mrDQz4mlvIKIxQH7bPGkw。

浙江省发展和改革委员会：《浙江省义甬舟开放大通道建设"十四五"规划》，2021年7月15日，https：//www.zj.gov.cn/art/2021/7/15/art_1229203592_2311436.html。

浙江省发展和改革委员会、中共浙江省委组织部：《浙江省人才发展"十四五"规划》，2021年6月15日，https：//www.zj.gov.cn/art/2021/7/7/art_1229203592_2310438.html。

浙江省交通运输厅：《我省推进大湾区大花园大通道建设，五年内形成"一小时交通圈"》，2018年5月30日，http：//jtyst.zj.gov.cn/art/2018/5/30/art_1676377_41156111.html。

浙江省经济与信息化厅：《长三角区域一体化发展信息化专题组三年行动计划（2021—2023年）》，2021年12月21日，https：//jxt.zj.gov.cn/art/2021/12/21/art_1229123405_2382656.html。

浙江省科技厅：《2020年度浙江省创新指数再创新高　科技创新有力支撑高质量发展》，2021年12月6日，https：//www.safea.gov.cn/dfkj/zj/zxdt/202112/t20211206_178369.html。

浙江大学：《浙大11项成果获2020年度国家科学技术奖励　获奖项目数再创历史新高》，2021年11月15日，https：//www.zju.edu.cn/2021/1115/c63758a2441985/page.htm。

浙江省科技厅：《浙江省科技厅"科技攻关在线"获评省数字化改革"最佳应用"》，2022年11月11日，https：//www.safea.gov.cn/dfkj/zj/zxdt/202211/t20221111_183390.html。

浙江省人民政府：《2019年政府工作报告》，2019年8月19日，https：//www.zj.gov.cn/art/2019/8/19/art_1678454_37135586.html。

浙江省人民政府：《宁海高水平推进全域大花园建设》，2022年6月12日，https：//www.zj.gov.cn/art/2022/6/12/art_1554470_59711668.html。

浙江省人民政府：《深化"四港联动"发展推进运输结构优化实施方案》，2022年9月8日，https：//www.zj.gov.cn/art/2022/9/8/art_1229019365_2423504.html。

浙江省人民政府：《省委一号文件新闻发布会》，2023年3月15日，https：//www.zj.gov.cn/art/2023/3/15/art_1229630150_6408.html。

浙江省人民政府：《"一体化"全面发力　长三角加快打造强劲增长极》，2022年11月14日，https：//www.zj.gov.cn/art/2022/11/14/art_1229278447_59931515.html。

浙江省人民政府：《浙江省现代物流业发展"十四五"规划》，https：//www.zj.gov.cn/art/2021/4/16/art_1229505857_2269390.html。

浙江省人民政府：《"浙里惠民保"实现省域全覆盖》，2022年9月26日，https：//www.zj.gov.cn/art/2022/9/26/art_1554467_59834053.html。

浙江省人民政府：《质量第一效益优先大湾区大花园大通道建设亮出路线图》，2018年5月29日，https：//www.zj.gov.cn/art/2018/5/29/art_1621051_29574879.html。

浙江省人民政府：《中国（浙江）自由贸易试验区建设新闻发布会（第八场）》，2022年2月16日，https：//www.zj.gov.cn/art/

2022/2/16/art_1229630150_1502.html。

浙江省人民政府：《中国（浙江）自由贸易试验区建设新闻发布会（第十一场）》，2023年2月22日，https：//www.zj.gov.cn/art/2023/2/22/art_1229630150_6393.html。

浙江省人民政府国有资产监督管理委员会：《省交通集团召开2022年上半年经济运行分析会暨稳进提质攻坚行动推进会》，2022年7月18日，http：//gzw.zj.gov.cn/art/2022/7/18/art_1229463457_25475.html。

浙江省商务厅：《关于浙江省第四批内外贸一体化"领跑者"企业、改革试点产业基地培育名单公示》，2023年2月14日，https：//zcom.zj.gov.cn/art/2023/2/14/art_1384587_58938930.html。

浙江省商务研究院：《浙江数字贸易发展蓝皮书（2022）》，2022年5月，http：//www.zac.org.cn/info/1041.html。

浙江省统计局：《浙江省第十四次党代会以来经济社会发展成就之民营经济篇》，2022年5月5日，http：//tjj.zj.gov.cn/art/2022/5/5/art_1229129214_4920185.html。

浙江省政府网：《浙江省人民政府关于加快供给侧结构性改革的意见》，2016年4月1日，https：//www.zj.gov.cn/art/2016/4/1/art_1229019364_55117.html。

《中共中央　国务院关于支持浙江高质量发展建设共同富裕示范区的意见》，中国政府网，2021年6月10日，http：//www.gov.cn/zhengce/2021-06/10/content_5616833.htm。

中国（浙江）自由贸易试验区，http：//ftz.zj.gov.cn/publicInfo/intro。

中国人大网：《全国人民代表大会常务委员会执法检查组关于检查〈中华人民共和国外商投资法〉实施情况的报告》，2023年3月31日，http：//www.npc.gov.cn/npc/c30834/202210/ece32ab2e6f54c4caac8c2286bd59b88.shtml。

中国新闻网：《「高质量发展调研行」探访宁波舟山港"世界一流强

港"如何发力？》，2023 年 5 月 25 日，http：//www.chinanews.com.cn/cj/2023/05-25/10013882.shtml。

中国信息通信研究院：《大数据白皮书（2022 年）》，2023 年 1 月，http：//www.caict.ac.cn/kxyj/qwfb/bps/202301/t20230104_413644.htm。

中华人民共和国杭州海关：《进出口规模首次跻身全国前三！浙江进出口总值跨上 4 万亿元新台阶》，2022 年 1 月 21 日，http：//guangzhou.customs.gov.cn/hangzhou_customs/575609/zlbd/575611/575613/4135111/index.html。

中华人民共和国中央人民政府网：《中共中央办公厅印发〈关于在全党大兴调查研究的工作方案〉》，2023 年 3 月 19 日，https：//www.gov.cn/zhengce/2023-03/19/content_5747463.htm。

中华人民共和国最高法院：《世界环境司法大会昆明宣言》，2021 年 5 月 27 日，http：//www.court.gov.cn/zixunxiangqing-305911.html。

二 外文文献

Antweiler, W., B. R., Copeland, and M. S., Taylor, "Is Free Trade Good for the Environment?", *American Economic Review*, No. 91, 2001.

Arrow, Kenneth Joseph, *Economic Welfare and the Allocation of Resources for Invention*, Macmillan Education UK, 1972.

Arrow, K., B. Bolin, R. Costanza, P. Dasgupta, C. Folke, C. S. Holling, B. -O. Jansson, S. Levin, K. -G., Mäler, C. Perrings, and D. Pimentel, "Economic Growth, Carrying Capacity, and the Environment", *Science*, No. 268, 1995.

Atkin D., Donaldson D., "The Role of Trade in Economic Development", *National Bureau of Economic Research*, 2021.

Babiker, M. H. "Climate Change Policy, Market Structure and Carbon Leakage", *Journal of International Economics*, No. 65, 2005.

Babiker, M. H. "Climate Change Policy, Market Structure and Carbon Leakage", *Journal of International Economics*, No. 65, 2005.

Balistreri, E. j. and Rutherford, T. F., "Subglobal Carbon Policy and the Competitive Selection of Heterogeneous Firms", *Energy Economics*, No. 342012.

Beckerman, W., 1992, "Economic Growth and the Environment: Whose Growth? Whose Environment?", *World Development*, No. 20, 1992.

Brewer, T. "The Trade Regime and the Climate Regime: Institutional Evolution and Adaptation", *Climate Policy*, No. 3, 2003.

Cole, M. A., "Does Trade Liberalization Increase National Energy Use?", *Economics Letters*, No. 92, 2006.

Cole, M. A., "The Pollution Haven Hypothesis and Environmental Kuznets Curve: Examing the Linkages", *Ecological Economics*, No. 48, 2004.

Copeland, B. R. and Taylor, M. S. "Free Trade and Clobal Warming: A Trade Theory View of the Kyoto Protocol", *Journal of Environmental Economics and Management*, No. 49, 2005.

Crespo Cuaresma et al., "Is the Demographic Dividend an Education Dividend?", *Demography*, No. 1, 2014.

Dani Rodrik, "Why Do More Open Countries Have Bigger Governments", *Journal of Political Economy*, Vol. 106, No. 5, 1998.

Di Maria, C. and van der Werf, E. "Carbon Leakage Revisited: Unilateral Climate Policy with Directed Technica Change", *Environmental and Resource Economics*, No. 39, 2008.

Grossman, G. M., and A. B. Krueger, "Environmental Impacts of the North American Free Trade Agreement", NBER, *Working Paper 3914*, 1991.

Lileeva, Alla, and Daniel Trefler, "Improved Access to Foreign Markets Raises Plant-level productivity for Some Plants", *The Quarterly Journal of Economics, Vol. 125, No. 3, 2010.

Meadows, D. H., D. L. Meadows, J. Randers, and W. W. Behrens, "The Limits to Growth", Universe Books, New York, 1972.

Onder, H., "Trade and Climate Change: An Analytical Review of Key Issues", Economic Premise, No. 86, 2012.

Paul M. Romer, "Endogenous technological change", Journal of Political Economy, No. 5, 1990.

Peter Evans, "The Eclipse of the State? Reflection on Stateness in an Era of Globalization", World Politics, Vol. 50, No. 1, 1997.

Robert E. Lucas Jr, "On the mechanics of economic development", Journal of Monetary Economics, No. 1, 1988.

Robert M. Solow, "A contribution to the theory of economic growth", The Quarterly Journal of Economics, No. 1, 1956.

Shen, J., "Trade Liberalization and Environmental Degradation in China", Applied Economics, No. 40, 2008.

Stern, D. I., "Progress on the Environmental Kuznets Curve?", Environment and Development Economics, No. 3, 1998.

Whalley. J., "What Role for Trade in a Post-2012 Clobal Climate Policy Regime. The World Economy, No. 34, 2011.

World Bank, International Trade and Climate Change. World Bank, Washington, D. C., 2008.

后　　记

先行先试的渐进式推进，是我国改革开放取得伟大成就的非常重要的经验。促进全体人民共同富裕是一项长期艰巨的任务，同样需要选取部分地区先行先试、作出示范。2021年6月，《中共中央　国务院关于支持浙江高质量发展建设共同富裕示范区的意见》印发实施，以习近平同志为核心的党中央赋予浙江先行先试为全国实现高质量发展建设共同富裕探路的使命。

为逐步解决社会中存在的贫困问题，缩小贫富差距，实现社会的公平正义和人民的共同繁荣，需要更好地统筹两种资源、两个市场。这就必然要求以高水平的制度型开放作为重要条件，以全面深化改革和扩大深层次开放为实现共同富裕提供重要保障和支撑，形成共同富裕与高水平开放相互引领、相互促进的良性互动。

两年来，浙江在探索高水平开放推动建设共同富裕示范区上迈出坚实步伐。我们希望借《高水平对外开放推动共同富裕的浙江实践》一书，及时总结高水平开放和共同富裕在相辅相成方面的好经验、好做法，适时提炼体制机制方面的创新成果，以充分发挥好示范区引领带动作用。

全书由中国社会科学院国际合作局局长姚枝仲研究员负责总体框架并牵头撰写，参与成员全部为中国社会科学院世界经济与政治研究所的中青年研究骨干。编写具体任务分工为：姚枝仲负责全书的框架设计和审读，并撰写前言；第一章由崔晓敏撰写，第二章由潘圆圆撰写，第三章由苏庆义撰写，第四章由韩冰撰写，第五章由宋锦撰写，第六章由姚曦撰写，第七章由臧成伟撰写，第八章由陈逸豪撰写，第九章由陈兆源撰写。中国社会科学院大学研究生王奉龙、郑继铭和桂子豪承担了第三章资料收集工作。高凌云参与了本书的整理和审读工作。

  项目组衷心感谢总课题组的悉心指导和各方面的大力支持。浙江省委省政府相关部门不仅为项目研究遇到的主要问题精心安排了相关调研活动，还为本书的写作提供了大量第一手资料。研究和写作过程中，我们还得到了来自中国社会科学院科研局和中国社会科学院相关兄弟院所领导的启发、帮助；中国社会科学出版社的领导和编辑团队为本书的质量提升和出版也付出了大量心血。在此，一并致以诚挚的感谢！

课题组

2024 年 6 月 2 日